비밀
결사
수첩

시부사와 다쓰히코 지음 | 김수희 옮김

AK TRIVIA BOOK

일러두기

1. 일본 인명과 지명은 국립국어원 외래어 표기법에 따랐다.

2. 본문 중에서 '역주'로 표기된 것 외에는 모두 저자의 주석이다.
   * 역주 예 : '데카브리스트(12월 당원, Decembrists, 러시아어로 12월을 데카브리라고 했던 것에서 유래-역주)'

3. 서적 제목은 겹낫표(『』)로 표기하였으며, 그 외 인용, 강조, 생각 등은 작은따옴표(' ')를 사용하였다.
   * 예 : 빅토르 위고의 역사소설 『파리의 노트르담』에 의해 유명해진 '기적의 안뜰', 혁명적 비밀결사 '토지와 자유'

목차

비밀결사의 윤곽

<그림 1> 프리메이슨(Freemason)의 입사식.
왼쪽 어깨와 오른쪽 발을 드러내고 있다.

비밀결사란?

비밀결사라는 단어에서 엽기적, 범죄적, 음모적 뉘앙스를 느끼게 된 것은 아마도 소년 시절 탐독했던 야마나카 미네타로(山中峯太郎, 일본의 군인, 소설가, 번역가-역주)의 모험소설 탓일 것이다. 소년 시절의 나는 예컨대 프리메이슨(Freemason)처럼 오래되고 인도주의적이며 세계시민(코스모폴리탄, Cosmopolitan)적인 결사에 대해서조차 뭔가 불길하고 무시무시한 국제음모단 같은 기분을 떨쳐낼 수 없었다. 비밀결사란 말은 음험한 유대인 금융자본가의 손아귀에 들어가 사방에 첩보망을 장악하고 있으며 온 세상의 정부들을 전복시키겠다는 목적을 지닌 피비린내 나는 단체를 연상시켰다. 실은 지금도 그렇게 생각하는 사람이 의외로 많지 않을까?

머리에 삼각형의 흰 두건을 뒤집어쓰고 흑인들에게 잔혹한 린치를 가하는 것은 미국 남부의 쿠클럭스클랜(Ku Klux Klan), 이른바 KKK인데 이것과 프리메이슨을 혼동하는 사람도 많은 모양이다. 심지어 야마나카 미네타로의 소설에는 'CC단'이나 '남의사(藍衣社)'처럼 장제스(蔣介石) 계열의 국민당 소장파에 의해 결성된 정치단체 이름도 종종 등장한다. 혼고 요시아키(本鄉義昭)라는 초인적 주인공이 초라한 중국인 행색을 하고 이런 항일 테러단이나 스파이단을 상대로 허허실실의 싸움을 연출한다. 소설의 상세한 내용은 이쯤에서 생략한다.

비밀결사는 우리가 익히 들어 알고 있는 것만으로도 실은 그 숫자가 상당하다. 그러므로 이름조차 들어본 적 없는 해괴한 결사까지 따져보면 그보다 훨씬 많다. 도대체 비밀결사란 무엇일까.

비밀이라는 표현을 쓰는 이상, 표면적으로 드러나거나 다른 사람에게 알려지는 것을 바라지 않는 것이 첫 번째 조건이다. 그러나 이것만으로 비밀결사의 정확한 정의를 끌어낼 수는 없다. 세상이 정치적으로 안정되어 있고 구성원들이 외부로부터 박해를 받지 않을 경우, 예컨대 프리메이슨처럼 조직의 존재나 교리, 회원의 집합 장소, 회원의 이름 등을 굳이 감추지 않고 세상에 드러내는 것을 애써 피하지 않는 비밀결사도 존재하기 때문이다. 유명한 정치가나 예술가 중에서 공공연한 프리메이슨 회원도 다수 존재한다.

오히려 비밀은 그 단체에 특유한 입사 의식, 즉 입사식(入社式) 자체에 있다고 보는 편이 타당할지도 모른다. 비밀결사를 진정한 비밀결사로 만드는 것은 이른바 입사식이라고 일컬어지는 특별한 의식이다. 새로운 회원은 비공개 입사식에서 기존 회원으로부터 일종의 시련을 받는다. 대부분 상징적인 절차인데 새로운 회원은 시련을 겪고 난 후에야 비로소 조직의 일원이 될 자격을 얻게 된다. 종교적이거나 마술과 관련된 결사, 정치적이거나 사회운동적이거나 범죄적인 결사 등 제각각 규모는 천차만별이지만 모든 비밀결사에는 복잡한 입사식과 시련이 존재한다는 사실을 반드시 인지해야 한다.

이런 의식에는 특수한 비밀도 더해진다. 그것은 회원끼리 서로를 외부자로부터 식별하기 위한 기호, 즉 암호다. 아울러 단체의 기원이나 목적, 연혁 등 구전에 의한 계승도 있다. 이 역시 비밀결사의 중요한 특징 중 하나다.

시대를 막론하고 의식의 비밀을 공유함으로써 속세의 인간들과 자신을 구별하고자 노력한 사람들이 있었다. 그런 사람들이 모여 작은 집단을 만든다. 방법은 실로 다양하지만, 비밀에 하나의 제도적 형식을 부여하려는 지향은 인간의 영혼에 깊이 내재된 경향이라고 여겨진다. 따라서 심리학자나 사회학자의 시각에서 보자면 이런 의식은 특정 비밀결사에 의해 추구된 특정 목적과 함께 중대한 의미를 지닌다. 의식, 시련, 암호야말로 비밀결사와 일반 단체조직을 구별해주는 결정적인 포인트다.

비밀결사라는 단어에 뭔가 기괴하고 정체를 알 수 없는 음모단이라는 자칫 어두운 성격이 따라다닌다면 이는 아마도 입사식 때문일 것이다. 무대예술처럼 진행되며 비밀스러운 성질을 지녔는데 외부인에게는 그런 점이 두렵게 여겨질 수 있다.

입사식의 시련

입사식에서의 시련은 순수하게 육체적인 시련뿐만 아니라 정신적, 상징적인 것에 이르기까지 실로 다양하다. 문신이나 할례 등은 가장 널리 알려진 상징적인 육체 훼손 시련이다. 학생 기숙사에서의 신입생 신고식, 병영에서의 신병 얼차려 주기도 이런 의식이 세속화된 흔적이라고 봐도 좋다. 나폴리의 하층사회에 속하는 도둑이나 걸인 등으로 구성된 '카모라(Camorra)'라는 비밀결사의 예를 보자면, 신입회원은 우선 조직이 명령한 살인(대부분의 경우 배신자 처단임)을 실행해야 한다. 혹은 제비뽑기로 당첨된 자들끼리 단도로 결투 장면을 연출해야 한다. 상대방의 팔을 노리며 양쪽 중 한편이 몸을 다쳐 피를 볼 때까지 결투는 계속된다. 이런 위험천만한 시련을 거쳐야만 구성원이 될 자격을 얻게 되며 비로소 조직에 영입될 수 있다.

아울러 신참자는 입사식에서 조직에 대한 영원한 충성을 맹세해야 하며, 자신이 받았던 시련에 대해서는 반드시 침묵할 것을 서약해야 한다. 이 서약을 어기는 배신자는 당연히 어떤 형식으로든 처분당한다.

서약할 때 중요한 역할을 하는 것으로 인간의 피가 있다. '카모라' 입사식에서는 테이블 위에 메스와 독배, 피스톨과 단도를 올려둔다. 멤버 중 한 사람이 신참자의 팔뚝 혈관에 메스를 그으면 신참자는 흘러넘치는 피로 자신의 오른손을 적신 후 엄숙히 선서한다. 그런 다음 단도를 테이블 위에 똑바로 찔러 세워놓고 양손으로 피스톨과 독배를 든다. 그러면 나란히 서 있던 멤버 중 우두머리가 신참자의 손에서 독배를 빼앗은 후 테이블 앞에서 무릎을 꿇게 만든 다음 허공을 향해 피스톨을 쏜다. 동시에 우두머리는 독배를 땅바닥에 내던져 산산조각을 낸 후 테이블에 세워져 있던 단도를 다시 칼집에 넣어 기념으로 신참자에게 선사한다. 이렇게 의식이 완료되면 신참자는 모든 멤버로부터 차례차례 볼 키스와 포옹을 받고 대부분의 식이 끝난다.

　모든 입사식에서 공통된 성격은 신입회원에게 어떤 종류의 공포심을 갖게 한다는 점이다. 공포감을 잘 견딘 자는 완전히 다른 인격이 되어 신세계에서 다시 태어난다. 예컨대 아프리카의 어느 부족에서 주술사가 되려는 자는 다음과 같은 무시무시한 시련을 거쳐야 한다. 즉 신참자는 자신의 가슴과 입이 특정 시체의 각각의 부분과 완전히 겹쳐지도록 마주 본 상태로 결박당한다. 그리고 그 상태 그대로 미리 파놓은 구덩이 속에서 3일간을 버텨야 한다. 그다음 3일간은 오두막 속에서 자야 하는데, 역시 차가운 시체를 껴안은 상태다. 먹거나 마실 때도 시체의 오른쪽 손을 쓰는 것만 허용된다. 아프리카 미개민족에서의 이런 입사식은 공포라는 시련을 거쳐 개인이 일단 죽고 다시 새로운 삶으로 부활한다는, 입사식 특유의 상징주의를 단적으로 드러내고 있다. 시체와 함께 지내는 구덩이 속에서의 생활은 신참자가 일단 한번 죽었음을 보여주고 있다.

죽음과 부활의 상징

　그리스의 신비의식(밀의, 密儀) 종교(밀교, Mystery Religion)와 원시민족의 입사식 사이에는 매우 유사한 관련성이 있다. 아프리카 동부 연안인 펨바섬(Pemba, 아프리카 동해안 잔지바르섬 북쪽에 위치한 탄자니아령의 섬-역주)에 면한 해안가에 거주하는 흑인 부족 본데이(Bondei)족 사이에서는 성인식 때 아이의 배 위에 피가 철철 흐르는 수탉의 내장을 올려둔다. 아이를 처형하는 장면을 가공적으로 연출한 셈이다. 이처럼 죽음과 부활 의식은 거의 모든 입사식에 공통적으로 보이는 상징적 테마였다.

신플라톤파의 철학자 플루타르코스(Plutarchos)는 그리스의 신비의식에 대해 다음과 같이 언급하고 있다. "죽음이 임박해지면 영혼은 위대한 신비의식에 참가를 허락받은 자와 동일한 인상을 체험하게 된다. 처음엔 어둠의 세계로 정처 없는 여행을 떠나게 되며, 괴로운 우여곡절을 거친다. 불안으로 가득 찬 끝없는 길이다. 시련이 끝나기 전, 공포는 마침내 절정에 달한다. 전율과 식은 땀, 경악이 이어진다. 가까스로 신비스러운 한줄기의 빛이 눈앞에 나타나 인간은 청정한 장소, 천사의 목소리와 춤추는 소리가 울려 퍼지는 평원으로 나오게 된다."

모든 입사식은 어둠의 세계로 향하는 여행으로 시작된다. 여행을 하는 동안 신참자의 눈앞에 무시무시한 광경이 계속 전개되는데, 여행자에게 죽음이라는 감각을 부여한다는 점에서 공통된 상징주의에 그 기반을 두고 있다.

황금 양모 탐색(그리스 신화에 나오는 날개 달린 황금빛 양의 털가죽. 이아손은 황금 양모를 찾기 위한 아르고호의 원정대를 이끌었음-역주), 오디세우스의 유랑, 헤라클레스의 모험, 신드바드의 항해 등 민간 전승적인 설화의 심오한 의미도 필시 여기에 있을 것이다. 영웅들은 여행을 떠나 시련과 마주할 때마다 점점 그 성격이 강해지며 마침내 지고한 신비의식에 참가하게 된다.

여행과 함께 미궁의 상징주의도 자주 사용된다. 미궁은 이른바 지상적인 인간이라는 존재가 갇혀 있는 어두운 감옥을 말한다. '아리아드네(Ariadne)의 실'을 손에 쥐고 있는 자만이 미궁을 탈출해 밝은 계시의 빛을 받을 수 있다(미노스의 딸 아리아드네는 결혼 전 아테네의 영웅 테세우스를 사랑하여 테세우스가 미궁에서 미노타우로스를 죽이고 탈출할 수 있도록 도와줌-역주). 미노타우로스와 아리아드네, 테세우스의 신화는 아마도 선사시대의 크레타 고대 문명에서 종교 사제에 의해 행해졌던 신비의식을 후세에 정확히 반영했던 것에 불과하다. 요컨대 미노타우로스는 황소 가면을 뒤집어쓴 사제였다. 그것이 이후 그리스인의 기억에 어렴풋이 남아 상상력을 자극해 설화 형태가 만들어진 것으로 추정된다. 아프리카 주술사도 예식에 임할 때 종종 짐승의 가면을 뒤집어쓴다는 사실을 상기해주길 바란다. 지옥으로의 여행에 관한 이런 종류의 설화는 모조리, 신석기시대에 땅속에서 거행된 신비의식을 훗날 반영한 것에 불과하다고 주장하는 종교학자도 있다. 이집트나 그리스 신비의식 종교에 대해서는 나중에 다시 다뤄볼 예정이다.

다음으로 사회학자나 심리학자의 견해를 간단히 소개해보자.

분류 시도

비밀결사는 도대체 왜 존재하는 것일까. 종교나 미신이 거대한 영향력을 가지고 있던 과거 시대라면 몰라도 과학 만능의 현대에서도 여전히 존재하는 이유는 무엇일까.

이 질문에 답하기 위해서는 실제로 이런 단체에 가담했던 사람과 비슷한 입장에 서볼 필요가 있다. 즉 비밀결사의 성질이나 그 조직이 내걸고 있는 목적과 슬로건에 따라 이런 단체들을 분류하고 정리해보면 된다. 그런데 미국 사회학자 노엘 기스트에 따르면 비밀결사의 목적은 각각 다음과 같은 카테고리로 분류된다.

1. 박애주의

2. 상호부조

3. 혁명 및 개혁

4. 애국주의

5. 종교

6. 신비주의 및 비전(秘伝)주의

7. 군국주의 및 기사도

8. 사회적 접촉

9. 영예

10. **금주** (미국에서 알코올 중독자 갱생을 위해 결사가 조직된 적이 있다)

11. 단순한 오락

12. 범죄

그러나 이런 분류는 어디까지나 편의적인 것에 불과하다. 일례로 프리메이슨 같은 비밀결사는 각각 다양한 회원 활동에 따라 박애주의, 상호부조, 비전주의… 등등 어떤 형식으로든 분류가 가능하기 때문이다.

많은 학자가 채택하고 있는 가장 간단한 분류법은 정치적 비밀결사(혁명과 개혁을 포함한다)와 입사식형 비밀결사(종교, 신비주의 등을 포함한다), 그리고 반사회적(범죄적) 비밀결사 등 세 가지로 분류하는 방법이다. 그러나 이런 분류 방법 역시 엄밀하게 구분하기가 여간 까다롭지 않다. 예를 들어 17세기의 장미십자단처럼 당초에는 철학적, 신비주의적 이론을 바탕으로 출발했지만 차츰 종교개혁이나 사회개혁 방면으로 나아갔던 단체도 존재하기 때문이다. 프리메이슨의 경우만 하더라도 이 조직이 프랑스 혁명에서 해냈던 정치적 역할은 결코 무시할 수 없다. '자유, 평등, 박애'라는 프랑스 혁명의 깃발은 애당초 프리메이슨의 표어였다.

그러나 대략적으로 나눈다면 철학적, 종교적 의미를 가진 의례와 상징을 중시하는 단체가 '입사식형' 비밀결사라 할 수 있고, 명확한 정치적 목적을 우선적 기치로 내건 단체가 '정치적' 비밀결사라고 구분할 수 있다.

<그림 2> 쿠클럭스클랜(Ku Klux Klan). 불타는 십자가.

준범죄적 비밀결사

순수하게 범죄적인 비밀결사는 매우 소수에 그친다. 아무리 은밀한 조직이라도 갱단이나 부녀자 유괴를 자행하는 불량소년단을 비밀결사와 동일시할 수는 없다. 게다가 암흑가 범죄와 연루된 비밀결사라고 해도, 표면적으로는 사회적 상호부조 정신의 일익을 담당하고 있는 경우도 있다. 일본의 야쿠자가 흥행사나 노점상들의 이익 분배를 하는 총괄적 역할을 담당하고 있는 것처럼, 앞서 언급했던 나폴리의 '카모라'도 나폴리 거리 12구역의 상권을 독점하고 그 일부를 갈취하고 있다. 하지만 그 대신 탈옥수 등이 출몰하는 거리의 치안을 경찰 대신 유지해주는 역할을 스스로 도맡아 처리하고 있다. 이런 점은 마찬가지로 이탈리아에 존재하는 '마피아'와 비슷하다. 폭력단과 시민의 야합이라는 상호관계는 나폴리만이 아니라 세계적으로 다수 발견할 수 있다.

비밀결사가 범죄를 저지르는 경우가 있다 해도, 그 범죄가 해당 단체의 목적이라고는 단정 지을 수 없다. 유명한 인도 백인암살단 '삭그'는 종교적 목적에 봉사하기 위한 하나의 수단으로 살인을 실행했다고 여겨지는 측면도 있기 때문이다.

일본의 민중 봉기인 이른바 '잇키(一揆)'에서 출발한 비밀결사 운동 역시 범죄적이라고 일방적으로 매도할 수도 없는 노릇이다. 아일랜드 독립운동이나 내셔널리즘도 당초엔 지역의 빈곤이나 영주의 착취가 원인으로 일어난 폭력적 봉기였다. 단원 모두가 흰색 복장을 하고 있었기 때문에 '화이트 보이'라고 불렸던 18세기 아일랜드의 애국적 비밀결사는 농민 봉기적 색채가 농후하다. 비슷한 시기에 얼스터(Ulster) 지방에서 시작된 '오크 보이'나 '강철심장단'도 '화이트 보이'와 거의 유사한 성격을 지닌 단체다. 어쨌든 아일랜드의 비밀결사에는 내셔널리즘 운동과 종교 투쟁, 농민 봉기가 혼연일체가 되어 있기 때문에 진정한 성격을 명확히 규명해내기가 무척 어렵다.

19세기 초엽 남스페인에서 농민들에 의한 폭력적 비밀결사 '흑손조(黑手組, 마노 네그라)'가 생겨나는데, 비슷한 이름을 가진 유명한 세르비아 암살단(유고슬라비아의 사라예보에서 오스트리아 황태자를 암살하고 제1차 세계대전의 원인이 되었다)과는 별개의 단체다. 민중 봉기 단체로 영세 농민을 다수 규합했으며, 스페인의 아나키즘은 여기에서 발생했다고 일컬어진다.

범죄적 비밀결사라고 하면 당장 떠오르는 것이 시칠리아섬의 '마피아'인데, 성립 과정을 돌아보면 무작정 범죄적이라고 매도할 수도 없다. 과거엔 시칠리아의 민족통일운동과 민중의 지지로 진행된 즉결재판, 이른바 의적이나 협객이 나오는 모험소설풍의 로맨티시즘이 혼연일체가 된 상태였기 때문이다. 그러나 현재에는 왕년의 로맨티시즘도 시들해지기 시작한 것 같다. 사회적 부정에 대한 반역에서 생겨난 비밀결사도 결국 폭력단으로 타락하고 만다. 주지하는 바와 같이 이민자들과 함께 미국으로 건너온 마피아는 시카고를 비롯한 도시의 암흑가 갱단이 되었다.

성 페메단의 비밀재판

사회가 혼돈에 빠지거나 전쟁으로 피폐해지거나, 혹은 정의로운 법률이 통용되지 않게 되면 영웅을 기다리는 민중 심리 때문에 로빈 후드, 혹은 윌리엄 텔 같은 전설적 인물이 나오기 마련이다. 탐관오리를 징벌하고 착취자가 꿀꺽한 부당 소득을 토해내게 만들어줄 정의의 사도가 나타나길 밤이면 밤마다 민중들은 꿈꾸게 된다. 유럽의 중세가 그런 시대였다. 특히 독일이 심했다. 부패한 사법 권력을 대신해 엄정한 재판을 주재하려 했던 비밀결사인 '성 페메단'은 민중의 기대를 등에 업고 이런 사회적 배경 아래 태어났다.

성 페메단의 기원은 13세기까지 거슬러 올라가며, 라인강과 베저

강 사이에 위치한 베스트팔렌(Westfalen) 지방 일대로 퍼졌다. 주요 활동은 야외에서 비밀재판을 열어 극히 간단한 사법절차를 거쳐 피고를 사형에 처하는 것이었다. 도적이나 봉건 영주의 가렴주구에 대항해 약한 민중을 보호하는 것도 목적으로 삼았다. 귀족이나 부유한 자들이 이런 비밀재판을 얼마나 두려워했을지 미루어 짐작이 간다.

14세기가 되면 성 페메단의 권력이 더더욱 확대되어 최전성기에는 10만 이상의 동지를 확보했으며, 1371년에는 황제 카를 4세로부터 정식 재판권을 승인받게 되기에 이르렀다. 이렇게 획득한 정식 재판권은 결국 취소되지만, 그럼에도 불구하고 '성 페메단' 활동은 15세기 이후에도 이면에서는 여전히 세력을 유지했다. 마지막 비밀재판은 1811년 뮌스터(Münster) 부근에 있는 게멘(Gemen)이라는 마을에서 열릴 예정이었다. 그러나 결국 나폴레옹 군대에 의해 망했다고 하는데, 이 시기를 마지막으로 정의로운 비밀결사는 표면적으로 일단 해산한 것으로 되어 있다.

그러나 이후에도 월터 스콧(Sir Walter Scott)이나 피에르 베누아(Pierre Benoit)의 소설 등에 묘사되면서, 이 신비로운 비밀결사에 대한 소식은 20세기까지 끊임없이 전해지고 있다. 일설에 의하면 성 페메단의 잔당은 아직 어딘가에서 계속 살아남았다고 한다. 히틀러의 제3제국이 그것이라고 주장하는 사람도 있다. 1945년 나치스 국가가 패망하자 히틀러 친위대의 잔당들이 베르베르프(늑대인간)라는 테러단을 조직해 소비에트 지구에서 암살 활동을 활발히 전개했는데, 물론 이것은 성 페메단의 이상과 아주 거리가 먼 행동이었다고 말하지 않을 수 없다.

중세의 '성 페메단' 재판은 과연 어떤 것이었을까. 일반적으로 야외에서 행해지며 공개재판과 비밀재판으로 구분되어 있었던 모양이다. 비밀재판이 행해질 경우 모두에게 법정이 공개되지는 않았고, 침입자는 즉시 교수형에 처해졌다. 공개재판은 도르트문트 (Dortmund) 묘지나 광장처럼 사람들로 북적거리는 장소에서 아침 일찍 거행되었는데, 피고는 자신의 무죄를 증명하기 위해 30명까지 증인을 부를 수 있었다. 변론이 진행되는 동안 재판관 앞에 있는 책상 위에는 칼집에서 빼놓은 검과 당장이라도 목을 졸라 교수형을 집행할 수 있도록 해당 도구가 놓여 있었다. 유죄가 확정되면 무조건 모조리 사형이었다. 죄인은 근처에 있는 나무 아래로 당장 끌려가 신속히 교수형에 처해진다. 나무 몸통에 단도를 찔러놓아 세간에 대한 경고로 삼았다.

피고에 대한 소환 통고는 세 번에 걸쳐 보내고, 세 번 모두 6주일과 3일의 여유가 인정된다. 그동안 소환에 응할지 여부를 답변해야 한다. 세 번에 걸친 소환에 단 한 번도 응하지 않을 경우, 결석 재판에 의해 유죄가 확정되어 국외 추방에 처해진다. 이런 가혹함은 스페인의 이단심문소에 비해 전혀 뒤지지 않을 정도로 공포스러웠을 것이다.

'성 페메단' 멤버는 직업적인 사법관이 아니라 조직의 이름 아래 권한을 행사하는 보통 시민에 지나지 않았다. 그들은 사회의 모든 계층에 속한 사람들로 조직 안에서 계급제도의 형태를 만들었으며, 적에 대해서는 가차 없이 지엄한 판결을 내렸다. 물론 입단 시에는 신서를 해야 한다.

단원끼리는 상호 식별을 위해 기괴한 사인(신호)을 사용했다. 즉 식탁에서 나이프 손잡이를 접시 쪽으로 놓고 칼끝을 자신 쪽으로 향하게 한다는 사인이다.

비밀단체는 왜 존재할까

여기서 다시, 앞에서 제시했던 근본적인 문제에 대해 생각해보자. 과거든 지금이든 비밀단체 가입을 희망하는 사람들이 어째서 존재하는 걸까.

심리학자의 의견에 따르면 어떤 종류의 정신적 경향을 가진 사람들에게는 괴로운 현실에서 도피해 자신만의 자그마한 봉쇄적 세계에 갇히고 싶다는, 도저히 끊을 수 없는 욕구가 내면을 지배하는 모양이다. 이른바 정신분열증(조현병, Schizophrenia)이라고 할 수 있다. 신화나 상징, 의식 따위를 선호하는 기묘한 성향을 가진 사람들도 이런 범주에 속한다고 봐야 한다. 요컨대 정신분열증 환자란 현실과 공상 세계를 역전시켜 오로지 공상 세계를 현실이라고 생각하며 살아가는 사람들을 말한다.

프랑스의 로벨 보르마 박사의 연구에 따르면 분열중 환자가 그린 그림은 이런 점에서 매우 시사적이다. 거기에는 현저한 자폐성, 영상 응축, 전이, 상징화, 양식화 현상이 발견된다. 그리고 출산, 피, 동물의 변형, 인간의 동물 형상을 하나의 모습으로 결합하거나 조각조각으로 해체하는 극단적인 비윤리화가 행해진다. 이런 특징들은 그야말로 비밀결사가 나타내는 본질적인 여러 관념과 하나하나 부합한다. 원시 미술이나 미개민족 미술에서도 이런 마술적 세계관에 의한 조형 수법이 고스란히 살아 있기 때문에 에른스트 크레치머(Ernst Kretschmer, 독일의 정신학자-역주)의 지적대로, 총괄적으로 말해 분열중 환자의 그림은 역행 현상에 의해 설명될 수 있을지도 모른다.

따라서 어린아이들의 그림 중에서 이와 완전히 동일한 현상이 발견된다는 것은 오히려 당연하다고 말할 수 있다. 아이들은 일종의 봉쇄적 세계를 만들어 어른들의 주의에서 벗어나고 싶어 한다. 아이들 세계에는 특유한 전통이 있으며, 아이들 사이에서 전해 내려오는 놀이나 이야기, 습관이나 특유의 말투가 있다. 이른바 비밀결사는 아이들의 놀이 세계에서 이미 완성되어 있다고 말할 수 있다.

심지어 많은 비밀결사 가입자들에게 입사식이 하나의 놀이라는 점은 부인할 수 없는 사실이지 않을까.

입사식이든 시련이든 아이들의 공포나 꿈, 공상의 부활에 불과하다.

도피에 대한 일반적 경향은 극단적인 반사회적 형태를 취하는 경우가 있다. 고대 신비의식(밀의) 종교에서 발견되는 난교나 광란적

<그림 3> 프리메이슨. 우두머리 자리에 오르는 입사식.

파티, 성적 도착은 그런 형태 중 하나다. 어떤 종류의 정치적, 혹은 종교적 비밀결사에서도 테러리즘은 종종 용인되고 있다. 폭력에 대한 인간의 본능적인 충동이나 과격함에 대한 욕망을 충족시킬 수 있는 것도, 문명에 역행하는 비밀결사의 근본이념이 지니고 있는 업보다. 그것이 지닌 선악에 대해서는 여기서는 논하지 않기로 하겠다.

전면적인 반역자, 순수한 부정자, 완벽히 '외로운 늑대'는 고독한 사람에게만 가능하다. 하지만 그토록 완전무결하게 순수한 인간은 이 세상에 거의 없기 때문에, 비슷한 기질을 가진 사람이 모여서 자그마한 그룹을 형성한다. 거기에서나마 비밀을 공유하는 사람으로서의 긍지를 향유하고자 한다. 사회의 낙오자나 부랑자도 집단을 형성하게 되지만, 그런 종류의 배가본드 집단 중에서 가장 특이한 것이 '베그니(도망자 혹은 방랑자라는 의미)'라고 일컬어지는 러시아의 기묘한 종교 일파다.

혁명 이후엔 소멸되었다고 여겨지지만 '베그니'는 이른바 완전한 그리스도교적 아나키즘이다. 국가나 사회, 소유권, 가족, 기성 종교를 적으로 삼아 속세와 연결된 일체의 인연을 모조리 끊어내고 거대한 숲이나 초원에 몸을 숨긴 채 영원한 부랑자로 살아가려는 사람들의 비밀결사다. 그들이 기묘한 세례식을 행하는 것도 깊숙한 숲속 안에서다.

작은 뗏목을 강물에 띄우고 벌거벗은 신참자와 두 명의 대부와 한 명의 설교사가 뗏목 위에 올라탄다. 선교사는 악마를 저주하고 온갖 종교적, 세속적 권력을 저주한 다음, 신참자의 여권을 찢어버린다. 이어 신참자는 물에 가라앉아 세례를 받은 후 기다란 흰 옷을 입고 영원한 방랑 생활을 서약해야 한다. 이로써 당당한 '베그니'로 새롭게 태어난다.

부랑자나 탈주병, 탈옥수 등으로 구성된 '베그니'는 강도, 방탕, 전투뿐 아니라 그 어떤 것이든 한다. 살인조차 서슴지 않는다. 물론 그들은 전통적 형식의 결혼을 인정하지 않지만, 남녀가 결합하는 일종의 의식은 잘 지킨다. 청년이 젊은 여성과 결혼하고 싶다고 생각할 때, 그녀를 힘으로 빼앗는 시늉을 하는 의식이 있다. 아직 그리스도교로 교화되기 이전, 슬라브 부족에게 존재했던 습관인 족외혼이 이런 대목에서 여전히 남아 있는 것일지도 모른다.

원시민족의 결사와 그 잔재

<그림 4> 표범 인간(레오파드맨, The Leopard Man)

신비한 주의(呪醫)의 힘

문자를 가지지 않는 민족, 이른바 원시민족 사이에서는 마술사라든가 주물(呪物) 수여자, 주의(呪醫, 주술적인 방법으로 병을 치료하는 사람-역주) 등의 역할이 매우 중요했다. 예를 들어 아프리카에서 요술은 대단한 영향력을 지니고 있어서 의사의 치료조차도 악마 퇴치라는 성격을 가지고 있다는 사실은 이미 사회학적 상식이 되었다. 그리고 아프리카 마술사들의 신비한 능력에 대한 현지 보고도 유럽의 탐험대나 저널리스트의 손에 의해 이미 몇 차례나 발표된 바 있다. 물론 그 모든 것들을 신뢰할 수는 없다. 개중에는 흥미 위주의 읽을거리도 있기 때문이다.

그러나 원시민족 마술사들이 행하는 어떤 종류의 초자연적(파라노말, paranormal) 능력을 단순히 손장난 마술, 사기라고 치부하며 부정해버릴 수도 없다. 원격 인지, 투시, 미래 예지, 이중인격, 텔레파시, 그리고 멀리 있는 물체를 염력으로 움직이거나 영혼이 빠져나가 다른 인간(혹은 동물)의 육체에 깃들어버린다는 따위의, 원시사회에서 보이는 초자연적인 현상은 과학으로는 설명할 수 없다. 하지만 유력한 증인(예를 들어 알베르트 슈바이처[Albert Schweitzer] 박사 같은 사람)이 있는 이상, 이것을 단순히 착각이나 망상이라고 잘라 말할 수 없다.

심지어 아프리카 주의(呪醫)가 사용하는 약물 중에는 깜짝 놀랄 정도로 효능이 좋은 것도 있다. 적어도 치료의학적 능력에 관한 한 그들의 신비스러운 지식을 경멸할 수 없다. 예를 들어 그들은 어떤 종류의 식물에서 마취제를 추출해야 할지를 알고 있으며, 두개골에 구멍을 내는 두부 절개술(Trepanation) 같은 어려운 외과 수술을 한다. 동부 아프리카의 탕가니카(Tanganyika, 현재의 탄자니아-역주)에서는 주술사가 '틴콘'이라는 풀을 건네주면 환자는 과거로 돌아가, 과거를 다시 한번 사는 기묘한 착각에 빠진다고 한다.

아프리카 대륙에는 수많은 입사식 단체가 존재하는데 특히 라이베리아, 기니, 프랑스령 수단(현재의 말리-역주), 카메룬, 가봉, 탕가니카, 케냐 등의 그것이 알려져 있다. 이런 흑인 비밀결사들은 각각 특유의 신화나 의식을 지니고 있으며 비밀스러운 특유의 기호, 특유의 언어, 습관, 춤, 가면 따위를 가지고 있다. 그리고 비밀결사에 들어가기 위한 수행은 종종 상당히 장기간에 걸쳐 이뤄지는데 가혹한 육체적 시련(상흔, 채찍질 등)을 견디고 다양한 의식용 춤이나 비밀 언어 습득을 위해 몇 년이 허비되는 경우도 있다.

많은 단계를 밟아가는 입사식도 있다. 가봉의 남쪽 지역에 있는 부이티족 입사식에는 네 가지 단계가 있으며, 해당 의식에는 노래나 춤만이 아니라 특정 식물에서 채취한 최면제 흡음도 포함된다. 요컨대 이 약을 먹을 때마다 가입자는 기존의 육체에서 해탈해 또 다른 심오한 경지에 도달할 수 있다.

'뱀 인간', '표범 인간' 단체

비밀결사 내부 위계조직이 노동의 분화와 대응하는 경우도 있다. 아프리카의 주물 수여자 중에는 점술가나 예언자, 심지어 비를 내리게 하는 주술사도 있다. 이런 식으로 대부분의 경우 직업이 몇 가지 전문 분야로 나뉘어 있다. 이른바 특권적 직업이기 때문에 누구나 이런 직업을 가질 수 있는 것은 아니었다.

사냥에 나서는 원주민은 먼저 사냥과 관련된 주물 수여자에게 들러 부적을 받는다. 이때 악어 부적, 표범 부적, 안전한 출산 부적 등 각각에 대해 특정 수여자가 있다. 탕가니카의 '뱀 인간(스네이크맨)'은 뱀의 주물을 수여해주는 사람이다. 그들만이 뱀을 포획하거나 죽이거나, 혹은 뱀의 독에 대한 면역 약을 조합할 수 있는 권한을 가지고 있다. 같은 지방의 '산파' 단체는 남성의 접근이 금지된 '남성 금제(禁制)'의 엄격한 입사식 단체인데, 단체에 들어오는 여자의 쌍둥이 남자 형제만은 접근이 허용된다. 쌍둥이는 하나의 공통된 영혼을 가지고 있다고 믿고 있기 때문이다.

입사식에서 감당해야 할 시련에는 무척 특이한 것이 있다. 노예 해안(Slave Coast, 노예 매매가 행해졌던 아프리카 기니만 해안 일부의 과거 이름-역주)에서 무녀가 되려는 젊은 처녀라면 지하에 파놓은 어두운 땅굴 속에서 몇 마리의 뱀과 함께 한 시간을 버텨야 한다. 즉 그녀들은 뱀과 혼인한다. 또한 '뱀 인간' 단체 입사식에서는 우선 첫 단계로 새로운 가입자의 신체 구석구석에 200여 곳 정도의 찰과상을 낸다. 그런 다음 상처에 일종의 물약을 바르는데, 이 물약은 해당 지방에 사는 각종 뱀의 건조된 머리와 꼬리에 강심제를 더한 것이다. 향후 1년간 뱀의 온갖 독에 대한 면역성을 보증해주는 과정이다.

아프리카 원주민들의 비밀결사가 살인 의식을 행하거나 잔인하게 목이 잘린 머리를 에워싸고 축제를 벌인다는 설은 널리 회자되고 있다. 하지만 실제로 그런 예는 극소수에 불과하기 때문에 대부분 소설가나 이야기꾼이 창작한 과장이라고 해도 좋다. 하지만 살인을 감행하는 비밀결사가 전혀 존재하지 않는 것은 아니다. 예를 들어 유명한 '표범 인간(레오파드맨)' 단체 따위는 지금도 카메룬의 특정 지방이나 콩고, 나이지리아 인접 지방에 여전히 잔존하는 기괴하고 난폭한 비밀결사다(물론 신흥 아프리카 나라들이 계속 독립해서 근대화의 길을 걷고 있는 현재, 이런 시대착오적 비밀결사가 언제까지 유지될 수 있을지는 의문이다).

어쨌든 이런 '표범 인간(레오파드맨)' 단체는 심리학적으로도 매우 재미있는 케이스로 특별히 주목할 가치가 있다. 즉, 이는 하나의 집단적 빙의 망상으로, 가입자는 자신에게 표범이 쓰여 자신의 행동을 지배하고 있다고 생각한다. 밤이 되면 그들은 표범이 되어 희생자를 골라 날카로운 손톱으로 목덜미를 공격해 죽인다. 그들의 손톱에는 금속으로 된 날카로운 칼날이 달려 있어서 시체에 표범 발톱과 똑같은 상흔을 남길 수 있다. 때로는 진짜 표범 발톱을 다는 경우도 있다. 심지어 그들의 의상이나 가면도 표범 가죽으로 만들고 있으며, 부드러운 지면 위에 표범 발자국과 흡사한 발자국을 남길 수 있도록 맹수의 발굽 모양으로 깎은 나무 지팡이 같은 것까지 소지하고 있다.

이리하여 '표범 인간'은 감쪽같이 맹수로 탈바꿈해 자신이 죽인 희생자의 심장을 도려내어 피가 철철 흐르는 상태로 먹어 치운다. 포획한 사체를 하나도 남김없이 익혀 먹어 치우는 경우도 있다. 이 경우엔 끓여 먹는 용도로 쓰이는 솥의 관리를 전문적으로 담당하는 좀 더 낮은 계급의 가입자가 따로 존재한다. 나이지리아에서는 여자 가입자도 발견되었다고 한다.

의식으로 인육을 먹는 무시무시한 비밀결사는 이 밖에도 라이베리아 오지, 그리고 가장 사람이 접근하기 어려운 상아해안(팔마스곶을 지나 지금의 코트디부아르에 속하는 지역. 과거에 상아를 주로 수출했던 해안-역주) 서부에도 존재한다고 한다.

통과의례

미개사회의 특유한 입사식에는 종족의 전 구성원에게 공통된 입사식, 즉 통과의례가 있다. 이는 유년기에서 성인으로 변해가는 것을 문신 등의 수단에 의해 좀 더 구체적으로, 혹은 상징적으로 새기는 의식이다.

통과의례에는 종종 장기간에 걸친 복잡하고 잔혹한 절차를 밟아

야만 하는 것도 있다. 출입이 금지된 비밀스러운 것이 있는가 하면, 민속학자들이 종종 사진에 담아내고 있는 것처럼 공개적인 것도 있다. 목적은 거의 대부분 일정하다. 일단 한번 죽었다고 간주된 아이가 다시금 새로운 존재로 부활하는 것이다. 아이들은 세상에서 일단 자취를 감추고 그사이에 장로부터 부족이나 씨족의 전통적 신앙을 구전으로 배운다. 성인의 권리나 의무가 어떤 것인지를 알게 된다. 경우에 따라서는 할례나 남녀의 의상교환(복장도착, Transvestism) 같은 기묘한 풍습이 행해지는 경우도 있다.

케냐의 마사이족 사이에서는 할례를 받는 젊은이가 여자 차림새를 하고 귀걸이를 걸고 얼굴에 하얀 석탄을 덕지덕지 바른다. 할례 상흔이 유착되어야 비로소 그들은 머리카락을 밀고 당당한 한 명의 전사가 된다. 영국령 동아프리카의 난디(Nandi)족 사회에서는 할례를 받기 전 젊은이에게 젊은 아가씨가 찾아와 그녀의 의복이나 장신구를 빌려준다. 할례를 받으면 이번엔 젊은이가 성인 여성과 의상을 교환한다. 대부분의 경우 의상을 빌려주는 것은 그들의 어머니다. 할례를 받고나서 몇 개월이 지나서야만 비로소 젊은이는 남자의 옷을 입을 수 있다. 젊은 아가씨도 할례를 받을 때는 남자의 옷을 빌려 입고 손에 몽둥이 같은 무기도 든다.

통과의례로 가장 잘 알려진 것이 바로 이런 할례 풍속이다. 젊은 여성의 클리토리스와 소음순을 절제하는 할례는 아프리카 여러 부족들뿐 아니라 세계 도처에서 발견된다. 이런 신비한 풍속의 기원은 아마도 과거 모권제 사회의 붕괴로까지 거슬러 올라갈 수 있다.

<그림 5> 오스트레일리아 원주민의 성인식. 할례를 받는다.

더 기묘한 것은 오늘날 오세아니아의 특정 부족 사이에서만 남아 있른 남성 성인식에서의 절개수술이다. 성인이 된 젊은이의 페니스 아래 여성 생식기를 나타내는 자그마한 구멍을 상징적으로 뚫는 수술이다. 오스트레일리아 원주민의 믿음에 따르면 미성년자에게는 아직 성이 없으며 성인식에 의해 비로소 그들에게 성이 생긴다. 그리고 성적으로 성숙한 사내가 되기 위해서는 남자의 성과 동시에 여성의 성도 자신의 몸에 갖춰야만 한다. 그런 신앙에 바탕을 둔 의식이다.

중앙 오스트레일리아 원주민 사이에서는 성인식 때 상악(上顎, 위턱) 앞니를 빼는 경우가 있다. 피투성이가 되는 이런 가혹한 의식 외에도, 예를 들어 얼굴이나 몸에 살집이 두둑한 모양의 문신을 만들어 넣거나, 피부에 상처를 내거나, 개미가 피부를 물어뜯게 하는 따위까지 다양한 종류가 있다. 심지어 이런 의식이 행해질 때 신입자는 절식을 강요당하거나 무시무시한 광경을 계속 바라보도록 강요받음으로써 극도로 감정이 고조된 상태, 혹은 최면적 마취 상태를 고스란히 견뎌야 한다. 일단 한번 죽고 나서 부활하기 위해서는 이런 고통 내지는 엑스터시 상태가 필요하다고 간주되었다.

요술사에게 조종당했던 마우마우단

민족주의 열망이나 공산주의라는 정치적 프로파간다가 조상 대대로 이어진 고유한 토속신앙과 연결되어, 절반은 근대적이고 절반은 전근대적인 기묘한 형태의 비밀결사를 낳았던 예도 있다. 가장 유명한 예는 케냐의 마우마우(Mau Mau)단 운동이다. 마우마우단의 피비린내 나는 항거는 근대적 장치를 자랑하는 영국 군대에 의해서도 좀처럼 진압되지 못했다. 지금도 이런 비밀결사의 손에 의한 영국인 암살은 때때로 신문의 정치란 귀퉁이의 작은 기삿거리로 보도되고 있다. 이와 비슷한 민족주의적 단체는 카메룬이나 벨기에령 콩고(현재의 콩고민주공화국-역주)에서도 몇 개인가 이름을 드러내고 있다.

오래된 의식에 사용되었던 탐탐(Tam-Tam, 금속 타악기-역주)이나 피리 소리가 정치적 목적으로 이용되어 원주민들의 피를 끓어오르게한 후 그들을 결사 항쟁으로 내몬다. 벨기에령 콩고에서는 우라늄 광산에서 일하는 흑인 노동자들이 인근 숲에서 들려오는 신비로운 탐탐 소리를 듣고 견딜 수 없이 피가 끓어오른 바람에 하던 일을 내팽개치고 반역자들 무리 속으로 몸을 던지게 되어버렸던 모양이다. 벨기에 정부가 공식적으로 조사한 바에 의하면, 흑인 요술사가 러시아로 끌려가 철저히 마르크스주의 교의를 주입당한 후 다시 조국 아프리카로 끌려왔다는 이야기다. 이 때문에 그들이 사용하는 북소리 프로파간다에는 오래된 민족 전통으로 이어지는 강한 설득력이 있다.

과거 신앙의 잔재

　박해를 당했던 종교나 공공연한 의례가 허용되지 않는 종교라고 해서 비밀결사와 비슷한 계열로 취급되지는 않는다. 예를 들어 로마 제정기의 그리스도교는 카타콤브(Catacombes, 지하납골당-역주) 안에서 몰래 예배를 올렸고, 중세 이후의 유대인들은 그리스도교나 이슬람교로 개종한 척하면서 그들의 예배당(시나고그, Synagogue)에서 조상 대대로 이어져온 습관을 은밀히 지켜냈다. 요컨대 정치적, 혹은 사상적인 이유로 압박을 받았을 때 외견상 일시적으로 비밀결사에 가까운 성격을 보이는 경우가 있었다고는 해도, 애당초 이런 종교와 비밀결사는 별개의 것임을 인식해둘 필요가 있다.

　그러나 일단 멸망당한 종교가 명맥을 유지하면서 근근이 버텨내

다가 필연적으로 일종의 입사식 단체 같은 성격을 강하게 드러내게 되면, 비밀결사와 구분하기가 상당히 어려워진다. 예를 들어 중세 유럽에서 들불처럼 퍼져갔던 요술신앙은 일종의 비밀결사인데, 고대의 디오니소스 제의나 프리아포스(Priapos) 제의처럼 대지의 풍요로움을 기원하는 신비의식(밀의) 종교가 부활한 형태라고 생각할 수 있다. 또한 아프리카에서 강제적으로 끌려온 노예의 자손들이 사는 아이티(Haiti)섬의 흑인 비밀종교 '부두교'도 일종의 비밀단체인데, 아프리카 고대의 토속적 신앙과 그리스도교가 기묘하게 어우러져 성립된 것으로 생각할 수 있다.

오늘날 가톨릭이나 프로테스탄트 신앙의 이면에 많든 적든 비밀스러운 토속적 제의의 잔재가 남아 있는 것은 많은 예를 통해 익히 알려진 사실이다. 거기에 때로는 이교적인 제의나 그리스도교가 분간이 가지 않을 정도로 뒤섞여 새롭고 기묘한 신앙이 생겨나는 경우도 있다. 1923년 미국 사우스다코타의 한 인디언 부족이 '페요틀(Peyotl) 교회'라는 것을 창립했다. 해당 지방에서 생산하는 가시 없는 선인장(에키노칵투스 윌리엄시, Echinocactus williamsii)에서 채취한 알칼로이드(Alkaloid) 마약을 흡입하면서 교회에서 영성체를 한다는 특이한 단체였다. 페요테(Peyote)는 옛날부터 신성한 식물로 간주되어 수확 철에는 기나긴 순례를 거쳐 성대한 축제를 벌였다. 이 마약을 흡입하면 색채가 있는 환각을 동반하는 도취 상태를 경험할 수 있다.

그리스도교와 토속신앙이 뒤섞이는 현상은 예로부터 존재해서, 교회 측에서도 이것을 용인했던 모양이다. 브르타뉴(Bretagne) 지방 등에서는 과거 켈트족의 신전이 있던 터에 그대로 교회가 건립된 예도 있다. 북부 프랑스 바닷가에서 존재감을 과시하고 있는 유명한 봉생미셸 수도원(Abbaye du Mont-Saint-Michel)은 과거 드루이드교(Druid, 고대 켈트족의 종교-역주) 신전이 있었던 터에 세워진 건물이다.

부두교와 뱀의 상징

앞서 언급한 바와 같이 부두교는 아프리카에서 건너온 마술과 그리스도교 의식이 뒤섞인 것이라고 파악해도 좋다. 대서양 카리브해에 있는 아이티의 흑인 노예는 조국에서 가지고 온 오랜 신앙을 결코 버리지 않았고, 오늘날에 이를 때까지 선조들의 종교에 뿌리 깊은 집착을 보여주고 있다.

어쨌든 부두교를 단순히 신을 모독하는 마술이라고 치부해버리면 자칫 오류를 범하게 된다. 이 종교에 성실히 귀의하고 있는 흑인들은 자신들이 올바른 그리스도교 교도라고 믿고 있기 때문에 아이티섬으로 여행 간 사람들은 어느 마을에 가도 곳곳에 그리스도교 교회가 있다는 사실을 인지하게 된다. 물론 이 교회 문에는 정체를 알 수 없는 마술적인 기호가 장식되어 있지만….

부두교는 아이티섬에서 오랜 세월 동안 금지당했지만(1945년에 비로소 공인되었다), 경찰이 탄압할 수 있는 힘은 해안가 마을 정도에 미

<그림 6> 부두교의 뱀의 상징.

칠 뿐 오지에 있는 마을에서는 완전히 방치된 상태였다. 부두교가 시작된 곳은 아이티섬인데, 프랑스령과 영국령 앤틸리스(Antilles)제도, 쿠바, 미합중국의 남부 등에 다수의 신자들이 존재한다. 미국에서는 종종 경찰과 옥신각신하는 일도 벌어진다. 파리나 런던에 이주한 남인도제도 출신의 흑인 그룹 사이에서 부두교 의식을 실천하는 사람들이 발견된 예도 있다.

　흑인뿐 아니라 흑인과 백인의 혼혈인도 참가하는 부두교에는 16세기 스페인 정복자에 의해 학살당한 카리브해 인디언의 종교적 전통까지 스며들어 있다. 깜짝 놀랄 사실은 유럽인 중에서도 이 종교에 독실한 귀의자가 있다는 점이다.

무책임한 저널리스트가 쓰는 비경 시리즈 따위에선 부두교가 마치 악마를 숭배하는 종교인 것처럼 과장적으로 묘사되고 있지만, 사실은 이와 다르다. 부두교 제단 위에는 다양한 흑인 우상도 놓여 있지만, 그와 함께 십자가나 성배도 모셔지고 있기 때문에 참가자들은 모두 스스로가 경건한 가톨릭 교도라고 인식하고 있다. 그리스도교 예배식이 마술 의식의 일부가 된 것에 불과하다.

부두교의 신은 무척 많다. 신들의 이름은 모두 서인도제도의 방언, 이른바 크리올(Creole)어로 표현되고 있다. '에르줄리(Erzulie)'는 성처녀 마리아이자 비너스, 달의 여신, 물의 여신이기도 하다. 사제는 '호운간(Houngan)', 무녀는 '맘보(Mambo)'라고 불린다. '부두'의 '부'는 '명상'이라는 의미이며, '두'는 '미지의 것'이라는 의미다. 요컨대 미지의 존재 안에서 심오한 의미를 발견한다는 뜻이다.

주요 의식은 두 가지다. 하나는 성인식 의식이며, 또 하나는 '단바라'라는 이름을 지닌 지고한 신의 화신인 뱀을 칭송하는 의식이다. 제사 악기로는 예컨대 탐탐 같은 북, 애손(Asson)이라는 손잡이 달린 조롱박 스타일의 타악기, 자그마한 종 따위가 사용된다.

부두교에서는 뱀의 상징이 많이 사용되는데, 신성한 뱀은 우주의 축을 중심으로 발현되는 만물의 생식을 상징한다. 그런 점에서 이집트의 태양신 숭배나 뱀을 숭배하는 그노시스교(Gnosticism)의 사상을 연상시키는 측면이 있을 뿐 아니라, 심지어 인도나 티베트의 만다라 우주관과 일맥상통하는 부분도 있다. 의식이 치러지는 곳에는 중심에 하나의 기둥이 세워져 있고, 그 주변에 뱀을 상징하는 아름다운 원형 도안이 흑백으로 그려져 있다. 높은 나뭇가지에 매달려 있는 바구니 속에서 뱀이 소중히 사육되고 있으며, 제사 의식이 최고조에 도달한 순간 군중 사이에 이 뱀을 풀어놓는다.

마지막 희생 공양 종교

부두교 의식이 행해질 때 백인 아이나 젊은 아가씨를 제물로 바친다는 전설이 있는데, 거짓말이다. 인신 공양은 멕시코의 고대 아스테카(Azteca) 왕국에서 이루어졌는데 부두교에서는 실행된 적이 없다. 정확하게는 동물을 희생양으로 바쳤기 때문에 검은 수탉, 양, 염소 따위가 주로 사용된다. 하지만 부두교는 20세기에 존재하는 종교들 중 마지막으로 남은 희생 공양 종교라는 점에서 주목할 가치가 있다. 피가 철철 흐르는 의식은 참가자들 사이에서 성령을 환기시키기 위해 반드시 필요한 수단으로 간주된다. 아직은 온기가 남아 있는 동물의 피를 사제가 신자들의 머리에 부어주면, 그다음 모두가 각자 이것을 마신다. 그리고 나서 춤과 합창이 시작된다.

어두운 회당의 네 구석에 불길이 타오르고 희생당한 동물이 땅에 묻히면 남녀 모두 발로 땅을 밟은 후, 몸부림치듯 땅 위를 뒹굴고 구르면서 점차 열광적 엑스터시(Ecstasy) 상태로 진입한다. 북소리는 점점 빨라지고 남녀의 몸짓은 성교의 자태를 노골적으로 연상시키

<그림 7> 부두교 의식이 치러지는 장소.

는 에로틱한 동작이 된다. 이리하여 하늘과 땅의 신성한 혼인을 상징적으로 실행한다. 열광적인 춤은 때로는 밤새도록 이어지는 경우도 있다.

나아가 부두교에 특징적인 것은 이른바 공수(신령이 무당의 입을 빌려 인간에게 의사를 전하는 것-역주) 의식이다. 무덤에서 끌려나와 요술사에 의해 부활하게 된 '좀비'라는 존재가 이런 역할을 담당한다. 이 기괴한 의식은 영화의 소재가 될 정도라 화제가 된 적도 있지만, 사실이 좀비는 정말 죽은 것이 아니라 요술사에 의해 가사 상태(카탈렙시, Catalepsy)로 구덩이 안에 매장되었다가 다시 끌려나온 것에 지나지 않는다. 가엾은 꼭두각시라고 할 수 있는 희생자에 불과하다. 필시 식물성 마약에 의해 제정신을 잃고 요술사 뜻대로 조종당했던 상황일 것이다.

또 하나 재미있는 것은 부두교 의식의 중심을 이루는 기묘한 바다 제사다. '에르줄리의 배'라는 이름을 지닌 모형 배에 과자와 술, 제물로 바쳐진 비둘기 등 다양한 제물을 가득 싣고 바닷가에서 먼 바다를 향해 띄워 보낸다. 바다 저편에는 잃어버린 낙원이 있고 그곳에서 행복이 찾아온다고 믿고 있다. '에스줄리'는 물의 여신이다. 모형 배가 점차 바다 깊숙이 가라앉아가는 광경을 배 위나 기슭에서 지켜보면서 신자들은 타악기 탐탐을 치거나 열광적으로 환호하면서 춤을 춘다.

자메이카(Jamaica)섬이나 영국령 앤틸리스제도에도 부두교와 아주 흡사한 비밀종교 '오베아교'가 있다. 브라질에도 일찍이 흑인 노예가 창시했던 '마쿰바교(Macumba)'가 있다. 아프리카 신을 모시는 오래된 신앙과 그리스도교가 뒤섞인 종교다. 브라질 '마쿰바교' 신앙의 기원은 18세기까지로 거슬러 올라가는데, 근대에 접어든 이후에도 쇠퇴하기는커녕 더더욱 많은 신자들을 모으고 있는 모양이다. 도회지에 사는 상당한 수준의 인텔리 중에도 드러내놓고 표현하지는 않지만 마쿰바교의 마술에 엄청난 힘이 있다고 철석같이 믿고 있는 사람들이 상당하다고 한다. 브라질 풋볼 선수단은 해외로 원정을 떠날 때 반드시 마쿰바교 마술사를 일행 안에 포함시켜 승리의 비책을 받는다고 한다.

브라질 동부에 있는 바이아(Bahia)라는 도시는 마쿰바교의 메카

<그림 8> 마쿰바교의 피의 세례.

같은 도시다. 여기에 사는 흑인들 사이에서는 '칸돔블레(Candomblé)'
라는 비밀결사가 조직되어 있다. 노래와 춤, 피비린내 나는 의식이
거행된다는 점에서는 부두교와 비슷한 부류다.

밤의 향연, 사바트

중세 유럽 요술사들의 사바트(Sabbat, 밤의 향연)도 고대의 토속신앙이 부활한 일종의 이단적 비밀단체라고 볼 수 있다.

도대체 거기서는 어떤 기괴한 일이 벌어지고 있었던 것일까. 이 점에 대해서는 사바트가 실제로 존재한다고 굳게 믿으며 주로 바스크(프랑스) 지방에서 요술을 박해했던, 16세기의 악명 높은 고등법원 판사 피에르 드 랑크르(Pierre de Lancre, 악명 높은 마녀사냥 처형인-역주)의 묘사를 보면 참고가 될 것이다. 거기에는 다음과 같이 그로테스크한 내용이 적혀 있다.

"벌거벗은 여자들이 머리카락이 흐트러진 채 등장한다. 저속한 춤, 열정적 연회, 악마적 성교, 혐오스러운 수간, 그리고 파렴치하게도 신을 모독하고 음험한 복수에 여념이 없다. 있을 수 있는 온갖 무시무시하고 소름 끼치고 자연에 반하는 욕망을 야만스럽게 탐낸다. 두꺼비, 살무사, 도마뱀을 가까이 두고 즐기며 물고기란 물고기는 모조리 귀여워한다. 역한 냄새가 나는 숫염소(악마의 상징)에 완전히 넘어가 연인처럼 숫염소를 애무하더니, 결국엔 참으로 기가 찰 노릇이지만 그 숫염소와 다정하게 몸을 섞는다."

이런 묘사들은 요술재판의 항소 기록을 바탕으로 작성되었다. 그러나 여자 요술사가 고백하는 기괴한 향연 광경이 과연 실제로 이루어졌을까. 매우 의문스럽다. M. E. 델캄브르(Delcambre)가 정확히 언급하는 것처럼 "지옥에 대한 황당무계한 환상에는 여성 요술사들이 중심인물로 등장하는데 아무리 생각해도 이런 환상은 병리학적 성질의 것이다. 그 어떤 시대, 그 어떤 장소에서든 악마공포증에 걸린 히스테리 환자들은 그야말로 스스로 악마에 사로잡혔다는 착각의 소유자였다."

문제는 빈곤이나 사회적 불만에서 생기는 성적 좌절(Frustration)과 그것이 여성 요술사들의 눈앞에 펼쳐지는 악몽 같은 환각이다. 고문에 의해 억지로 끌려나온 여자들의 고백이라 치더라도 그녀들이 히스테리, 혹은 환각적 상태에서 창작한 것이 다분하다. 심지어 여성 요술사들은 밤의 향연에 나가기 전, 온몸에 향유를 바를 뿐만 아니라 어떤 종류의 자극성 약품도 복용한다. 약품 중에는 가지과의 독초인 벨라돈나(학명 Atropa bella-donna-역주) 따위가 다량 함유되어 있었던 모양이다. 요컨대 약물로 엑스터시를 얻는다는 방법은 모든 시대, 온갖 풍토에서 펼쳐지는 비밀단체의 광란적 연회에 필수 불가결한 수단이었던 것으로 보인다.

요술신앙의 농촌적 성격

하지만 밤의 향연 의식이 객관적으로 실재했다는 사실은 의심할 여지가 없다. 『지옥대사전』이라는 책을 저술한 19세기의 악마학자 자크 콜랭 드 플랑시(J. Collin de Plancy)는 이 점에 대해 몹시 흥미로운 다음과 같은 에피소드를 소개하고 있다.

어느 날 로렌의 공작 샤를 2세(Charles II)가 몰래 여행길에 나섰다가 밤이 깊어지자 한 농가에서 묵게 되었다. 그 집에서 멋진 만찬을 준비하고 있었던 터라 공작이 신기하게 여기며 "이런 늦은 밤에 손님이라도 오는가?"라고 물었더니, "아니요, 나으리. 오늘은 목요일이니 옆에 있는 숲에서 요술사들의 밤의 향연이 있거든요. 춤이 끝나고 나서 한 팀이 여기로 식사를 하시러 오시기 때문에…"라고 말했다. "오, 그래? 그 사람들은 돈을 내고 식사를 하는가?"라고 묻자, "천만에요. 하지만 극진히 대접하지 않으면 후환이 두려워서요…"라는 거였다.

의아하게 여긴 공작은 진상을 규명해보겠다고 결심했다. 그래서 잠자코 기다리고 있는데 드디어 오전 2시경 요술사들이 하나둘씩 농가로 찾아왔다. 기다란 네모 모양의 손톱을 기른, 염소 비슷한 무리였다. 그들이 식탁에 앉을 타이밍을 포착해 공작은 갑자기 구석에서 부하들과 동시에 등장해 "악마의 정체를 밝혀내겠노라!"라고 외쳤다. 그리고 부하들에게 명해 30

명 정도 되는 요술사를 모조리 체포하고 신체검사를 실시했다. 그러자 그들은 모두 염소로 변장한 일반 백성에 불과했다. 이리하여 악마의 향연의 수수께끼는 해결되었는데, 그래도 인근에 사는 백성들의 공포는 여전히 사그라지지 않았다….

대략 이런 이야기다. 이 글을 통해 우선 첫 번째로 주목해야 할 점은, 요술사들의 이른바 밤의 향연이라는 것의 진상이 참으로 단순명쾌하게 밝혀졌다는 점이다. 두 번째, 염소 형상의 악마라는 관념이 단순히 변장이라는 수단에 의해 해명되었다는 점이다. 세 번째가 가장 중요한 점인데, 유럽의 요술이라는 것이 지닌 민중적, 농촌적 성격을 단적으로 보여주고 있다는 사실이다. 독일 마녀들이 밤의 향연을 주재하는 사람을 '반역하게 만드는 위대한 농노'라고 불렀던 것처럼 중세의 밤의 향연은 빈곤에 짓눌려 괴로워하던 농민들의 반항적인, 한바탕의 야단법석이었다. 유럽의 요술신앙은 애당초 사회적 현상이었으며, 종교적 악마주의라든가 신비주의 따위와는 무관했다. 17세기에 들어와 요술신앙이 비로소 도시로 잠입해 루이 왕조의 귀족들이나 귀부인들을 모아 이른바 '흑미사(Black Mass)' 등의 의식이 행해졌는데, 이것은 훨씬 나중에 일어난 일이었다.

물론 가톨릭교회는 이를 금하기 위해 화형이나 고문에 의한 대대적 탄압을 실시했다. 검거된 요술사들은 악마와의 교섭, 신을 모독한 이런저런 행위 등에 관해 미주알고주알 고백한다. 그러나 그들의 열정적 반역의 배경에는 그리스도교보다 훨씬 이전에 존재했던 오래된 종교적 전통, 이교적 전통이 드리워져 있었다. 바로 농경민족의 자연숭배였으며, 대지의 풍요로운 모신(母神)에 대한 기원이었다. 요술사들의 밤의 향연이란, 요컨대 자연이나 계절의 주기적 재생, 생식이나 풍요로움을 기원하는 고대 축제의 부활이었다.

그런 점에서 중세 유럽의 요술신앙은 아이티섬의 부두교와 흡사한 성격을 지녔다. 물론 아이티섬의 흑인들은 본인 스스로 진지하게 그리스도교에 귀의했다고 믿는 반면, 유럽의 요술사들은 그리스도교의 권위를 의식적으로 모독하고 계율이나 교의(敎義, 종교상의 가르침-역주)의 역전을 획책한다. 그러나 결국 양자 모두 정통적 신앙으로부터 대대적인 탄압을 받았고, 탄압당하면 당할수록 더더욱 비밀단체적인 색채를 강화시켜갔다.

고대의 신비의식 종Ⅲ

<그림 9> 드루이드 사제에게 이용당했던 선주민 유적.

드루이드교

드루이드(Druid)교는 고대 갈리아(Gallia, 북이탈리아·프랑스·벨기에 일대) 지방이나 영국에 살던 켈트인의 종교단체다. 드루이드 사제라고 일컬어지던 마술사가 이 종교의 유일한 사제였는데, 그들은 단순히 종교적 권력자였을 뿐만 아니라 정치적인 고문이기도 했으며 귀족 젊은이들의 가정교사이자 때로는 재판관 역할까지 수행했다. 드루이드 사제들의 집회는 1년에 한 번 갈리아 지방의 중심이라고 여겨지던 성지 아우트리쿰(Autricum, 현재 프랑스 도시인 샤르트르[Chartres])에서 열렸는데 남자 사제만이 아니라 여자 사제도 참석했다.

드루이드 사제가 되려면 역시 엄격한 입사식을 거쳐야 했다. 그들은 종교가 가진 '비의(祕義)'를 공개하지 않고 소수의 사제끼리 마술의 비법을 공유했다. 그런 의미에서 일종의 비밀단체라고 말할 수 있다.

드루이드교의 교의나 의식에 대해서는 상세히 알려지지 않은 측면이 많다. 드루이드의 '드루'는 켈트어로 '떡갈나무'를 의미한다. 떡갈나무는 힘의 상징, 즉 창조자의 상징으로 간주되었다. 아울러 이 종교에는 특정 사원이 존재하지 않는다. 숲을 사원이라고 생각했으며, 영혼의 불멸과 윤회전생을 믿었던 모양이다.

이른바 거석문화가 남긴 거석분묘, 고인돌(돌멘, Dolmen)이니 선돌(멘히르, Menhir)이니 하는 것들도 보통 켈트인에 의해 이루어진 것으로 생각되었는데, 최근에는 이 설이 부정되고 있다. 실제로는 켈트인이 갈리아 지방에 침입하기 이전, 이 지방에 이미 살고 있던 기존 민족의 유적이다. 아마도 드루이드 사제가 선주민의 신앙에 존재했던 특정 부분을 계승해 이런 신성한 돌들을 예배 대상으로 이용했을 거라고 여겨진다. 그러나 정확한 부분은 수수께끼에 휩싸여 있다고 말할 수밖에 없다.

카이사르의 『갈리아 전쟁기』에 의하면, 드루이드 사제들은 인간을 신에게 바치는 인간 공양을 했다고 한다. 희생자는 버드나무로 짠 바구니 안에 갇혀 불에 태워지거나 제단 위에서 스스로의 목을 베어야 했다고 한다. 이 종교의 주인이라고 할 수 있는 테우타테스(Teutates)는 '피를 좋아하는 신'이라고도 일컬어진다. 로마인이 갈리아를 정복하자 드루이드 사제들은 압박을 받아 살해되거나 추방되기도 했다. 그러나 이 신앙은 오랫동안 유럽에 잔존해 차츰 그리스도교나 그리스·로마 신앙과 융합해갔다. 예컨대 켈트 민족 특유의 수목 숭배, 겨우살이나 떡갈나무에 대한 외경심은 지금도 프랑스 시골 풍속 속에 녹아들어 있다. 그리고 중세의 원탁의 기사 이야기나 성배 전설은 오래된 켈트족 전설에 그 기원을 두고 있다.

이집트의 신비의식

고대 이집트의 중심 신화는 오시리스와 이시스 신화다. 오시리스
는 질투심 많은 동생 세트에 의해 살해되어 그 시신이 갈기갈기 찢
어졌지만, 여동생이자 아내인 여신 이시스의 마력에 다시금 원래
모습으로 부활한다. 즉, 죽음과 부활이 계절의 리듬을 상징하고 있
는 오시리스는 끊임없이 다시 태어나는 식물의 신이며, 동시에 산
자와 죽은 자를 재판하는 정의의 신이기도 했다. 아울러 고대 이집
트 종교의 입사식은 거의 모두가 오시리스와 이시스 신화와 관련
되어 행해진다. 즉, 입사한 자는 마치 오시리스처럼 일단 한번 죽은
후, 불멸의 생명 아래 부활한다는 형식이다.

어떤 학자의 주장에 따르면, 이집트 피라미드 내부야말로 입사 의
식이 행해진 장소로 추정된다고 한다. 미로처럼 꾸불꾸불한 복도나
돌계단을 오르락내리락하면서 새로운 가입자는 어두운 피라미드
내부의 '왕의 방'으로 안내되어 화강암 관 안에 눕혀진다. 즉, 상징
적으로 일단 한번 죽은 다음에 신의 삶으로 부활한다는 이야기다.

명성이 자자한 『사자의 서(Book of the Dead)』에는 죽은 인간의 영혼
이 어두운 명부(冥府)를 여행하면서 조사관의 질문에 차례대로 답하
다가 마지막으로 오시리스가 있는 넓은 곳으로 도착할 때까지의 모
습이 상세히 적혀 있다. 일종의 입사식이라고 생각해도 무방하다.
요컨대 『사자의 서』는 죽은 인간의 영혼이 악령에 의해 방황하지 않
고 무사히 여행을 마친 다음 영원한 행복을 얻기 위한 지침을 적어

둔 안내서다.

한편 훗날 오시리스보다 한층 많은 신자를 확보하며, 한층 복잡한 전개를 보여준 것이 여신 이시스와 관련된 종교다.

이집트 기원의 이시스 숭배는 고대 말기 로마제국 전역에 걸쳐 맹렬한 기세로 퍼져갔다. 원로원은 종종 금지령을 냈지만 민중의 신앙심은 조금도 흔들리지 않았다. 사방에 이시스 신전이 세워졌다가 부서지기를 몇 번이고 반복했다. 생식을 관장하는 거대한 모신(母神)인 이시스 여신은 지중해 연안 지방의 여타 모든 여신들의 성격을 통합한 거대한 신격으로 로마제국 전역에 군림하게 되었다.

"만물의 어머니, 모든 원리의 지배자, 인류의 근원적 창조주, 지고한 여신, 황천의 여왕, 천계의 최고 고참이자 세상에 존재하는 신들이나 여신의 이상적 원형"이라고 로마 소설가 아풀레이우스(Apuleius)는 적고 있다. 아풀레이우스는 그의 소설 『황금 당나귀』 안에서 화려한 이시스의 신비의식 입사식 모습을 상세히 묘사하고 있다.

이시스 숭배는 가톨릭 성모 숭배의 기원을 이루고 있다는 설도 있다. 『황금가지(The Golden Bough)』의 저자인 프레이저는 다음과 같이 언급하고 있다. "체발(剃髮) 사제, 아침 기도와 저녁 기도, 맑게 울려 퍼지는 음악, 세례와 성수 살포, 엄숙한 행렬, 사방에 보석이 박힌 '신의 어머니' 상 등으로 구성된 이시스의 장엄한 의례는 가톨릭 의식과 비교했을 때 상당한 유사점을 보여주고 있다."

여신 이시스는 오른손에 고대 악기 시스트룸(딸랑이)을 들고, 왼손에는 나일강의 풍요로움을 상징하는 물병 시툴라를 들고 있다. 혹은 아이에게 젖을 물리고 있는 어머니의 모습으로 표현된다. 이 밖에도 낫, 초승달, 공, 소의 뿔, 발끝까지 뒤덮는 초록 빛깔 긴 옷, 앙크(Ankh, '생명'을 의미하는 고대 이집트의 신성한 문자로 갖가지 부적이나 장신구에 활용됨-역주) 등이 그녀를 식별하게 해주는 기호다. 이시스의 무녀는 이런 소도구를 들고 이런 복장을 한 채 입사 의식에 등장했던 모양이다.

그리스와 로마의 신비의식

그리스는 예로부터 이른바 고전적 정신, 즉 질서와 조화에 대한 감각이 멋지게 꽃피웠던 나라로 간주돼왔다. 그러나 '아폴로적' 정신과 함께 '디오니소스적' 정신, 하얀 그리스와 함께 검은 그리스가 존재했다는 사실을 잊지 말아야 한다. 사실 다양한 신비의식(밀의) 종교가 이토록 번성했던 나라도 드물다.

그리스에서는 하나의 거대한 종교 체계가 결국 만들어지지 못했다. 그러나 선사 문명, 특히 크레타섬의 종교로부터 영향을 받은 요소들은 몇 가지 방향을 발전시켰다. 그리스 이전의 오래된 요소라고 말할 수 있는 것들 가운데, 우선 첫 번째로 다뤄야 할 것은 광산업자들의 신비의식이다. 소아시아 이데산의 '다크추로이(Davktu-loi, 대장장이와 치유마술에 탁월한 산의 정령-역주)', 로도스섬의 '텔키네스

(Telchines, 로도스섬의 정령들로 야금의 방법으로 크로노스의 낫을 주조함-역주)',
크레타섬 이데산의 '크레테스(Kourētes)', 사모트라키(Samothráki)섬의
'카베이로이(Kábeiroi)'의 신비의식 등이 유명하다.

　모두 광산이나 금속 정련 관련 마술에 능통한 씨족들로 산악지방
에 살면서 이른바 대장간이나 금 가공 동업조합 비슷한 형태로 결
성되어 있었다. 씨족 사이에서는 계급제가 존재해서 그들에게만 허
용된 특권이 있었다. 공동의 집에서 집회가 열렸고, 신성한 숲에서
신비의식이 행해졌다. 의식은 흥겨운 연회를 연상시켰기 때문에 춤
을 추거나 고함을 지르거나 종이나 북을 치는 등 소란스럽기 그지
없는 왁자지껄한 자리였다. 신비의식이 치러지는 신성한 숲을 더럽
힌 자에게는 엄한 벌이 부과되었다. 유명한 루마니아의 신화학자
엘리아데(Mircea Eliade)는 이런 금속 가공업자들의 마술들 속에서 후
세의 유럽 연금술의 직접적인 원류가 존재한다고 인정하고 있다.

　풍요와 달의 여신인 대지모신(大地母神) 신앙 역시 금속업자들의
신비의식과 마찬가지로 오래전부터 존재해왔다. 크레타섬에서는
이 여신을 위해 특히 딕테(Dicte)산이나 이데산 등의 산 정상에서 예
배를 드렸다. 대지모신 혹은 산의 여신과 관련된 신앙은 지중해 해
안의 온갖 종교들 속에서 다양한 이름으로 발견된다. 즉 시리아에
서는 '아타르가티스(Atargatis)', 이슬람교 이전의 아랍에서는 악타르,
바빌로니아에서는 '이슈타르(Ishtar)', 페니키아에서는 '아스타르테
(Astarte)', 옛 이란에서는 '아나히타(Anāhitā)', 카르타고에서는 '타니트
(Tanit)'라고 불리며 숭앙의 대상이 되었다.

<그림 10> 키벨레(Cybele)

　그중에서도 가장 전형적인 것은 소아시아 북부 프리기아의 대모
신(大母神)으로 보통 '대모의(大母儀, 마그나 마테르[Magna Mater])'라고 일
컬어지는 키벨레(Cybele) 여신이다. 아울러 대모신 숭배가 일반적이
었던 것은 신석기시대에 모권제 문화가 극히 광범위에 걸쳐 존재했
다는 사실을 입증하고 있다.

　그리스나 동양의 오래된 신비의식(밀의) 예배가 현저한 유행을 보
이기 시작했던 것은 제2차 포에니전쟁 이후의 로마에서부터다. 형
식적인 로마의 공인 종교에 염증이 난 민중은 이런 신비의식 예배

를 통해 신과 친밀히 교류하며 뜨겁게 분출된 분위기 속에서 생과 사의 의미를 포착하고 싶다고 생각하게 되었다. 열광적인 음악이나 기묘한 의식, 에로틱한 춤사위 속에서 그들은 새로운 종교의 매력을 발견했다. 이리하여 고전시대가 끝날 무렵, 로마 권력으로부터 종종 탄압받았음에도 불구하고 자칫 미신 같고 특이하며 신비의식적인 종교가 그리스·로마 세계에 격한 기세로 퍼지기 시작했다.

유행은 마침내 로마 도시 안으로까지 파고들어왔다. 로마 원로원은 기원전 204년 신탁에 의해 키벨레 여신을 로마에 맞이하기로 결의했고, 소아시아의 페시누스(Pessinus, 키벨레 신앙의 중심지)에서 이 여신을 상징하는 검은 돌(운석)을 대대적인 의식과 함께 운반해와서 팔라티누스(Palatinus) 언덕에 안치했다. 전설에 따르면 거대한 운석을 싣고 왔던 배가 테베레(Tevere)강 하구에서 진흙더미에 막혀 꼼짝달싹 못 하게 되자, 베스타(Vesta)의 무녀가 살짝 허리띠를 풀어 이것을 뱃머리에 묶어 가볍게 끌었더니 배가 무사히 움직이기 시작했다고 한다.

로마제국이 몰락하기 시작하자 해괴한 미신이나 점성술, 신비주의의 유행이 더 큰 물결이 되어 밀려들어왔다. 이것을 혼합주의(Syncretism, 종교 융합)라고 한다. 로마는 국제도시가 되어 다양한 이국의 신들의 판테온(Pantheon, 합사묘)으로 변해갔다.

카라칼라(Caracalla) 제왕은 마침내 이집트 기원의 이시스를 국가신으로 인정하기에 이르렀고, 소년 황제 엘라가발루스(Elagabalus)는 시리아 기원의 바알(Baal) 신을 로마로 맞이했다. 에메사(Emesa)에서 운반해 들어온 바알신의 신체(神体)도 역시 검은 운석이었다. 14세의 나이로 황제가 되어 음탕함과 잔인함의 진수를 보여주다가 결국 18세의 나이로 죽임을 당한 엘라가발루스는 원래 시리아 바알신의 대사제 가문 출신으로 애당초 순수한 로마인이 아니었다. 그런데 그는 태양 숭배를 중심으로 하는 하나의 보편적 종교를 확립하고자 했던 모양이다. 태양 숭배는 페르시아 기원의 미트라(Mithra) 신앙에서도 인정되기 때문에 종교가 뒤섞이던 당시(3세기 이후)에 현저히 눈에 띄는 현상이다.

태양신 숭배는 그리스도교가 결정적으로 승리를 얻을 때까지 그리스도교의 가장 큰 적이었다. 왜냐하면 양쪽 모두 보편적인 일신교를 지향하고 있었기 때문이다. 시대적 요구에 그리스도교 쪽이 조금 더 노련하게 적용했다.

일단 그리스도교의 승리가 확립되자, 모든 신비의식 예배는 금지되어야 했다. 395년 테오도시우스(Theodosius) 황제는 전 유럽의 신비의식을 금하는 선포를 내렸다. 하지만 이교신에 대한 예배는 다양한 형태로 이후에도 오랜 세월 은밀히 지속되었다. 앞서 언급했던 것처럼 중세 유럽의 요술은 이런 이교신에 대한 예배의 잔재라고 볼 수 있다.

그리스와 로마의 신비의식에 대해 대략적으로 개관해보았는데 다음에서는 그런 것들 중 대표적인 것을 개별적으로 들어 더 자세히 분석해보고 싶다.

<그림 11> 디오니소스교의 양물 숭배

디오니소스의 신비의식

디오니소스는 원래 그리스 고유의 신이 아니었다. 그에 대한 신
앙은 소아시아로부터 전래되어왔다. 프리기아의 아도니스와 흡사
한 성격으로 원래는 고사(枯死)와 재생의 신, 풍요의 식물신이었다.
하지만 라틴인(Latini, 이탈리아 중앙부 라티움[Latium] 지방에 거주하며 라틴
어 계열의 언어를 사용했던 고대민족-역주)으로부터 '바쿠스(Bacchus)'라고
불렸던 디오니소스는 기원전 8세기 이후, 그리스 신들 무리 속에 포
함되게 되었다.

디오니소스 축제는 봄의 도래를 상징한다. 아주 오래전부터 내려
온 농업적 축제 형식의 잔재이며 전형적인 양물신(陽物神) 숭배다.

여자들이 거대한 양물 기둥을 앞세워 노래를 부르며 행렬을 지어 걸어간다.

득히 제의 과정에서의 열광적인 흥분은 '바카이(Bakchai)'라고 칭해지는 여신도들에게서 가장 격렬했다. 그녀들은 술을 마시고, 피가 뚝뚝 떨어지는 희생 제물을 바치며, 머리카락이 헝클어질 때까지 산과 들을 뛰어다니고, 에로틱하고 저속한 춤을 추면서 집단적 도취 상태에 빠진다. 꼭대기에 솔방울을 매달아놓은 '티르소스(Thyrsos)'라는 이름의 지팡이를 들고, 밤에는 붉은 횃불을 들고 고함을 지르며 난무에 몰입한다. 그뿐만이 아니다. 종종 동물이나 경우에 따라서는 어린아이마저 덮쳐 갈가리 찢어버린 다음 그 생육을 먹었다고 한다.

인육까지 먹는 이토록 잔인한 욕망은 오래된 토테미즘 신앙에 뿌리를 두고 있다. 요컨대 신의 상징, 혹은 신 자체로 간주된 인간, 혹은 동물을 먹음으로써 신의 힘을 자신의 몸 안에 깃들게 하여 신 자체와 동화된다. 디오니소스적인 광적 주연의 목적은 신도들이 각각 신과 이어졌다는 감정을 자신의 것으로 하는 것에 존재했다.

엘레우시스의 신비의식

여신 데메테르(Demeter)를 숭배하는 엘레우시스(Eleusis)의 신비의식은 좀 더 공적인 성격을 가졌다. 아테네에서 20km 정도 되는 지점에 있는 엘레우시스 도시가 이 제의의 중심지였다. '텔레스테리온'이라고 일컬어지는 정사각형 신전의 넓은 공간에서 농밀한 신비의식이 행해졌다.

곡물의 신인 대지모신 데메테르는 그녀의 딸 코레(페르세포네)를 지하세계의 신 하데스에게 유괴당해 비탄에 빠진 나머지, 딸이 지상으로 돌아올 때까지는 그 어떤 꽃도 피우게 하지 않고 그 어떤 씨앗도 지상에 싹을 틔우지 않게 하려고 했다. 그러자 신들과 인간 모두 매우 난처한 처지에 놓이게 되었는데, 결국 제우스의 주선으로 하데스와 화해가 성립되어 딸은 겨울에만 남편과 함께 지하세계에 머물고 매년 봄이 되면 어머니 품으로 돌아오게 되었다. 이런 전설에는 도리아인 침공에 의해 농작물이 황폐해져버렸던 아티키(Attiki) 지방 농민의 오랜 기억이 이어져 있다.

신비의식의 상세한 내용은 지금도 여전히 명확히 밝혀지지 않았지만, 중심은 일종의 성스러운 무언극, 일종의 신화적인 극적 재구성에 있었던 것으로 보인다. 즉 코레의 강탈, 데메테르의 방랑, 하데스와 코레의 결혼, 그리고 마지막으로 데메테르와 제우스의 결혼에 이르는 전개다.

극의 주요 등장인물은 신비의식을 주재하는 남성 사제와 무녀였으며, 신자가 이것을 구경하는 형태다. 극이 클라이맥스에 도달하면 사제는 무녀를 붙잡아 지하 구덩이 속으로 끌고 들어가버린다. 그러면 넓은 공산의 불빛이 순식간에 꺼진다. 신성한 결혼이 거행되고 있다는 사실을 의미한다. 마침내 다시 불빛이 켜지면 사제가 지하 구덩이에서 나와 보리 이삭을 관객들에게 보여주며 "여신은 신성한 사내아이를 낳았습니다"라고 선언한다.

물론 옛날에는 사제와 무녀의 육체적 접촉이 실제로 행해졌지만, 고전시대에 들어와 이 혼인은 상징적 형태로만 이루어졌던 모양이다. 사제는 독당근(Conium)을 치사량에 도달하지 않을 정도까지만 마셔 이미 불능자가 되었기 때문이다. 신을 모시는 자는 모든 육체적 접촉을 끊어내도록 요구받았다.

입사식은 두 가지 등급으로 나뉘어 있다. 우선 봄에는 '안테스테리온(꽃의 달, 2월 말)'에 일리소스 강가의 아그라에서 '소(小) 비밀의식'이 행해지고, 가을에는 '포에드로미온(9월, 10월)'에 아테네의 엘레우시니온(Eleusinion, 데메테르에게 바쳐진 고대 아테네 신전-역주)에서 '대(大) 비밀의식'이 거행되었다. 작은 신비의식을 거친 자만이 대규모 신비의식에 참가할 수 있었다.

오르페우스와 피타고라스 교단

오르페우스교는 트라키아(Thracia, 현재의 트라케[Thrake]-역주) 지방의 음악가 오르페우스의 죽음과 관련된 전설을 이용한 그리스 신앙이다. 신비의식적 교단이 숭배하는 신은 오르페우스라기보다는 오히려 자그레우스(Zagreus, 디오니소스와 동일신)라고 해야 한다.

뱀의 형상으로 나타난 자그레우스는 제우스의 아들이다. 향후 세계의 왕이 되도록 길러졌지만 헤라의 질투에 의해 티탄족(거인)의 습격을 받아 갈가리 찢어져서 살해당했을 뿐만 아니라 그들은 그 살점까지 먹어치웠다. 티탄족에 대한 제우스의 증오심은 이루 말할 수가 없어서 벼락으로 그들을 불태워 재로 만들어버린다. 그 잿더미에서 인간이 태어났기 때문에 인간은 한편으로는 사악한 티탄족의 성정을 물려받는 동시에 한편으로는 그들이 먹어치운 자그레우스의 살점 때문에 신적인 요소도 몸속에 지니게 되었다.

인간의 영혼은 마치 감옥에 갇힌 것처럼 육체 안에 갇혀 있으며, 끊임없이 하나의 존재에서 다른 존재로 옮겨가며 무한적 순환을 반복해야 한다. 그저 오르페우스가 정해놓은 계율에 따라 정화된 생활을 지낼 때만 비로소 이런 순환에서 구원을 받아 천계로 돌아간다. 이것이 바로 영혼의 구제에 관한 오르페우스 신비의식이 가진 교의의 핵심 내용이다.

육체적 해탈을 말하는 이 종교는 플라톤에게도 지대한 영향을 끼친 모양이다. 플라톤이 쓴 『국가론』 가운데 나오는 유명한 '동굴의 비유'는 그 기원이 오르페우스교의 입사식으로까지 거슬러 올라간다고 여겨진다.

오르페우스 교단과 매우 흡사한 비밀난체로 피타고라스 교단이 있다. 역시 인간의 영혼이 윤회전생한다고 믿고 있다. 고대의 프리메이슨이라고도 표현할 수 있는 단체로 피타고라스라는 이름의 전설적인 현자에 의해 창립된 것으로 간주된다. 철학이나 우주론만이 아니라 과학, 수학, 정치 연구까지 동시에 진행하고 있었다. 정치적 지향을 가지고 있었다는 점에서 주목해볼 가치가 있다.

아티스와 키벨레의 신비의식

앞서 언급했던 것처럼 키벨레의 신비의식은 그리스 기원이 아니라 소아시아의 프리기아에 기원을 두고 있다. 키벨레는 아시아의 가장 전형적인 대모신이며 아티스(Attis)는 그의 젊은 연인, 심지어 역시 일단 한번 죽었다가 다시 부활하는 남자 신이다. 우선 그 기괴한 신화를 해설해보자.

어느 날 제우스가 깊은 잠에 빠져 있는 동안 정액이 흘러나왔고, 그것이 대지에 떨어져 아기가 태어났다. 이 아기가 바로 아그디스티스(Agdistis)인데 이 신은 태어날 때부터 자웅동체의 양성이었지만, 신들이 다가와 남근을 제거해 여성으로 만들어버렸다. 이것이 바로 키벨레 여신이다.

그러나 잘라낸 아기의 남근을 묻어둔 자리에서 한 그루의 아몬드 나무가 자라나 이윽고 열매를 맺었다. 우연히 그곳을 지나가던 강의 신의 딸인 나나가 그 열매를 따서 품속에 넣자 이번엔 그녀가 임신을 해서 결국 한 사내아이를 낳았다. 이것이 바로 미소년 아티스였다.

키벨레 여신은 이윽고 미소년을 발견해 깊이 사랑하게 되었다. 신비스러운 인연이다. 아티스도 여신의 총애를 받아 기쁘게 여기며 결코 그녀의 사랑을 배반하지 않겠노라고 맹세했다. 하지만 아티스가 성장하면서 미소년의 미모에 감탄해 그를 따르는 사람들이 점점 많

<그림 12> 아티스

아졌고, 결국 유혹을 뿌리치지 못한 채 그는 어느 님프와 정을 나누어버렸다. 진노한 여신은 아티스로 하여금 광기에 휩싸이도록 만들어버렸다. 미소년은 광란 속에 빠져들다가 스스로 칼을 들고 자신의 남근을 거세해 출혈 때문에 죽었다고 한다.

이런 기괴한 신화에 근거해 키벨레를 숭배하는 신자들은 참혹하기 그지없는 신비의식을 실행한다. 요컨대 아티스의 자기 징벌적 행위를 모방해 스스로 남근을 잘라낸 다음 대지의 여신에게 바친다. 이런 과정을 거쳐 거세한 사제들을 로마인들은 갈루스(복수형은 갈리[Galli]-역주)라고 불렀다. 키벨레 숭배의 중심지 페시누스(Pessinus)가 소아시아 갈라티아(Galatia) 지방에 있었기 때문이다.

앞서 언급한 대로 키벨레 숭배는 로마 정부에 의해 공인된 최초의 동방 기원 신비의식이었다. 그 때문에 『황금가지(The Golden Bough)』의 저자인 프레이저도 지적하고 있는 것처럼 "동양 의상을 걸치고 가슴팍에 자그마한 상을 매단, 성(性)을 가지지 않는 이 존재(거세한 사제)는 당시 로마 거리에서는 익숙한 사람들이었다"고 추정된다.

신비의식의 순서는 다음과 같다. 우선 3월 15일 신자들의 행렬식이 거행된다. 3월 22일 숲에서 소나무가 베어져 신전으로 운반된다. 이 성스러운 나무는 아티스의 상징이며 나무 줄기는 시체처럼 끈으로 둘둘 말려 제비꽃 다발로 장식된 다음 화려한 행렬과 함께 신전으로 들어온다. 3월 24일은 '피의 날'로 알려져 있다. 즉 신자들은 자신의 피를 봉납해 아티스의 시체로 여겨진 소나무를 매장하는 의식을 거행한다. 프레이저의 글을 인용해보자.

"대사제가 자신의 팔뚝에서 피를 뽑아 공물로 바친다. 대사제만이 아니다. 하급 사제들 역시 거칠기 그지없는 야만스러운 음악에 취해 자신도 모르게 흥분 상태에 빠진다. 연이어 울려 퍼지는 종소리와 북소리, 울부짖는 뿔피리 소리, 절규하는 피리 소리 속에서 머리채를 흔들고 머리카락을 나부끼며 미친 듯 춤추다 마침내 광란 상태에 빠져 통증조차 느끼지 못하게 된다. 치솟듯 뿜어 나오는 피를 신의 형상에 들이붓기 위해 도기 파편으로 몸에 상처를 내거나 칼로 자신의 몸을 찌르기도 했다."

이리하여 종교적 흥분의 극치에 도달하면 그들은 솟구쳐 나오는 피에 매료당한 것처럼 몸에 걸치고 있던 의상을 훌훌 벗어던지고 고함을 지르면서 자신의 남성 기관을 잘라내 여신상을 향해 내던진다. '피의 날'의 의식은 이렇게 끝이 난다.

이런 공적 의식 이외에 키벨레 숭배에는 특히 초심자를 위한 입사식이라고 부를 수 있는 비밀 의식도 있었다. '타우로볼리움(Taurobolium, 황소를 희생물로 바치는 의식)'이라고 일컬어지는 피의 세례다.

신입자는 황금으로 된 관을 받아 머리끈을 두르고 어두운 구덩이 안으로 내려간다. 구덩이 위에는 판자 뚜껑이 있고, 판자 위에서 꽃다발로 장식된 황소 한 마리가 살해당한다. 황소의 온기가 남아 있는 피는 폭포수처럼 판자 구멍으로 흘러 떨어져 구덩이 속에 있는 인간은 온몸에 피를 뒤집어쓰게 된다. 동물의 피에 의해 그는 영원한 생명으로 부활하게 된다. 황소 대신 숫양을 이용하는 경우도 있으며, 그 경우엔 '클리오볼리움'이라고 일컬어졌다.

키벨레에 대한 숭배뿐 아니라 기타 동양 기원의 신비의식에서도 대개 부녀자의 참가는 자유롭게 허용되었는데, 다음에서 다룰 미트라 신을 모시는 예배에서는 여인의 출입이 금지되었다.

<그림 13> 미트라신의 상징인 황소.

미트라 신을 모시는 예배

미트라는 페르시아 기원의 신인데, 조로아스터교가 성행했던 과거 시대에는 그다지 큰 역할을 하지 못했다. 훗날 바빌로니아 점성학 등으로부터 영향을 받아 빛의 신, 선(善)의 신인 미트라 신은 점점 아시아풍 태양신과 동일시되기에 이르렀다.

기원전 1세기가 끝날 무렵부터 미트라 숭배는 로마 지역에 깊숙이 뿌리를 내리고 점차 그 영향력을 확대해갔다. 원래는 로마 원정

군인에 의해 은밀히 제국 내부로 받아들여진 신앙인데, 이윽고 많은 황제 중에서도 이 종교에 독실하게 귀의한 사람들이 나오기 시작했다. 네로도 그중 한 사람이었고, 우둔한 콤모두스(Commodus)도 마찬가지였다. 콤모두스 황제는 미트라 신을 위해 인신공양 의식(상징적인)을 집행하다가 실수로 희생자를 진짜 죽게 했다는 스캔들을 일으킨 장본인이다.

특히 로마 군인들 중 신자가 많아, 군대 계급제 외에 종교 계급제(일곱 단계로 나뉘어 있었다)가 이중으로 성립되어 있던 것으로 보인다.

미트라 신에 대한 예배는 '스펠라에아(Spelaea, 단수형은 스펠라에움 [Spelaeum]으로 추정됨-역주)'라고 일컬어지는 지하 신전에서 거행되었는데, 자연적인 동굴이 이용되는 경우도 있었다. 신전은 그다지 넓지 않아서 규모가 큰 것이라고 해봐야 40명 정도를 수용할 수 있는 것이 고작이었다. 방 깊숙이에는 희생될 황소에 올라타서 황소 옆구리에 단도를 찌르고 있는 미트라 신의 상이 세워져 있다. 미트라 신의 상 앞에는 두 개의 제단이 있는데 하나는 태양, 나머지 하나는 달을 모시고 있었다.

황소는 미트라 신의 상징이었으며, 신 그 자체로 간주되는 경우도 있었다. 키벨레 숭배에서와 마찬가지로 입사 의례에는 피가 철철 흐르는 '타우로볼리움'이 종종 행해졌다. 단, 여자는 절대로 입사식에 참가할 수 없었다.

그리스도교 제의의 이교기원설

미트라 신의 생일은 12월 25일로 정해져 있었다. 동지에 해당되는 날로, 일 년 중 이날을 기점으로 해가 점차 길어져서 태양의 힘이 강해지기 시작하기 때문에 '태양신의 탄신일'이라고 인정되었다. 그리스도교가 그리스도의 생일을 12월 25일로 정했던 것은 아마도 이런 태양신 숭배에 대한 모방이었을 것임에 틀림없다. 혹은 태양신에 대항할 의도가 있었기 때문일지도 모른다. 성서에는 그리스도의 생일 날짜에 대해서는 아무것도 적혀 있지 않다. 이 때문에 크리스마스의 이교기원설은 의심할 여지가 없다고 여겨진다.

크리스마스만이 아니라 그리스도교의 축제일과 이교의 축제일이 일치한다는 것은 우연이라고 치부해버리기에는 너무나 밀접한 관련성을 보여주고 있다. 그리스도교 수난의 날, 즉 부활제는 키벨레 신앙에서의 아티스의 죽음과 부활의 날(3월 24일과 25일)과 거의 정확히 일치한다. 요컨대 이것은 춘분날인데, 겨울 동안 죽어 있던 식물의 신이 부활하기 위해 가장 적당한 날이다.

그리스도교와 이교의 축제일이 일치하는 다른 예도 존재한다. 6월의 성 요한 축제는 북방 켈트 민족의 하지제를 이어받았을 가능성이 있다. 8월의 성모승천 제의는 다이애나(Diana) 제의의 지위를 대신한 것이라고 말할 수 있다.

요컨대 그리스도교의 구세주도 수많은 이교의 신들과 마찬가지로 일단 한번 죽었다가 부활하는 남자 신이다. 유대교 신비의식에서도 동물 희생이 이루어지고 있었으며, 바로 옆에 이웃한 가나안 인 사이에서는 바알(Baal) 신에 대한 인신 공양까지 이루어지고 있었다. 원시 그리스도교에도 모든 비밀단체에 공통적인 비공개적 예배나 비전적 교의가 틀림없이 포함되어 있었을 것이라고 생각하는 것은 결코 독단적 견해가 아닐 것이다.

그노시스파의 흐름

<그림 14> 수탉 머리를 한 아브락사스(Abraxas).

그노시스파의 기원

그노시스파는 아마도 그리스도교 이전부터 존재했던 것으로 보이는 신비주의적 종교단체 중 하나다. 그노시스란 그리스어로 '지식'을 의미하기 때문에 이 파에 속한 사람들은 무엇보다 만물의 존재 의미를 설명할 수 있는 완전한 지식을 소유하고자 했다. 요컨대 단순한 신앙보다는 그보다 더 나아간 지식, 영적인 직관에 의해 신의 계시를 맞이하고 타락한 물질세계인 지상계를 벗어나 예지의 세계인 천상계까지 다다르고 싶어 하는 사상이다.

그리스도교의 전파와 함께 그리스도교의 진리를 그노시스로 이해하려고 하는 경향이 생겨나, 이른바 그리스도교적 그노시스와 관련된 다수의 종파가 나타나기 시작했다. 이는 국제도시 알렉산드리아를 중심으로 수 세기에 걸쳐 대단한 기세로 번성했던 모양이다. 교의는 동양, 그리스, 로마 등의 종교 관념을 혼합한 것이었는데, 정통 그리스도 교회는 이것을 이단이라며 배척했다.

그노시스파 교의의 특징은 대략적으로 말해 신앙보다 지식을 존중하는 것, 영혼과 물질 간의 극단적인 이원론 입장을 취하는 것이었다. 그리고 지식을 얻은 자만이 천상의 행복을 얻는다고 설파했기 때문에 정통 그리스도교도가 이를 위험천만한 생각으로 간주했던 것도 당연하다면 당연한 일이었다.

그노시스파에는 많은 분파가 있었으며, 분파마다 특유의 비밀집회, 입사식, 예배식, 암호 따위를 가지고 있었다.

흥미로운 것은 그노시스파 사람들이 여성의 역할을 높이 평가하고 있었다는 사실이다. 정통 교회에서는 절대로 생각할 수 없는 일이지만, 그노시스파의 우주관 중심에는 항상 남녀의 두 가지 원리가 기능하고 있다. 여성적인 생식의 원리를 인정하는 매우 에로스적 사고방식까지 존재한다. 그리고 그노시스적 이단 일파로 천국의 뱀을 숭배하는 오피티스(Ophites)파는 최초의 인간인 아담을 남녀 양성으로 간주하고 있다. 요컨대 그들의 여성 숭배 사상에는 이런 이론적인 근거가 있었다.

말이나 문자가 가진 주술적 힘도 그노시스파의 의식에서는 매우 중요한 역할을 담당한다. 주문이나 암호를 알지 못하면 죽은 영혼이 천국으로 향하는 길을 발견할 수 없게 된다.

예를 들어 보석이나 돌로 만든 작은 부적 표면에 그리스어로 '아브락사스'라고 새겨져 있는 경우가 있는데, 이 표현에는 심오한 마술적 의미가 있어서 이런 그리스 문자가 표현하는 값의 총계가 365가 된다. 365란 지구 공전에 필요한 날수다. 알렉산드리아의 신학자 바실리데스의 의견에 따르면, 지구의 1년을 지배하는 365가지의 정령이 있는데 그 정령들의 수장이 '아브락사스'라는 이름의 신이라고 한다. 요컨대 이 신은 우주의 지배자라고도 말할 수 있다.

파리 국립도서관의 옛날 돈 진열관에는 그노시스파의 아름다운 보석 세공 부적들이 한곳에 진열되어 있다. 부적 표면에는 상징적인 사람의 모습이나 자신의 꼬리를 물고 있는 뱀, 황금충, 태양, 달, 별 등의 모습이 새겨져 있다.

특히 유명한 것은 '수탉 머리의 아브락사스'라고 칭해지는 부적이다. 말할 것도 없이 우주의 지배자를 분명히 하는 것으로, 수탉의 머리는 예지 능력(프로네시스, phronesis)을, 뱀의 형상을 한 두 다리는 정신(누스, Nous)과 이성(로고스, Logos)을, 오른손에 든 방패는 지혜(소피아, Sophia)를, 왼손에 든 채찍은 힘(디나미스, Dynamis)을 각각 상징하고 있다.

마니교의 이원론

마니교는 페르시아의 조로아스터교, 인도의 불교, 그리스도교적 그노시스파 등의 교의를 조화시키고자 3세기에 바빌로니아의 예언자 마니가 창시한 새로운 종교다. 마니는 열정적인 설교자였는데 직접 투르키스탄, 인도, 중국에까지 포교 여행을 떠났다. 마지막엔 페르시아 왕으로부터 박해를 받아 책형(기둥에 묶어놓고 창으로 찔러 죽이는 형벌-역주)에 처해져 사망했다고 한다.

마니교의 교의는 전형적인 선악이원론이었기 때문에 신도들 사이에서는 극단적인 금욕적 도덕이 요구되었다. 신도들은 일종의 비밀단체를 형성했는데, 그 의식은 그노시스파들의 그것과 사뭇 다르게 단식, 기도, 찬가 등으로 구성된 지극히 단순·소박한 것이었다.

중세 유럽에 퍼졌던 그리스도교 이단 카타리파(Cathares), 바울로파, 보고밀파 등은 마니교의 흐름을 이어받은 것들로 간주되고 있다. 십자군이나 이단심문소가 눈엣가시로 삼아 박해했던 것이 마니교적인 이원론 사상이었기 때문에 훗날 마니교라는 소리만 들어도 이단을 의미하는 대명사가 되었을 정도였다.

　마니교도를 적대시하는 자들은 그들이 비밀의식이 한창 진행될 때 온갖 종류의 사악한 행위에 몰입한다고 과장하며 비난했다. 난교, 인신 공양, 인육 섭취까지 하고 있다고 말한다. 이런 비난에 대해 과연 어디까지 믿어야 좋을지 알 수 없다. 적어도 교의만 볼 때는 육식이나 음주를 금했고, 결혼 생활 중의 성교까지 부정했기 때문이다.

그노시스파의 성적 난행

　그노시스파 이단의 대유행을 우려한 그리스도 교회는 마니교까지 싸잡아 이런 입사식형 비밀단체에 대한 맹렬한 공격을 개시했다. 공격의 선두에 섰던 것이 리옹의 사제 이레네우스(Irenaeus, 2세기), 살라미스(Salamis)의 사제 에피파니우스(Epiphanius, 4세기) 등이다.

　에피파니우스의 열렬한 『이단반박서(異端反駁書)』에 의하면 알렉산드리아의 그노시스 일파는 남자의 정액이나 여자의 생리 출혈을 신성시해서 의식이 한창 진행될 때 기묘한 방법으로 새어나온 정액을 마시거나 임산부의 배에서 태아를 끄집어내어 꿀이나 후추를 섞어 비벼 뭉갠 다음, 이것을 영성체 형식으로 나눠 먹기도 했다고 전한다. 물론 완고한 정통 신앙 옹호자에 의해 저술된 이 서적은 자기 학설에 유리한 이야기만 지나치게 다루고 있으며, 객관적인 가치도 부족하다고 평가받고 있다. 그러나 그노시스파의 에로틱한 교리나 성적 문란의 실천은 당시부터 종종 소문거리가 되었던 상황으로 보인다.

성적 문란함에 지나치게 빠져 있다고 비난당했던 그노시스파 이단으로는 아담파, 카르포크라테스파(Carpocratians) 등이 있다.

아담파의 의도는 나체 생활을 직접 실천함으로써 낙원에서의 원초적이고 순수한 인간으로 돌아가자는 부분에 있었다. 근세에도 발도파(Vaudois)나 네덜란드의 재세례파의 일부에서 아담파라고 자칭하며, 이와 비슷한 교의나 실천을 부르짖던 자가 있다. 네덜란드의 환상화가 히에로니무스 보스(Hieronymus Bosch)가 그린 나체의 낙원도는 아담의 유토피아적 세계관과 관련이 있을 것으로 추정된다.

알렉산드리아의 이단 카르포크라테스파도 아내와 재산의 공유를 주장하며 성적 방종을 부추긴 기괴한 비밀단체다.

그노시스파 이단의 전통

정통 그리스도교가 승리하자 이단 그노시스파들은 위기로 내몰려 해당 방면 교파 이론가가 저술한 방대한 양의 서적들은 불에 태워지거나 파기되었다. 그러나 그노시스주의의 이상은 다양한 비밀단체 안에서 형태를 바꿔가며 잔존하게 되어 중세 유럽에서도 살아남았다.

예를 들어 연금술은 누가 봐도 그노시스주의를 기초로 한 비전적 학문이다. 이는 단순히 금속 변성 기술이라기보다는, 독특한 우주론이나 상징철학까지 포함하고 있었다. 뱀의 상징처럼 그노시스파의 가르침을 거의 고스란히 이어받은 것도 있다. 그노시스파 중에서 인간의 마음에 지식에 대한 동경을 심어 넣었던, 천국의 뱀을 숭배하던 일파(오피티스파)가 있었다는 사실이 떠오를 것이다.

'카발라'라고 일컬어지는 헤브라이의 비전적 성서 해석 학문에서도 예로부터 그노시스파 사상이 깊이 뿌리를 내리고 있었다. 유대의 카발라 학자나 랍비(법률박사)들은 중세 시대 동안 유럽의 몇몇 도시에서 자그마한 봉쇄적 소교회당을 유지하고 있었다. 카발라파 중에는 실천적인 마술을 행하는 일파도 있었는데, 예를 들어 프라하의 유대인 거리에서는 주문을 통해 생명을 부여하는 골렘(Golem)이라는 무시무시한 인조인간이 만들어지기도 했다(유대 민담에서 생명을 지닌 화상으로 유명한 골렘 전설은 16세기 프라하의 랍비 유다 뢰브 벤 베주렐이 만든 것으로 이후 소설이나 무성영화의 소재가 됨-역주).

중세와 르네상스기에 플랑드르(Flanders) 지방에서 일어난 신비적, 혁명적 이단의 여러 종파도 거시적으로는 그노시스파의 흐름 안에 있다고 파악해도 무방하다. 거기에서는 극단적인 금욕과 극단적인 방종이 종이 한 장 차이로 서로 이웃하고 있다. 어떤 단체에서는 엄격한 고행에 의해 망령된 육욕에서 해탈해야 한다고 강조하고, 또 다른 단체에서는 성적 문란함의 극치에 빠져 있을 필요가 있다고 역설했다. 성적 문란함은 망령된 육욕을 고갈시켜버릴 유일한 수단으로 간주되었던 모양이다. 앞서 언급했던 네덜란드의 자칭 아담파를 비롯해 '자유 영혼의 교우들', '예지의 사람' 따위로 불리던 이단 비밀단체에서는 거의 무정부주의에 가까운 관능적 자유가 구가되고 있었다. 자신들은 성령의 화신이기 때문에 아무리 쾌락에 젖어도 징벌을 면해 정신적으로 이상적 상태로 향상될 수 있다고 믿었던 모양이다.

이탈리아에서도 신비적이고 혁명적인 교단인 '사랑의 신도단'이 있었다. 최근 연구에 의하면 『신곡』의 시인 단테 알리기에리(Dante Alighieri)가 이 교단에 속했다고 하는데, 자세한 내용은 알 수 없다.

근세의 마술사라고 일컬어지는 사람들은 아그리파 폰 네테스하임(Agrippa von Nettesheim)이든, 파우스트 박사든 모두 그노시스파 문헌을 열심히 섭렵하며 연구했던 사람들뿐이다. 마술이나 연금술, 점성술처럼 우주의 신비를 포착하고 기적을 실현시키려고 하는 비전적 학문에는 모조리 알렉산드리아 시대의 그노시스파로부터의 영향이 농밀하게 남아 있다고 해도 좋다.

카타리파의 금욕

　카타리파(Cathares, 그리스어로 '청정한 존재'라는 의미)는 12세기 이후, 특히 프랑스 남부의 알비, 툴루즈(Toulouse) 부근에 신도가 많았기 때문에 알비파라고도 칭해졌다. 동방적 이원론에 선 중세 유럽 최대의 이단이다.

　카타리파의 교의는 애매한 부분이 많지만 역시 극단적인 염세사상과 그노시스주의의 흐름을 잇는 여성 숭배가 공존하고 있었던 것으로 추정된다. 그들은 전 우주를 마왕(사탄)의 창조물로 간주하고, 물질을 본질적으로 악이라고 생각해 덕이 있는 자에게는 육체의 부활이 존재하지 않는다고 믿고 있었다. 그리고 사악한 자는 다양한 동물의 육체로 이주(윤회)해간다고 생각한다. 이런 이유 때문에 그들은 채식주의자였으며 계란과 치즈, 우유조차 먹지 않았다고 한다. 특히 닭고기는 절대로 입에 대지 않았다.

　그러나 그들은 물고기의 번식은 섹스에 의한 것이 아니라고 믿었기 때문에 물고기는 먹었다. 과일도 먹었다. 대체로 동물의 생명은 존중되었기 때문에 이것을 먹어 치우거나 죽이는 것은 죄로 간주되었다. 살인은 절대 금지였기 때문에 전쟁에 참가하는 것조차 반대에 부딪혔다. 성적 영위는 모조리 기피의 대상이었고, 결혼을 간음보다 나쁜 것이라고 주장하는 사람마저 있었다. 왜냐하면 결혼은 연속적이고 자기만족적이라는 이유 때문이었다.

　카타리파의 입사식은 정신을 현세로부터 해방하고, 영혼을 육체로부터 해방시키는 것을 목적으로 한 것이었다. 이 때문에 그들 중 일부에서는 단식에 의한 죽음을 통해 일거에 영혼의 해방을 도모하고자 생각한 신도도 있었던 모양이다. 인도의 요가 수행자처럼 며칠 동안이나 의자에 앉은 채 꼼짝도 하지 않고 주위의 모든 것들에 무감동해질 수 있는 육체적 훈련도 행해졌다.

물론 이런 극단적으로 엄격한 계율을 따르고 있었던 것은 '완벽한 존재'라고 일컬어지는 독특한 성자뿐이었고, 다른 신도들은 고기를 먹거나 결혼도 했던 모양이다.

이단으로 간주된 카타리파는 교회 및 프랑스 왕가로부터 가차없이 탄압되었다. 이단 궤멸을 위한 십자군이 조직되어 몇천 명 단위의 병사가 알비 마을을 공격하거나 카타리파 수도원에 차례차례 쳐들어가 불을 지르거나 그 일당을 붙잡아 고문을 가하거나 학살했다. 이리하여 카타리파는 완전히 초토화되었다.

단, 카타리파의 여성 숭배 사상은 음유시인(트루바두르, Troubadour)에게로 계승되어 그들이 연주하는 선율과 함께 남부 프랑스 일대에 퍼졌다고 한다.

템플기사단의 박해

　템플기사단은 흥미진진한 비밀에 휩싸여 있는 중세의 종교적 비밀결사다. 원래 이 종교단체는 성지 예루살렘을 찾는 성지 순례자들을 보호하기 위해 제1차 십자군(1119년) 이후, 위그 드파양(Hugues de Payens) 외 8명의 프랑스 기사들에 의해 창설된 단체다. 그 본부가 애초엔 예루살렘 솔로몬 왕의 신전 자리로 간주되는 궁전에 놓였기 때문에 템플(성당)기사단이라고 칭해지게 되었다.

　이 종교단체의 기사들은 모두 붉은 십자가 모양이 그려진 하얀 제복을 걸치고 긴 검과 방패를 들고 수염을 길게 늘어뜨린 채 머리카락을 짧게 깎았다. 그토록 아름다운 귀족적 자태로 종종 회교도와 용감히 싸워 이를 물리치고 유럽 각지에 개선하여 시민들의 열광적인 환영을 받았다고 한다.

　13세기가 되면 템플기사단은 막강한 세력을 가지게 되었고, 거대한 부를 축적했으며, 각국에 본부를 두게 되었다. 특히 프랑스에서는 각지에 수도원과 성을 겸한 거점을 두고 광대한 영토를 확보했으며, 기사들은 사업을 하면서 국왕에게까지 돈을 빌려줄 수 있을 정도였다. 이른바 프랑스 국내에 또 다른 국가가 있는 것이나 마찬가지였다. 이런 기사단의 세력 신장을 곱지 않은 시선으로 바라보고 있던 프랑스왕 필리프 4세(미남왕)는 괴뢰 교황 클레멘스 5세에게 압력을 가해 이 종교단체를 해산시킬 생각을 했다. 이리하여 무시무시한 박해가 시작되었다.

<그림 15> 의장을 갖춘 템플기사단원.

박해의 선두에 선 사람은 필리프 4세의 재상으로 절대적인 권력을 가지고 있던 대법관 기욤 드 노가레(Guillaume de Nogaret)였다. 그는 잔인한 종교재판을 주재했고 고문을 자행해 자신들이 원하는 자백을 이끌어냈다.

기사단에 대한 기소장은 그들이 "그리스도를 부인하고 그리스도교의 신앙을 저버리고 비전적 의식을 구실로 끔찍한 타락 행위를 실컷 하고 있다"라는 것이었다. 한마디로 하자면 "템플기사단은 악마 예배 교단"이라는 소리다. 많은 증인들을 모았는데 그들은 "단원이 주연과 남색에 빠져 있다"라고 증언했다. 그리고 "템플기사단은 회교도와 모의를 도모하고 있다"라는 소문도 있었다.

재판은 무려 5년간 이어졌다. 그동안 55명의 기사가 체포되었고 신체의 무수한 곳에 못질을 당하면서 자유를 빼앗긴 끝에 화형에 처해져 죽임을 당했다. 결국 왕의 압력에 굴복한 교황의 교서에 의해 당시 1만 5,500명의 기사들과 기타 다수의 단원, 평신도를 거느리고 있던 종교단체는 전면적으로 해산당해 종단의 독재자라고 말할 수 있는 수령 자크 드 몰레(Jacques de Molay)는 화형에 처해졌다. 종단의 막대한 재산은 프랑스 국가에 의해 몰수되었다.

전설에 의하면 몰레는 화형대 위에서 불태워지기 전, "나는 프랑스 국왕과 로마교황을 1년 이내에 신의 법정에 출두하도록 지명할 것이다"라고 말했다고 한다. 1314년 3월에 일어난 일이었는데, 실제로 필리프 4세와 클레멘스 5세 모두 그해가 끝나기 전 세상을 떠났다. 죽었을 때 필리프 4세는 아직 46세였다. 죽을 만한 나이도 아

<그림 16> 자크 드 몰레(Jacques de Molay)

니었으며 원인 미상의 쇠약사였다. "나는 저주받고 있다"라고 말하
면서 죽었다고 한다.

템플기사단의 입사식

템플기사단은 정말로 악마를 예배하던 교단이었을까? 이 문제는 예로부터 많은 학자들에 의해 논해졌는데, 아직도 명확한 결론이 나오지 않았다. 일부 역사가는 템플기사단이 비밀결사는 아니었다고 단호하게 부정하는 데 반해, 다른 학자는 아무런 주저 없이 긍정하면서 프리메이슨의 기원을 이 기사단에서 찾고 있는 형국이다.

그러나 템플기사단에는 비밀 의례도 있었고 준엄한 계율이나 신비적 입사식도 존재했던 모양이다. 외부인들에게는 공개되지 않는 비밀 의례가 오히려 그들에게 이단적 인상을 부여해 적들을 유리하게 만들었다는 측면도 생각해볼 수 있다.

템플기사단은 오랫동안 시리아나 튀르키예의 회교도들과 접촉하고 있었다. 당시 이 지방에는 '암살파(암살교단)'라고 일컬어진 회교도 일파인 하산파(암살교단의 최초의 지도자 하산 사바흐[Ḥasan Ṣabbāḥ]가 개조한 일파-역주)가 제패하고 있었는데, 이는 그노시스파의 강렬한 영향을 받았던 기묘한 회교 이단이다. '암살파'라는 이름이 보여주는 것처럼 그들은 이슬람교의 영향 아래 있던 각지의 왕과 귀족, 십자군 병사 등을 차례차례 암살했기 때문에 그리스도교만이 아니라 같은 이슬람교도로부터도 공포의 대상으로 간주되었다. 템플기사단은 이런 하산파와 시리아에서 전투를 벌이고 있는 사이에 그들로부터 그노시스파적인 신비사상을 전해 받았던 것으로 추정된다.

역사가 쥘 미슐레(Jules Michelet)의 언급에 따르면 "기사단원은 입사식 때 그리스도를 부정한다. 십자가에 침을 뱉고 종종 발로 십자가를 짓밟도록 강요당한다. 이것이 끝나면 비로소 띠가 달린 하얀 긴 옷을 받는다."

기사단 입사식에는 마술적이고 에로틱한 의식이 행해졌다는 설도 있다. 신참자는 교회당의 어두운 참사회실(Salle Capitulaire)로 안내되어 일단 옷을 벗고 나체가 되어 물로 전신을 깨끗이 닦고 종단의 비의(祕義)를 지키겠다는 맹세를 한다. 즉, 고참자의 질문에 하나씩 답변해야 한다. 그리고 나서 기괴한 우상 바포메트(Baphomet)에 예배하고, 종단의 장로로부터 키스를 받는다. 키스는 입술 위에 행해질 뿐만 아니라 창조력을 관장하는 신경총(神経叢) 위, 배꼽 위, 그리고 성기 위에도 행해진다.

바포메트는 템플기사단 단원들에 의해 숭배되던 그로테스크한 우상으로 알려져 있다. 그러나 예로부터 이토록 논란의 대상이 되었던 것은 없어서, 누구도 정확하게 "이것이 바포메트다"라고 단언할 수 있는 자가 없다. 그저 다양한 전설을 바탕으로 그 기괴한 모습을 상상해볼 수밖에 없다.

바포메트의 비밀

전설에 의하면 바포메트상은 하얗고 긴 수염을 기르고 보석처럼 찬란하게 빛나는 눈을 가진 무시무시한 사내의 얼굴을 하고 있다. 다른 의견에서는 여자 얼굴이라고도 하고, 혹은 고양이 얼굴을 하고 있다고도 한다. 나아가 남녀 양성의 상이라는 의견도 있으며, 얼굴이 두 개 있다거나 세 개 있다는 이야기도 있다. 바포메트상은 나무, 구리, 은으로 된 다양한 종류가 있었던 모양이다.

이처럼 다양한 의견이 있는 이유는 재판관 앞에서 고문당했던 기사단원이 극심한 고통을 겪던 혼란 상태에서 질문에 답했기 때문이라고 여겨진다. 어디까지 신뢰할 수 있는지 도무지 보장할 수 없다. 혹은 그런 우상이 애당초 전혀 존재하지 않았을지도 모른다. 재판관이 날조한 상상의 산물이었을지도 모른다.

시대가 더 흘러 후세가 되면 이 바포메트는 요술사들의 밤의 향연이나 흑미사를 주재하는 마왕과 혼동되어 긴 뿔이 난 거대한 염소 형상으로 묘사되기도 했다. 예를 들어 19세기의 대마술사 엘리파스 레비(Eliphas Levi)는 그 저서 안에서 그런 모습의 바포메트상을 그려 넣기도 한다.

바포메트상이 비밀의식에서 수행했던 역할은 아직 정확히 밝혀지지 않았지만, 일종의 수호신이었으며 '테러핌(Teraphim)'이었던 것으로 추정된다. '테러핌'이란 유대인이 각 가정에 하나씩 소유하고 있던 수호신을 말하는데, 이쪽이 질문을 하면 그에 응해 미래에 대

<그림 17> 바포메트상. 파리, 생메리 교회 정면 입구.

해 이야기를 해주는 우상이다. 아마도 템플기사단 입사식 때도 이런 바포메트상이 예언의 기적을 행했을 거라고 추정된다.

이 우상은 남성과 여성의 양 원리의 결합을 상징하는 지옥의 마왕으로, 피비린내 나는 인간 공양을 요구했다는 이야기도 있다. 기사단원은 갓 태어난 갓난 아이를 희생양으로 삼아 바포메트에게 바쳤다. 프랑스 북부 엔 (Aisne)현에 있는 도시 '랑'의 교회당에서 그들은 후세의 흑미사와 유사한, 신을 모독하는 제의에 빠져 있었다고도 한다.

파리의 생메리교회 정면 입구에 추하고 기괴하기 그지없는

악마의 부조가 있다. 전해 내려오는 바에 의하면 이것이 템플기사단의 바포메트라고 한다. 그러나 이런 속설의 근거가 될 만한 역사적 자료는 아직 발견되지 않았다. 부조상의 등에는 두 날개가 있으며, 가슴에 커다란 유방을 늘어뜨리고, 양다리를 오그리고 앉아 있다. 실로 추악한 용모를 하고 있는 악마다. 두 천사가 악마의 좌우

<그림 18> 아라비아의 작은 상자에 새겨진 바포메트상.

에서 향을 바치고 있다.

　일반적으로 바포메트를 나타낸 것으로 간주되고 있는 그림이 하나 더 있다. 파리의 국립도서관에 남아 있는 부조가 그것이다. 부르고뉴 지방의 에사루아(Essarois)에서 19세기에 발견된 작은 상자 뚜껑에 새겨진 부조다. 이것은 중세 아라비아에서 도래한 유물인데, 세로 25cm, 가로 19cm, 높이 13cm의 돌로 된 작은 상자다.

상자 뚜껑에 새겨진 상은 어쩐지 음란한 느낌이 드는 남녀 양성의 상으로 기다란 유방을 늘어뜨린 채 수염이 나 있다. 고대 키벨레 여신이 쓰고 있었던 것 같은 프리기아풍 기괴한 모자를 쓰고, 등에는 망토를 걸치고 있다. 양손에 지팡이를 들고 있는데, 오른쪽 지팡이에는 태양, 왼쪽 지팡이에는 달의 표식이 달려 있다. 다리 밑에는 일곱 개의 각을 가진 별, 해골, 다섯 개의 각을 가진 별 마크가 그려져 있다. 그 외에 아라비아 문자가 적혀 있는데 이것은 해독이 불가능한 것으로 여겨진다. 상자의 네 측면에도 각각 에로틱한 우의화가 그려져 있다.

그로테스크하고 난잡한 이런 상이 과연 그토록 자부심 넘치는 템플기사들이 예배하던 우상이었을까? 이것을 증명해줄 것은 전혀 없다. 이런 것은 그저 아라비아풍 만화에 불과하며 바포메트와 아무런 관련이 없다고 가볍게 일축해버리는 학자도 있다. 그런가 하면 이런 수수께끼같은 우의화로부터 그노시스파적인 신앙의 상징을 읽어내려는 학자도 있다.

'바포메트'라는 글자의 기원에 대해서도 한마디 언급해두자. 이에 대해서도 다양한 해석이 있지만 보통은 템플기사단의 수호성인인 세례자 요한(뱁티스마, Baptisma의 요한)과 이슬람교 예언자 마호메트의 이름이 하나가 되어 바포메트가 되었다고 해석되고 있다. 이슬람교와의 관련성이 얼마나 깊었는지를 보여주는 하나의 증거다.

어째서 십자가를 짓밟을까?

템플기사단에 대한 비난으로 그들이 의식을 거행할 때 강제로 남색을 실행하도록 강요받았다는 건이 있다. 이것은 과연 진실일까.

이 설의 근거로 자주 인용되는 것에 기사단원들이 입사의 증거로서 수여받는 인장이 있다. 한 마리의 말에 두 기사가 나란히 앉아 있는 그림이 새겨져 있다. 그러나 그렇다고 해서 이것이 남색의 비의를 상징하고 있다고는 단정하기 어렵다.

물론 유럽에 남색을 유행시켰던 것은 십자군이었다는 의견도 있다. 십자군 기사들은 원정을 떠난 동방 국가의 여자들과 관계를 하다가 자칫 레프라(나병)나 단독(丹毒, 급성 접촉성 전염성 피부 질환-역주)에 걸릴 우려가 있기 때문에 어쩔 수 없이 동료끼리 욕망을 만족시켰다는 것이다.

남색의 문제는 차치하고 기사단원이 십자가를 짓밟거나 그리스도상에 침을 뱉거나 다양한 모독적 행위를 했다는 것의 진의는 그노시스파의 교의에 정통하지 않으면 알 수 없다. 어느 그노시스파의 설에 의하면 그리스도는 원래 영적 존재로 육체를 가지지 않고 그저 기적을 행하기 때문에 구레네에 살던 시몬(형장에서 그리스도의 십자가를 짊어졌던 사내)의 육체를 빌린 것에 지나지 않는다는 것이다. 따라서 책형(십자가형)을 당했던 것은 그리스도가 아니라 시몬이었다는 이야기다.

원시 그리스도 교회 의식에서도 십자가를 모독하거나 그리스도를 부인하는 것에 의해 성립하는 일종의 상징극이 행해졌던 것으로 추정된다. 신참자는 성 베드로의 예를 따라 그리스도를 부인한다.

마니교나 카타리파 신자와 마찬가지로 템플기사단원들 역시 선신과 악신, 빛과 어둠이라는 두 개의 원리가 영원히 투쟁하는 영육 이원론을 신봉하고 있었다고 여겨진다. 악신에 의해 창조된 인간은 육체 안에 사로잡혀 있기 때문에 절대적인 금욕에 의하지 않으면 결코 그로부터 해방되지 않는다. 성적인 연관은 악이며, 생식(生殖)은 삼가야 할 대상이며, 그리스도가 육체를 가지고 있다는 사상은 허위다.

그리스도는 신의 아들로 인간의 육체를 빌려 이 지상에 속죄를 위해 강림했던 것이 아니라, 그저 지상을 부정하기 위해 인간의 육체를 빌렸던 것에 지나지 않는다. 따라서 템플기사단원 같은 이원론자들에게 그리스도가 육체를 가지고 있다는 교리뿐 아니라 그리스도의 수난이나 부활도 모두 허위로밖에는 보이지 않았다. 이렇게 생각해보면 그들이 십자가를 증오하고 이것에 침을 뱉었던 것도 당연하다고 할 수 있다.

그들에게 창조란 악마가 하는 짓거리이기 때문에 생식 행위 역시 악마의 소행이었다. 결혼은 악마적 행위였으며, 임신한 여자는 가장 불길한 존재였다. 이에 비하면 간음이나 불륜이 오히려 더 낫다고 할 수 있다. 그들이 남색에 비교적 관대했던 것은 아마도 이런 논리의 필연적 결과였다고 여겨진다.

템플기사단의 비전서 중에는 "순수한 자들에게는 모든 것이 순수

<그림 19> 십자가를 짓밟는 템플기사단원.

하다"라는 한 구절이 있다. 요컨대 완전한 신자의 자격을 갖춘 자는 스스로 옳다고 생각하는 것을 모두 행할 수 있다. 가톨릭적 사고방식에서 이것은 오만의 죄 이외의 그 무엇도 아니다. "양 극단은 서로 통한다"는 비유대로 어쨌든 금욕과 방종은 한쪽에서 다른 쪽으로 비약하기 쉬운 법이다. 이원론적인 사고방식이란 그런 것이기 마련이다.

장미십자단

<그림 20> 장미십자와 펠리칸 문장

기원, 사회적 배경

신비한 전설로 가득 찬 장미십자단의 기원은 극히 애매하다.

중세에 걸쳐 수많은 연금술사나 카발라 학자들은 유럽 각지를 여행하거나 서로 지식을 교환할 필요 때문에 일종의 길드(동업조합) 비슷한 비밀조직을 만들어 엄격한 이단 심문이나 화형 등의 탄압을 모면했다. 교회로부터 금지당한 학문을 연구하는 지식인들에게 이런 상호부조의 지하조직은 반드시 필요했다. 장미십자단은 요컨대 이런 지식인들의 지하조직이 발전한 형태일 것으로 여겨진다.

예를 들어 16세기 초의 천재적 의사이자 마술사로도 평판이 높았던 파라켈수스(Philippus Aureolus Paracelsus)의 예를 살펴보자. 가톨릭이나 보수 세력에게 그토록 미움을 받아 주위에 수많은 적들로 둘러싸여 있던 그가, 한편으로는 유럽 각지의 귀족이나 돈 많은 상인 가문을 전전하면서도 어디서든 냉대받지 않았다는 사실은, 그가 당시 어떤 특정 비밀조직에 속해 있었기 때문일지도 모른다는 추측을 하게 만든다. 의사로서 그가 설령 탁월한 실력을 갖추고 있었다 해도 조직의 힘이 없었다면 그토록 어지러운 시대에 세계 이곳저곳을 넘나들며 유유히 방랑 생활을 즐기는 것은 도저히 불가능했을 것이다.

암호나 배지 등을 보여주기만 하면 조직의 가맹자는 어디서든 숙소를 얻을 수 있다. 반대로 각 도시의 직인조합이나 비밀단체 입장에서도 미지의 지식을 흡수하기 위해 기꺼이 외국인이나 타국인들과 교섭하고 싶었을 것이다. 이 때문에 기술이나 사상 측면에서 일종의 국제 교류가 중세 말기부터 르네상스기에 이를 때까지 사회의 이면에서 은밀하고도 활발히 행해졌을 것으로 추정된다.

기술을 갈고닦기 위한 순수한 직인조합이 있는가 하면, 교양이나 학문을 심화시키기 위한 학생단체도 있었고, 음악가나 화가를 위한 수업단체도 있었다. 그들은 각지를 여행하며 명망 있는 대가(마이스터, Meister) 휘하에서 지내면서 견문을 넓히거나 실력을 쌓았다. 괴테의『빌헬름 마이스터의 수업시대』에 나오는 '탑의 결사' 등은 그런 수업단체의 전형적인 예다.

나아가 또 하나 이런 비밀단체를 탄생시키기에 안성맞춤인 지반을 만든 것은 특히 독일에서 성행했던 루터나 멜란히톤(Philipp Melanchthon)을 비롯한 종교개혁 운동이었다. 요컨대 순수한 학문이나 기술에 대한 연구열에 정치적, 종교적 혁명사상이 결부되었다. 로마 권력에 대한 반역의 횃불이 타오르기 시작한 16세기 말기에 장미십자단의 전신이라고 할 수 있는 몇 개인가의 혁명적 비밀결사가 독일에 이름을 내놓기 시작했다. 예를 들어 마술사 아그리파(Agrippa von Nettesheim)가 창립한 '황금십자단'이라든가 연금술사 스터디온에 의해 뉘른베르크(Nürnberg)에서 결성된 '복음십자단(福音十字団)' 등이 그것이다.

이미 파라켈수스가 그 저작물 안에서 1572년의 혜성은 "다가오고 있는 혁명의 징조이자 전조다"라고 확실히 밝히고 있었다. 당시 일부 지식인들 사이에서 세계 혁명 기운이 무르익고 있다는 인상이 있었다는 것은 사실일 것이다. 특히 파라켈수스의 제자들 사이에서는 스승의 예언에 대한 연구가 왕성하게 진행되었다.

이런 사회적 배경으로 장미십자단이 생겨난 것으로 추정된다. 자세한 사정까지는 알 수 없으나 아마도 1600년 무렵부터 단체 활동을 하고 있었을 것이다. 단원들은 비밀을 철저히 지킬 것을 맹세했기 때문에 이 단체의 존재는 특정 시기까지 세간에 거의 알려지지 않았다.

장미십자단이 처음으로 그 존재를 공공연히 밝혔던 것은 1614년 이후의 일이다. 이해로부터 3년간에 걸쳐 세 가지 저작물이 연이어 세상에 나왔다. 그것은 이른바 현상 타개를 바라는 당시 유럽 지식인의 심정에 강렬히 호소하는 매력적인 선언문(Manifesto)이었다고도 말할 수 있는 서적이었다.

전설, 크리스티안 로젠크로이츠

1614년 처음으로 출판된 독일어 소책자(Pamphlet)는 『세계의 개혁』이란 제목의 소책자였다. 필자는 루터파 신학자로 '장미십자'의 이상을 열심히 포교하던 발렌틴 앙드레로 추정되는데, 확증은 어디에도 없다. 이 책에는 『동지회의 전승』이라는 또 다른 소책자도 수록되어 있으며, 그로부터 1년 뒤에는 『동지회의 고백』이라는 책자도 나왔다.

<그림 21> 크리스티안 로젠크로이츠(Christian Rosenkreutz)

　일련의 신비스러운 3부작은 유럽 지식계급 사이에서 일대 센세이션을 일으켰던 모양이다. 이후에도 몇 번인가 재판을 찍어냈다. 호기심 많은 무리들은 장미십자단의 심원한 교양이나 그 비밀을 탐색하고자 안달이 났던 상황이다. 젊은 철학자 데카르트 같은 사람들도 친구를 통해 장미십자단에 꼭 가맹하고 싶다는 의향을 전해왔다고 한다.

　그렇다면 『세계의 개혁』을 비롯한 이 3부작에는 도대체 어떤 사상이 담겨 있었던 것일까.

우선 크리스티안 로젠크로이츠(Christian Rosenkreutz)라는 이름을 가진 독일 귀족의 생애에 관한 이야기가 있다. 그는 1378년에 태어나 1484년에 죽은 것으로 되어 있기 때문에 그야말로 100년 이상이나 살았다는 말이 되는데, 3부작 중 하나인 『동지회의 전승』에 의하면 이 전설적이고 기괴한 인물이야말로 장미십자단의 머나먼 시조라고 한다.

어린 시절 양친과 사별한 로젠크로이츠는 어느 독일 수도원에서 성장했는데 16세 때 불현듯 지식에 대한 욕구에 눈을 떠서 동방으로 여행을 떠났다. 그리하여 모로코, 이집트, 튀르키예 등을 방문하고 아라비아에서는 현자의 가르침을 받았다. 신비한 아라비아 학문은 그가 라틴어로 번역한 『M의 서(書)』라는 서적 안에 언급되어 있다고 한다.

로젠크로이츠는 동방의 성스러운 비밀 지식에 완전히 정통한 사람이 되자 모로코에서 스페인을 거쳐 다시 고향 독일로 돌아왔다. 그에게 '세계 개혁'이라는 막대한 사명이 남겨졌기 때문이다. 그러나 개혁의 기회는 아직 충분히 무르익지 못했다고 판단되었기에 그는 스스로 수도원을 세우고 거기에 틀어박혀 연구 생활에 몰입하게 되었다. 소수의 충실한 제자들이 그 주위에 모여들었다. 처음에 3명이던 제자가 이윽고 8명으로 늘어나자, 다음과 같은 동지회 규약이 만들어졌다.

하나, 우리의 활동은 대가를 받지 않고 오로지 병자를 치료
　　하는 일이다.

하나, 우리는 특별한 복장을 하지 않는다.

하나, 우리는 매년 '성령의 집'에서 회합한다.

하나, 동지는 각각 후계자를 고른다.

하나. R·C라는 문자가 우리의 유일한 증인(證印)이며 문장(紋
　　章)이다.

하나, 동지회는 향후 100년간 존재를 공공연히 밝히지 않는
　　다.

　이리하여 장미십자단의 활동은 사람들의 눈에 띄지 않은 채 견실
하게 성과를 올리기 시작했다. 로젠크로이츠의 수도원인 '성령의 집'
에서는 매년 정기적으로 동지회 회합이 열렸다. 동지 중에는 저술
에 전념하는 사람도 있었고, 실천 활동에 종사하는 사람도 있었다.

　1484년 시조 로젠크로이츠가 106세의 나이로 마침내 세상을 떠
나자 그 시신은 '성령의 집'에서 은밀히 묻혔다. 묘지가 있는 장소는
아무도 몰랐다.

　그로부터 120년이 지난 1604년, 비로소 묘지가 발견되었다. 어느
회원이 매장실로 통하는 비밀의 문을 우연히 발견했다. 매장실은
칠각형 벽으로 둘러싸여 있었으며, 천장에 매달린 '인공 태양'으로
부터 실내로 빛이 향하고 있었다. '영원의 램프'의 빛에 창백하게 비
춰지면서 양피지의 성전을 손에 든 로젠크로이츠의 시신은 무덤 속

에서 부패하지도 않은 채 그대로 남아 있었다고 한다.

비밀의 문 위에는 라틴어로 "나는 120년 후에 나타날 것이다"라는 글자가 새겨져 있었다.

아울러 매장실에는 그 이외에도 다양하고 신기한 의식용 제사 도구, 즉 거울이라든가 방울, '인공의 노래'로 일컬어지는 축음기 같은 일종의 말을 발하는 기구 따위가 남겨져 있었다고 한다.

물론 로젠크로이츠라는 인물 자체가 실재하지 않는 암시적이고 은유적인 인물에 불과했기 때문에 그의 묘지도 실제로 존재했던 것은 아니다. 이상의 이야기는 장미십자단의 대변인이라고 부를 수 있는 발렌틴 앙드레가 창작한 시적인 신화라고 생각하는 것이 타당하다.

장미십자단원의 기적적 능력

앞서 언급했던 것처럼 장미십자단의 포교자들이 주장하는 사상에는 좋든 싫든 시대적 위기의식을 부추기는 과격한 측면이 있었기 때문에 많은 진보적 지식인들이 이 비밀단체에 매료되었다.

예를 들어『동지회의 고백』이라는 소책자 중에서 로마교황은 격한 표현으로 비난받고 있다. 그리스도교를 모독한 교황은 "손톱으로 갈기갈기 찢겨질 것이다"라고 표현된다.『장미십자단의 진실에 대해서』라는 책 속에서 명성이 자자한 프랑스 귀신학자 가브리엘 노데(Gabriel Naudé)가 다음과 같이 말하고 있는 것을 반추해보고 싶다. 즉 "동지회 무리는 로마교황의 왕좌를 산산이 부숴버릴 수 있다고 장담하며, 교황은 적(敵)그리스도라고 결론짓고, 동양의 권위(마호메트)와 서양의 권위(교황) 모두를 인정하지 않는다"라고 언급하고 있다.

놀랄 만큼 경악스러운 사상이다. 그러나 로마교황청의 정책에 불만을 가졌던 당시의 진보적 문화인이 이런 과격한 사상에 순식간에 열광하게 되었다고 해도 전혀 신기한 일이 아니었다.

데카르트처럼 입회를 희망하는 자도 많았지만, 동지회의 본거지가 어디에 있는지를 아는 자는 단 한 사람도 없었다. 공공연히 이름을 올렸다고 해도 작자 미상의 서적이 나왔을 뿐이었기 때문에 이 비밀단체는 여전히 정체불명의 부분이 너무나 많이 남아 있었다.

눈에 보이지 않는 이런 비밀단체를 둘러싸고 학자들 사이에서 격렬한 논쟁이 일어나기도 했다. 강경한 반대론자는 프랑스의 가브리엘 노데였고, 열렬한 옹호론자는 영국의 로버트 플러드(Robert Fludd)다.

장미십자단원의 이름을 교묘히 이용해 상대방으로부터 고액의 금품을 뜯어내는 사기꾼까지 출몰했다.

1622년에는 파리의 메인 거리에 밤이 되면 장미십자동지회의 서명이 있는 포스터가 붙었다. 프랑스 정부 공무원도 이것 때문에 예민해졌는데, 결국 그 정체를 밝혀낼 수는 없었던 모양이다.

그러나 일반 민중들은 장미십자단원이라는 존재를 마치 이상한 능력을 가진 마술사라도 되는 양 몹시 두려워하고 있었다. 불로불사의 인간이라는 전설이나 눈에 보이지 않는 인간이라는 전설 따위가 종종 장미십자라는 이름에 결부되어 사람들의 입에 오르내렸다.

로젠크로이츠의 무덤에서 발견되었다는 '영원의 램프'도 자주 화제에 오른다. 장미십자단원은 이 신기한 램프를 제작하는 비법을 알고 있다고 한다. 영원히 타오르는 '황금의 기름'에 심지가 적셔져 있기 때문에 이 램프는 100년이든, 200년이든 꺼지지 않는다는 이야기다. 일설에 의하면 로마인이나 초기 그리스도교 수도사 중에서도 이 램프의 비밀을 알고 있는 자가 있었다고 한다. 영국의 헨리 8세 시절에 어느 수도원에서 이런 램프가 두 개 발견되었다. 이것은 400년이나 계속 불타오르고 있었다는 소문이었다.

또한 장미십자단 동지 중에는 '현자의 돌'을 가지고 있는 자도 있다고 믿어지고 있었다. 요컨대 질이 낮은 금속을 귀금속으로 바꿀 수 있는 연금술 비법이다. 장미십자단원을 칭하는 인물로부터 금화를 받았는데 얼마 후 살펴보니 동화로 변해 있었다는 이야기도 있다. 그리고 장미십자단원은 정신이 번쩍 날 정도로 거대한 사파이어 반지를 끼고 있다는 설도 있었다.

발렌틴 앙드레의 서적에 의하면 장미십자단원들은 고대로부터 전해지는 다양한 기계학적인 기술에도 통달해 있었던 모양이다. 즉 아르키메데스의 거울이라든가 아르키타스(Archytas), 로저 베이컨(Roger Bacon, 영국 프란체스코수도회 철학자로 신비학과 근대과학을 종합한 인물-역주), 알베르투스 마그누스(Albertus Magnus, 독일의 신학자, 철학자, 자연과학자로 연금술 연구자-역주)의 자동 인형이라든가, 광학기계나 영구 운동장치 등이다. 수학이나 음악 지식도 갖추고 있었다고 한다. 앞서 나왔던 '인공의 노래'라는 축음기도 그들의 독자적인 발명이었다.

무엇보다 신기한 것은 자유자재로 모습을 감추거나 다시 나타나거나 할 수 있었다는 그들의 초인적 능력이다. 장미십자단 동지들은 끊임없이 여행을 하고, 이름을 바꿔 온갖 나라에 출몰하면서 병자를 낫게 해주고, 머나먼 지방에서 일어나고 있는 사건을 예언하거나 다양한 기적적 능력을 보여주고는 홀연히 바람처럼 자취를 감춰버린다. 여행하던 도중에 이런 기괴한 사내를 만났다는 이야기는 무수히 남아 있다.

운동의 발전

장미십자단의 사상적 기원은 말할 것도 없이 고대 오리엔트에서 시작된 그노시스주의나 연금술 전통 안에 있다. 시조 로젠크로이츠가 동방의 현자로부터 그 비의(秘義)를 전수받았다는 전설도 이런 사실을 뒷받침하고 있다고 말할 수 있다. 물론 그리스도교 이단의 신비주의나 그리스도교의 영향도 생각해볼 수 있다. 그런 모든 것들은 이미 중세 이후 유럽의 선진국이었던 이탈리아나 프랑스 땅에 은밀하고도 광범위하게 퍼져 있던 이른바 '금지된 사상'이었기 때문이다.

그러나 장미십자단 사상의 직접적 원류는 뭐니 뭐니 해도 그 위대한 방랑의사 파라켈수스에 있었다고 생각해야 한다. 그런 의미에서 르네상스 시대 이후에 전개된 종교개혁적 요소를 포함한 사상운동은 지극히 독일적인 색채가 농후하다.

어쨌든 17세기의 신비사상가들에게 끼친 파라켈수스의 영향은 결정적이었다. 독일에서는 앞서 언급했던 발렌틴 앙드레를 비롯해 하인리히 쿤라트(Heinrich Khunrath, 중세 말기 독일의 의사, 연금술사-역주), 미하엘 마이에르 등 저명한 단원들이 배출되었다. 영국에서는 이 운동의 핵심 인물이라고 할 수 있는 로버트 플러드(Robert Fludd)가 왕성한 저작 활동을 했다. 유명한 체코 교육학자 코메니우스(John Amos Comenius)도 그 지방의 유력한 단원이었다고 일컬어진다.

특히 주목해야 할 곳은 보헤미아의 프라하에 있었던 루돌프 2세 궁정이다. 합스부르크 가문의 이 황제는 다시없는 신비애호가였기 때문에 그 주위로 명성의 유무를 막론하고 유럽 전역의 온갖 연금술사나 점성술사가 몰려들었다. 독일의 장미십자단 수령 미하엘 마이에르는 이 황제를 옆에서 모시던 의사였으며 정치적 고문이기도 했다. 장미십자단 운동의 발전을 위해 이 황제가 해낸 역할은 무시할 수 없을 정도로 중요했다.

종종 장미십자단과 혼동되는 종교적 비밀단체에 스페인의 그리스도교 이단 '알룸브라도스(Alumbrados)파'가 있다. 이는 스페인 환상교단이라고도 불린다. 16세기 초엽, 특히 성프란체스코 수도회와

카르멜 수도회 등의 내부에서 발전했는데, 이단심문소의 미움을 사서 결국 명맥이 끊겨버린 신비주의적 그리스도교 일파다. 물론 이 파에 대한 문서는 모조리 소각되어버렸기 때문에 비밀스러운 교의에 대해서는 밝혀지지 않은 부분이 많다. 일설에 의하면 이 파의 남녀는 서로 뒤섞여 육체의 향연에 빠져 극도의 피로 속에서 계시를 얻는다는, 매우 독특한 의식을 실천하고 있었다고 한다. 어쨌든 이것이 독일과 기타 여러 국가의 장미십자단과 접촉하고 있었다고는 도저히 믿기지 않는다.

장미십자단 운동이 가장 크게 발전했던 것은 의외로 섬나라 영국에서였다. 이는 파라켈수스의 사상을 영국에 이식하고 탁월한 신지학 저술을 다수 남겼던 의사 로버트 플러드의 노력에 의한 측면이 지대했다. 훗날 프리메이슨 조직이 영국에서 가장 빨리 자리를 잡았던 것도 이미 장미십자단의 결사가 플러드의 노력에 의해 이 땅에 이미 뿌리내리고 있었기 때문이다.

장미십자의 상징

로젠크로이츠란 독일어로 '장미십자'라는 의미이기 때문에 단체 명칭은 창립자의 이름에서 유래한다는 말이 된다. 하지만 이런 이름을 가진 귀족이 실제로 있었는지는 매우 미심쩍기 때문에 오히려 문제는 장미십자의 상징이 무엇을 의미하는지를 알아야 한다는 점이다. 이에 대해서는 이하에서 언급해보자.

장미 표식은 중세 이후 매우 자주 사용되었다. 유서 깊은 프랑스의 『장미 이야기(le Roman de la Rose)』를 비롯해 연금술사 니콜라 플라멜(Nicolas Flamel)의 비법서나 라몬 룰(Ramon Llull, 카탈루냐의 신비주의자, 시인-역주), 로저 베이컨(Roger Bacon), 파라켈수스 등 대마술사의 서적에도 장미 표식은 빈번히 나타난다. 나아가 회교 사원이나 유럽 고딕 사원의 아름다운 장미 문양 창문에 이와 비슷한 형상이 사용되고 있는 것은 주지의 사실이다.

아무래도 장미 표식은 신비한 동양으로부터, 아라비아 철학과 함께 유럽으로 건너온 것으로 추정된다. 장미는 원래 인도나 페르시아를 원산지로 하는 꽃으로 정통 가톨릭교회의 엄격한 금욕적 세계와는 인연이 먼, 그윽한 알렉산드리아 문화의 상징이었다. 따라서 장미십자란 동방의 비전적 지식(장미)과 그리스도교(십자가)라는 두 가지 서로 다른 요소의 결합이었으며, 이른바 신비한 문화의 혼혈이었다.

장미십자단 동지는 거무스름한 십자가 위에 빨간색 장미를 조합시킨 휘장을 단다. 거무스름한 십자가는 희생과 수난을 상징하고, 빨간 장미는 환희와 보수(대가)를 나타낸다. 장미가 빨간 이유는 그리스도의 신성한 피에 의해 칠해졌기 때문이다.

로버트 플러드에 의하면 이 상징은 일찍이 십자군 기사에 의해 깃발로 최초로 사용되었다. 십자는 구세주의 예지, 완전한 지식을 나

<그림 22> 컴퍼스(짝수)와 직각자(홀수)를 가진 남녀 양성의 상.

타내고 장미는 순결, 육체의 욕망을 파괴시키는 금욕을 나타낸다. 나아가 이것은 연금술적인 우주창조설도 상징하고 있다고 한다.

요컨대 우주의 발생, 남녀의 결합을 나타내는 장미는 창조적인 암흑인 자궁의 상징이다. 다섯 장의 꽃잎을 가진 장미는 5의 숫자를 기본으로 하는 연금술상의 원리를 표현하고 있다. 짝수는 2이며, 홀수는 3이며, 그 통일이 5이다. '현자의 돌'이 제5 원소라고 일컬어졌다는 점을 떠올려보면 된다. 이 원칙은 나아가 여성의 결합에도 적용된다. 남자는 짝수이며 여자는 홀수다. 그 통일은 헤르마프로디토스(Hermaphroditos, 양성 구유)다. 연금술 비법서에 묘사된 삽화에 의하면 헤르마프로디토스는 한쪽 손에 컴퍼스(짝수)를, 나머지 한쪽 손에 직각자(홀수)를 가지고 있다.

5라는 숫자의 상징은 연금술이나 마술 사인으로 종종 펜타그람(Pentagram, 오망성형[五芒星形])에서도 발견된다. 컴퍼스나 직각자, 펜타그람 모두 결국 장미십자단에서 프리메이슨으로 계승되게 되었다. 프리메이슨의 오망성 상징에는 한가운데 G(신 혹은 생식을 의미한다)라는 문자가 적혀 있다.

『화학의 혼인』

장미십자단 사상에 성적인 상징이 다수 발견되는 것은 딱히 놀랄 만한 일은 아니다. 앞서 몇 번에 걸쳐 언급했던 것처럼 그노시스파나 연금술의 흐름을 이어받은 비전적 사상에는 이미 성적인 이원론이 근저에서 기능하고 있기 때문이다.

예를 들어 발렌틴 앙드레가 쓴 『화학의 혼인』(1616년)이라는 우화적 소설에도 성적인 상징이 사방에 나온다. 이 소설은 앞서 나왔던 로젠크로이츠가 주인공으로 7일간에 걸쳐 연금술의 신기한 나라를 여행하는 이야기인데, 마지막 부분에 왕(유황)과 여왕(수은)의 신비한 결혼 장면이 묘사된다.

즉 왕과 여왕은 온갖 고난 속에 일단 한번 생명을 잃어버리는데

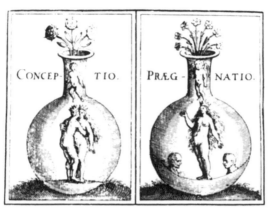
<그림 23> 왕(유황)과 여왕(수은)의 상징적 결혼.

연금술사들의 힘에 의해 다시 부활한다. 요컨대 연금술사들은 피닉스(불사조)의 알을 다이아몬드로 갈라 그 새를 탄생시키고, 그 새의 피로 죽은 왕과 왕비에게 생명을 되찾게 해준다. 부활한 그들은 처음에는 소인이었지만 순식간에 기적처럼 성장해 이윽고 두 사람이 함께 벨벳 깔개에 둘둘 말려 혼인의 침상으로 옮겨진다. 이리하여 뒤로 커튼이 늘어진 침대에 두 사람이 함께 예의바르게 나란히 누워 큐피트가 살펴보는 가운데 신성한 혼인을 완료한다.

　마치 꿈결 같은, 동화 같은 앙드레의 소설에는 불사조 이외에도 다양한 신화적 동물이나 인간, 소도구류가 다수 등장하고 있으며 매력적인 분위기를 자아내고 있다. 사자나 일각수, 천사나 아름다운 처녀, 요정 따위가 등장한다. 하나같이 연금술적 상징이다. 참고로 펠리컨의 상징도 다양한 중세의 '동물지' 이래 자주 사용되고 있는데 장미십자단은 이것을 부활시켜 아름다운 문장(紋章)을 만들고 있다. 자신의 가슴에 상처를 내어 그 피로 새끼를 살리는 펠리컨은 구세주의 상징이다.

장미십자단의 자손

30년 전쟁이 끝난 1648년경, 장미십자단의 위대한 장로들이 출신지인 동양으로 돌아갔다는 소문이 퍼졌다. 그들은 물론 불노불사의 인간들이다. 현대의 신비학자 중에서도 장미십자단 창립 당시의 인간이 여전히 티베트의 깊은 오지에서 은거하고 있다고 굳건히 믿고 있는 자가 있었던 모양이다. 예를 들어 루이 15세 측근으로 수많은 정치적 음모에도 관여했던 프랑스인 생 제르맹(Comte de Saint-Germain) 백작은 당시 자기 입으로 자신이 2,000년간 살아왔다고 공언했는데, 이 기인의 생존을 여전히 믿고 있는 사람도 적지 않다.

마다가스카르 동쪽 인도양 해상에 영국령 모리스섬(현재의 모리셔스[Mauritius]-역주)이라는 작은 섬이 홀로 떠 있는데, 이 섬에 장미십자단원들이 이주했다는 설도 존재한다. 확실한 증거는 아무것도 없지만 샤잘 백작이라는 위대한 연금술사가 이 섬에 살고 있었던 모양이다.

8세기부터 9세기 무렵 결성되었다고 여겨지는 건축업자 동업조합 프리메이슨이 17세기에 이르러 다시금 세력을 되찾게 된 것도 장미십자단에 속한 영국인들이 다수 가담했기 때문이었다. 연금술사 엘리어스 애시몰(Elias Ashmole)이나 천문학자 윌리엄 릴리(William Lilly) 등은 모두 장미십자의 대선배 로버트 플러드의 제자였는데, 1645년 대거 프리메이슨에 가입해 유력한 역할을 담당하게 되었다. 그들은 장미십자단만의 독특한 상징을 프리메이슨에 도입해 기존 입사식을 근본적으로 바꿔버렸다.

어째서 그들은 프리메이슨에 가입했을까. 피난처를 찾았기 때문이다. 영국 국교에 대해 곤란한 처지에 놓여 있던 당시 장미십자단원들로서는 국왕의 보호를 받는 건축가 조합에 등록해놓고 거기서 자신들의 사상을 은밀히 보급시키는 것이 가장 안전한 방식이라고 판단했다. 그들은 겉으로는 프리메이슨이라는 간판을 내걸고 조합의 집회당에서 자유롭게 회합하게 되었다.

그때까지만 해도 단순한 건축사나 석공 동업조합에 지나지 않았던 프리메이슨이 느닷없이 상징이나 암유로 가득찬 복잡한 의식을 가진 입사식 단체로 변모하게 되었다. 프리메이슨의 신비로운 성격은 일종의 귀족적 존재였던 중세의 사원 건축업자가 이것을 창시한 이후 연면히 이어졌던 것임에는 틀림없지만, 그것을 한층 이론적으로 발전시켰던 것은 장미십자단 동지들이었다.

장미십자단 운동의 정통적 후계자로 스스로를 규정하고 있는, 19세기 혹은 20세기의 비밀단체도 있긴 하지만, 이런 근대적 조직들은 그 옛날 17세기의 장미십자단과는 공통점이 거의 없는 것으로 추정된다. 예를 들어 엘리파스 레비(Eliphas Levi)와 소설가 불워 리턴(Bulwer Lytton)이 가입했던 '장미십자협회'나, 막스 하인델(Max Heindel)이 창립한 '장미십자의 동지', 스타니슬라스 드 과이타(Stanislas de Guaita)가 창립한 '장미십자의 카발라단(Ordre Kabbalistique de la Rose-Croix)', 조제핀 펠라당(Joséphin Péladan)의 '가톨릭 장미십자단' 등이 있다. 가장 최근에 만들어진 것은 1916년에 스펜서 루이스(Spencer Lewis)에 의해 창설되어 지금도 여전히 세계적 규모로 선전 활동을 벌이고 있는 'A·M·O·R·C(AMORC-역주)'라는 단체다.

아울러 프리메이슨을 축약해서 메이슨이라고 한다. 메이슨은 원래 석공, 혹은 기와 직공을 말한다.

프리메이슨

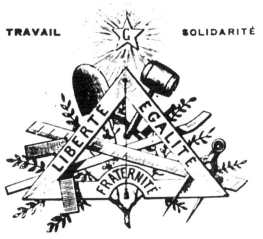

TRAVAIL　　　　　　　　SOLIDARITÉ

LIBERTE　EGALITE

FRATERNITÉ

〈그림 24〉 프리메이슨의 상징.
후광이 있는 별, 직각자, 컴퍼스, 수직추,
흙손, 나무망치, 아카시아 줄기 등

동업조합

근대 산업의 진보와 함께 전통적인 직업의 비밀은 위협받는다. 비전의 계승에 의해 유지되어왔던 직인들의 기술은 일찍이 다양한 배타적 비밀단체를 탄생시켰지만 산업의 공업화, 기계화 시대와 함께 그런 단체들의 존립 기반은 급속히 상실되어갔다. 현재에도 미개한 아프리카 등에서는 대장장이 관련 직업이 일종의 마법사로서 경외심의 대상으로 여겨진다.

직업적 비밀단체로 중세 이래 눈부신 발전을 보여주었던 것은 이른바 동업조합인 길드였다. 그러나 원래 그것은 동업 직인들의 조합이 아니라 석공, 자물쇠공, 소목장, 목수 등 주요한 네 가지 직업의 연합단체였다. 훗날 무두장이, 유리세공인, 대장장이, 수레 제작공, 바구니 제작공, 모자 제조공 등도 이 연합단체에 가입했다. 그런 것들은 현재에도 존재한다.

19세기에 들어와 법문화된 이런 조합들의 입사식 양식은 거의 다음과 같다. 새롭게 입단한 사람은 누군가에 의해 눈이 가려진 채 어두운 방 안으로 인도된다. 이 방은 솔로몬 전당의 상징이다. 새롭게 입단한 사람은 그 정신력을 검증받기 위해 다양한 시련을 거쳐야 한다. 그런 다음에야 비로소 선서를 하고 소금을 섞은 포도주를 마시고 세 명의 선배를 각각 '대부', '대모', '사제'로 고른다. 그리고 명명식을 행한 다음 새로운 이름을 부여받고 전통적인 조합의 상징인 리본이나 지팡이를 몸에 두를 수 있는 것이 허용되며 훈화를 듣고 입사식은 막을 내린다.

신입자는 우선 우두머리 앞에서 도제로서 일을 배워간다. 점차 기술이 향상되면 한 사람의 당당한 직인으로서 자신이 일한 대가를 받게 되는데, 대부분의 경우 일단 우두머리 휘하를 떠나 여러 곳을 편력하면서 명망 있는 우두머리 밑에서 더더욱 실력을 갈고닦는다. 이리하여 편력에 의해 더더욱 실력이 일취월장하게 되면 드디어 평생의 역작을 만들고 이것을 각각의 조합에 제출해 심사에 합격하게 되면 거기서 우두머리의 면허장을 받게 된 후 자신도 우두머리가 된다. 요컨대 각 조합원의 기술이나 수양 정도에 따라 도제, 직인, 우두머리의 3단계를 차례대로 거치는 구조로 이루어져 있었다.

다른 직업 조합원들끼리 거리에서 만나게 되었을 경우, 그들은 서로 암호를 교환하고 배지를 보여주며 각각의 신분을 확인한다. 그런데 그들은 서로 경쟁심이 강해 종종 상대의 신분에 적개심을 가지고 있기 때문에 길거리에서 서로 지팡이를 휘두르며 시끌벅적한 싸움판을 벌이기도 했다. 이런 적개심은 직업에 따른 노동 보수의 차이에 바탕을 둔 경제적 계급의식이 원인인 경우가 많았다고 전해진다.

조합원이 편력 도중 만난 경우에는 각자의 지팡이를 땅 위에 십자형으로 내려놓고 역시 복잡한 인사를 나누는 습관이 존재했다. 요컨대 업계 동료끼리 상대방을 대우해주기 위해 특수 형태의 인사를 주고받는다. 지팡이 이외에 조합원의 상징으로 리본이 있었는데, 리본은 각각 직종에 따라 특별한 방법으로 지팡이 끝에 묶거나 모자나 옷에 장식처럼 달기도 한다.

철도의 발달에 의해 오래된 동업조합 전통은 대대적인 타격을 입었다. 예를 들어 프랑스에서는 19세기 초에 30만 명이나 되던 조합이 현재는 4,000 내지는 5,000명으로 인원수가 격감했다. 하지만 건축 노동자들의 동업조합은 현재도 역시 활발하다고 한다.

중세의 수많은 길드 가운데 가장 지적 수준이 높았던 것은 왕궁이나 대사원의 건설자라는 자부심이 강했던 '석공 길드'였다. 그들은 당시의 건축술을 가리키던 또 다른 이름인 '제왕의 기술'의 비밀을 계승하고 있었기 때문에 고대의 비밀을 보유하고 있는 사람이라는 자부심을 가지고 있었다. 요컨대 프리메이슨은 여기에서 발생된 조직이다.

히람의 전설, 기타 전설

프리메이슨이 위대한 선조로 숭배하고 있는 것은 구약성서에 예루살렘의 솔로몬 전당을 건설했다고 나와 있는 페니키아의 유명한 전설적 건축사, 히람(Hiram)이다.

히람의 전설은 시대와 함께 다양한 에피소드가 보태지고 있기 때문에 매우 복잡한 내용을 포함하게 되었는데, 대강의 내용을 살펴보면 다음과 같다.

히람은 페니키아 티루스시의 왕이자 천재적 건축사로 근린 지역에 평판이 자자했다. 제자가 매우 많았는데 그들은 도제, 직인, 우두머리의 3단계로 나뉘어 급료도 각각 상이했다. 히람은 이스라엘의 왕 다윗이나 솔로몬과 친교를 맺고 솔로몬의 호화로운 전당을 7년에 걸쳐 건설하고 있었다. 그런 공사가 마침내 끝나가려고 할 무렵, 3명의 직인이 급료에 불만을 품고 자신들을 빨리 우두머리 지위로 올라달라며 히람에게 강력히 부탁하자며 서로 의논했다. 히람이 매일 정오에 건축의 진행 상태를 둘러보러 전당에 들르는 것을 알고 있었기 때문에 그들은 세 개의 문 앞에서 잠복한 상태로 주인을 기다렸다.

히람은 어김없이 정오에 남쪽 문에 모습을 드러냈다. 세 명 중 한 사람이 먼저 나아가 담판을 지으려고 했으나 히람은 받아들이지 않았다. 직인은 화를 내며 눈금자로 히람의 목을 찔렀다. 히람은 도망쳤지만 두 번째 문 앞에서 두 번째 직인과 마주쳤다. 이 사람도 동일한 요구를 되풀이했지만 거절당하자 이번엔 철로 된 자로 주인의 왼쪽 가슴을 세게 찔렀다. 히람은 휘청거리면서 세 번째 문 앞에 와서 마지막 한 명을 만났다. 이 마지막 직인이 히람의 이마를 나무망치로 내리쳐 마침내 그를 죽여버렸다.

세 사람이 모여 논의를 거쳐 야간에 히람의 시체를 몰래 도시 외곽으로 운반한 후 숲속에 매장하고 매장 장소에 표식으로 한 그루의 아카시아 가지를 꽂아두었다.

히람이 사라진 사실을 알자 우두머리들은 모여 장례를 치르고 깊은 슬픔에 잠겼다. 그러고 나서 주인의 시체를 찾아내기 위해 아홉

명의 우두머리가 세 사람씩 세 부대로 그룹을 나누어 숲으로 향했다. 아카시아 가지라는 표식이 있었기 때문에 시신은 바로 발견되었다. 이윽고 제자들의 손으로 왕에 어울리는 훌륭한 묘지가 세워졌다. 이상이 히람에 대한 전설이다.

프리메이슨의 기원에 관한 전설에는 이것 이외에 단체 중의 어떤 특정 위계에 있는 자들 사이에서만 인정되는 전설이 있다. 모든 단원이 이것을 인정하는 것은 아니다. 예를 들어 프리메이슨을 중세 템플기사단의 직접적 후계자로 간주하는 설이 그것이다. 이 전설은 비교적 고위직 단원, 즉 '옛날식 공인 스코틀랜드 의례'에서의 제30번째 위계에 상당하는 '카도시 기사(Knight Kadosh)'들에 의해 인정되고 있다.

템플기사단에 대해서는 앞서 상세히 언급한 바 있다. 프랑스 왕가에 의해 괴멸된 중세의 이 악마 예배적 비밀결사를 프리메이슨의 전신으로 간주하는 설은 무척이나 흥미롭다. 일설에 의하면 프랑스 대혁명 때 루이 16세나 마리 앙투아네트가 파리의 '탕플 탑(Tour du Temple, 원래 템플기사단의 수도원이었던 건물)'에 유폐된 것은 기사단 후계자들의 복수 때문이었다. 파리 코뮌의 검찰총장으로 루이 왕 일가를 고발한 혁명가 쇼메트(Pierre-Gaspard Chaumette)는 프리메이슨 단원이었기 때문에 얄미운 프랑스 왕가의 자손들에게 복수한 것으로 전해진다.

화형에 처해졌던 템플기사단의 마지막 수령 자크 드 몰레의 위령제가 파리의 로지(프리메이슨 지부)의 발의에 의해 성폴교회와 성루이

교회에서 행해졌을 때, 나폴레옹은 위령제에 정부대표단을 파견했다고 한다. 이 독재자 역시 프리메이슨을 어떻게 다뤄야 할지에 대해 어지간히 신경 썼던 것으로 보인다.

19세기의 명망 높은 프랑스 역사가 앙리 마르탱(Henri Martin)의 학설에 의하면 프리메이슨의 기원은 독일 중세의 서사시인 볼프람 폰 에셴바흐(Wolfram von Eschenbach)가 쓴 『티투렐(Titurel)』안에 묘사된 금욕적인 기사단인 '성배기사단(Knights of the Holy Graal)'으로 거슬러 올라간다고 한다. 또 다른 전설에 의하면 프리메이슨은 아득한 고대의 그노시스파나 중세의 십자군과 이어진다고 한다. 그러나 이런 설들은 그다지 신용할 수 있는 이야기라고는 할 수 없다.

프리메이슨의 역사

프리메이슨의 역사만큼 복잡한 것도 없을 것이다. 이토록 자주 오해받고 수많은 기괴한 소문과 신비스러운 구름에 휩싸여 있는 비밀단체는 좀처럼 찾아보기 어렵다. 프리메이슨에 대한 정보가 남겨진 서적은 20세기 후반인 현재에 이르기까지 엄청난 숫자에 이르고 있지만, 이 중 신뢰할 수 있는 것은 극소수에 불과하다.

머나먼 기원이 건축업자들의 동업조합에 있었다는 사실은 우선 틀림없는 부분일 것이다. 이 두 단체에 공통적으로 사용되는 상징으로 직각자, 컴퍼스, 흙손, 솔로몬의 사원 등이 있다. 실제로 동업조합과 프리메이슨은 과거 종종 혼동되는 경우가 있었다. 고딕 대사원을 건설하기 위해 석공, 목수, 건축 기술자들은 긴밀한 협력을 필요로 했다. 중세의 사원 건축업자들과 근대의 프리메이슨 간의 결정적 차이는 전자가 실천적이고 후자가 사변적이라는 사실 이외에는 없다.

과거 기사단이 이교도들을 대상으로 실제 전투에 참가하는 십자군 병사에 의해 구성되어 있던 것에 반해 근대 기사단은 순수하게 상징적 기사들의 단체에 불과한 것처럼, 근대의 프리메이슨도 실제로 사원 건축이라는 노동에 종사하는 것이 아니라 그저 정신적인 의미에서 사상적인 전당의 건설이라는 관념 속에서 살아가고 있는 것에 불과하다. 중세의 실천적 조합에 의해 지켜지고 있던 의식이나 상징을 근대의 사변적인 세계로 끌고 들어왔을 뿐이다.

실천적인 조합에서 사변적인 프리메이슨으로의 이행은 17세기 영국에서 일어났다. 앞 장에서도 언급했던 것처럼, 장미십자단 동지들이 건축업자 조합에 대거 가입해 점차 유력한 역할을 연출하게 되었고, 장미십자단이 가지고 있는 독특한 연금술적인 상징을 프리메이슨 안으로 도입해 결국 기존 동업조합의 입사식의 성격을 근본적으로 바꿔버리게 되었다. 과거엔 도제, 직인, 우두머리라는 3단계만 있었고 심지어 도제나 우두머리에게는 입사 의식이 전혀 요구되지 않았던 반면, 새롭게 제정된 의례는 이들 모두에게 입사식을 정해놓았을 뿐만 아니라 우두머리보다 더 상위에 기존에 없었던 복잡한 고위직까지 추가하게 되었다. 이른바 '옛날식 공인 스코틀랜드 의례'에 의하면 도제에서 독재최고총감까지 도합 33계급의 위계가 상세히 제정되어 있다.

우선 영국에서 체계를 정비한 프리메이슨은 1730년 무렵 프랑스로 수입되어 순식간에 큰 발전을 이루게 되었다. 당시의 프랑스에서는 입헌정치국인 영국에서 건너온 것이라면 무조건 진보적이고 좋은 것으로 간주되고 있었고, 프리메이슨의 사상 역시 인도주의나 평등이라는 이상에 부합하는 것으로 판단되었기 때문이다. 프리메이슨은 특히 진보적 귀족들 사이에 수많은 신봉자를 배출했지만, 부르주아 계급 중에서도 상당수의 추종자를 배출했다. 프리메이슨의 로지(집회장)에서 백작과 노동자가 함께 하얀 앞치마를 걸치고 동석하여 동일한 찬가를 부르며 동일한 사상을 표명하는 것을 보고 그들은 환희에 취했다. 프랑스 혁명 전야의 정세는 프리메이슨의 회원 수를 늘리는 데 더할 나위 없는 기반이었다.

그러나 18세기가 끝나갈 무렵, 무질서한 새로운 위계조직의 발생은 차마 눈뜨고 볼 수 없을 지경에 이르렀다. 칼리오스트로(Alessandro di Cagliostro) 같은 사기꾼이 프리메이슨을 자칭하며 제멋대로 자기 일파를 만들어 신도를 모았기 때문에 그 혼란상은 극심했다. 연금술이나 마술이 부활하고 일부 프리메이슨 회원들은 이에 몰입하는 일까지 생겨났다.

'옛날식 공인 의례'를 제정한 스코틀랜드 프리메이슨 이외에 1773년에는 '프랑스 대동사(Grand Orient de France[GODF])'라고 일컬어지는 유력한 분파가 프랑스에 설립되었다. '프랑스식 의례'에는 일곱 개의 위계가 있었다. 나아가 19세기가 되면 새롭고 복잡한 의례가 각지에서 순차적으로 생겨났다. 예를 들어 '요크 위례'에는 30위계가 있었으며, '미스라임의 의례'에는 90위계가 있었다. 이런 것들은 법전화되어 현재에 이르기까지 거의 변함이 없다(프리메이슨의 분파나 위계조직에 대해서는 하쿠스이샤[白水社] 크세주[Que sais-je]판의 세르주 위탱[Serge Hutin]의 저서 『비밀결사』를 참조해주길 바란다).

프리메이슨의 의식

프리메이슨에는 비밀스러운 교의 따위는 존재하지 않는다. 그저 일련의 비공개적 의식이나 상징, 암호나 표식이 있을 뿐이다. 그것들을 무시하거나 수정하는 것이 금지되어 있을 뿐이라는 이야기다. 일부 프리메이슨 회원이 신비주의적으로 교의를 해석하는 것을 선호했다고 하더라도 대부분의 회원은 합리주의적, 공화주의적인 설명으로 만족했을 것이다. 특히 프랑스, 벨기에, 이탈리아 등의 로지에서는 공화주의적 해석이 일반적이다.

실제로 오늘날에는 이미 프리메이슨의 비밀이 반쯤은 공공연한 것이 된 상태다. 수많은 책들이 나와 사람들의 호기심을 자극했는데, 그 입사식이나 상징은 바야흐로 백일하에 드러났다고 해도 좋

<그림 25> 반성의 방

을 정도다. 악의 어린 중상도 이미 충분히 나온 감이 있다.

비밀이 완전히 폭로되었다고 해서 프리메이슨 쪽도 별반 곤란하지는 않을 것이다. 설명이 불가능한 진정한 비밀은 체험에 의해 비로소 깨닫게 된다는 성질을 가졌기 때문에, 프리메이슨의 의식에 직접 참가하지 않으면 진정한 프리메이슨이 될 수 없다.

프리메이슨의 입사 의식은 각각의 위계에 따라 큰 차이를 보인다. 최대한 간단히 언급해보자.

도제를 위한 입사식은 연금술의 원리에 의한 상징적 여행을 나타

<그림 26> 프리메이슨. '도제' 입사식

내고 있다. 우선 그는 '반성의 방'에 들어가게 된다. 그것은 내부를 새카맣게 칠해놓은 작은 방으로 볼품없는 테이블과 의자가 하나씩 놓여 있으며 테이블 위에는 주전자, 빵, 해골, 그리고 잔이 두 개 놓여 있다. 잔에는 각각 유황과 소금이 들어 있다. 벽에는 닭을 그린 상징적인 그림 문양과 V.I.T.R.I.O.L이라는 글자가 적혀 있다.

　신입자는 이 방에서 반성의 시간을 갖는다. 요컨대 이 방은 연금술의 도가니를 상징하고 있기 때문에 그는 도가니에 내던져진 물질처럼 여기서 일단 한번 죽고 다시 소생한다는 이야기다. 연금술의 원리는 이 방 안에 상징적으로 표현되고 있다. 즉, 잔 안에 들어 있는 유황과 소금, 그리고 수은(수탉은 수은[Mercure]을 나타낸다)이다. V.I.T.R.I.O.L은 '황산염'이라는 의미지만 일종의 '글자 수수께끼'라는 측면도 있어서 '대지 내부로의 방문, 너는 잘못된 것을 바로잡는 교정을 통해 감춰진 돌을 찾으리라'라는 의미를 포함하고 있다.

　신입자는 우선 선배들의 질문에 응답하고 서약한다. 그리고 나서 왼쪽 가슴 부근까지 옷이 벗겨지고 오른쪽 다리(무릎 아래)도 드러낸 후 눈 가리개를 당한 다음 시련을 받는다. 땅, 물, 바람, 불이라는 네 가지 시련을 순서대로 받는다. 연금술 나라로의 여행이다. 시련이 끝나고 비로소 그가 '광명을 받을(눈가리개가 벗겨진다)' 때 모든 형제들은 맨살로 노출된 그의 가슴팍에 검 끝을 겨눈다.

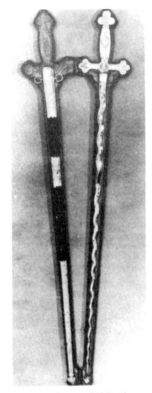

<그림 27> 의식용 검

우두머리 입사식은 히람의 전설에 바탕을 둔 일종의 상징극이다. 신입자 자신이 히람을 연기하며 자, 직각자, 나무망치에 맞아 죽임을 당한다. 이 '세 번의 죽음' 이후 '부패'가 끝나면 히람은 부활한다. 여기서 상기해야 할 점은 모든 고대의 신비의식(밀의) 종교에 공통적인, 죽음과 부활의 신화다. 히람의 상징적 죽음은 오시리스나 그리스도의 그것과 완벽히 동일해서 존재의 재생, 변형을 고지하는 것이었다.

장미십자 기사('옛날식 공인 의례'에서 제18위)를 위한 입사식은 새로운 예루살렘으로의 접근을 나타낸다. 앞서 언급했던 카도시 기사를 위한 입사식은 제법 복잡해서 신입자는 제1실(묘지), 제2실(회의), 제3

실(최고법정), 제4실(원로원)을 순차적으로 돌아야 한다. 최고왕자('옛날식 공인 의례'에서 제32위)의 입사식에서는 신입자에 따라 프리메이슨의 군대 작전 지휘가 행해진다. 물론 이것도 당연히 상징적인 것이다.

프리메이슨과 정치

순수한 입사식형 비밀단체인 프리메이슨은 원칙적으로 모든 정치 활동에 가담하지 않아야 한다. 하지만 이상과 현실 사이에는 제법 큰 격차가 존재한다는 점을 인정하지 않을 수 없다. 특히 라틴 계열의 여러 국가에서 프리메이슨의 정치 개입은 거의 공공연한 비밀이 되고 있을 정도다.

1929년 '프랑스 대동사Grand Orient de France[GODF]'는 다음과 같은 성명을 냈다. "프리메이슨은 프랑스 민주주의의 중추가 될 것이다."

물론 그렇다고 해서 모든 프랑스 프리메이슨 회원이 정치 활동을 하고 있다는 이야기는 아니다. 대부분의 회원, 특히 고위직 회원은 거의 정치 문제에 무관심하다. 또한 정치 활동을 하고 있는 프리메이슨 회원 모두가 꼭 이데올로기적으로 일치된 입장을 고수하고 있는 것도 아니다. 동일한 로지에 속한 자가 서로 반대당인 경우도 있다.

일반적으로 오해를 받고 있는 듯한데, 프리메이슨에는 유일한 중앙권력이 존재하지 않는다. 공산당처럼 중앙권력에서 내려온 지령에 의해 움직이는 당원은 없다는 소리다. 로지라는 자치단체가 있고, 그런 자치단체가 각국마다 하나의 연합체를 만드는데, '대(大) 로지'가 그것을 통제하고 있다. 하지만 이론적으로 개별 로지는 완전히 상호 독립적이기 때문에 회원 역시 어떤 정치적 신념 위에 서서 행동하든 자기의 자유의사에 의한다.

분명 정치 활동을 하고 있는 회원들이 상당하지만 프리메이슨 자체의 특정 정치라는 것은 존재하지 않는다. 세계의 정치를 뒤에서 지배하고 있는 국제음모단이라는 인상은 진부한 탐정소설에 의해 각인된 인상에 불과하다. 예컨대 전형적인 영국의 프리메이슨은 왕당파적인 굳은 신념을 가지고 있고, 이탈리아와 프랑스 등 라틴 국가들의 프리메이슨은 공화주의적 진보사상이 농후하다. 프러시아의 프리드리히대왕도 초기 프리메이슨 회원이었다. 이것만 봐도 국제적 음모 운운의 억측은 완벽한 난센스에 불과하다는 사실을 이해할 수 있다.

그런데 프랑스 혁명 당시, 프리메이슨이 해낸 역할을 중대하게 바라보고 여기에서 음모의 존재를 탐지해내려는 논자가 있다. 18세기 말 서유럽에서 프리메이슨이 비약적 발전을 이루었다는 사실은 무엇보다 이 점을 증명하는 것이 아니냐는 주장이다.

그러나 현실은 훨씬 더 복잡하고 미묘하다. 정치적 지향을 가지지 않았던 대부분의 회원을 논외로 치더라도, 프리메이슨 내부에 전 유럽의 왕권과 신권을 전복시키려는 것을 기획하고 있던 비밀

지령부가 있었는지는 매우 의문스럽다고 하지 않을 수 없다. 프리메이슨 회원 중에서 누군가의 권유로 바바리아 환상교단(시부사와는 일루미나티에 대한 번역어로 '바바리아 환상교단'이라는 용어를 사용했으나, 가독성을 위해 이하 일루미나티로 통일함-역주), 즉 일루미나티(이것은 엄연한 정치결사)에 가맹한 자도 무수히 많았던 것 같지만, 양자 사이에는 분명히 넘을 수 없는 선이 있었다.

예를 들어 오를레앙 공처럼 자유주의적 대귀족이 프리메이슨으로 활발한 운동을 하는 동시에 왕정 타도에도 공헌했다는 사실은 분명 존재한다. 그러나 그의 입장은 반전제주의였을 뿐, 공화주의 사도(使徒) 따위는 전혀 아니었다. 유복한 귀족이나 부르주아는 삼부회의 집합을 교묘히 이용해 자신들을 위해 유리한 위치를 구축하려 했을 뿐이다. 잊어서는 안 될 사실은 당시 제3계급의 위원 대다수가 프리메이슨 회원이었다는 점이다. 불행하게도 혁명의 불길은 멈출 바를 몰랐다. 1789년 이전에 프리메이슨 내부에서 유력한 역할을 담당하고 있던 자유주의적 귀족이나 유복한 부르주아는 혁명의 초기 성과에 환호했지만, 이윽고 불안감에 사로잡히기 시작한다. 사태의 추이는 더 이상 그들이 감당할 수 있는 형국이 아니었다. 이리하여 1793년의 공포정치를 맞이하자 오를레앙 공을 비롯해 일찍이 왕정 타도에 몸을 던졌던 수많은 프리메이슨 회원이 단두대에서 처형당하게 되었다. 요컨대 그들의 운동은 타인의 앞잡이 노릇을 하는 것에 지나지 않았다. 음모 따위를 운운할 상황이 아니었다.

이와 비슷한 희비극이 러시아의 프리메이슨 사이에서도 일어났다. 게오르기 에브게니예비치 리보프 공작과 알렉산드르 표도로비치 케렌스키가 막후 인물이 되어 1917년 최초의 혁명을 지도한다. 그러나 10월 혁명이 발발하자 그들은 레닌에 의해 간단히 쫓겨나버린다.

요컨대 프리메이슨의 통일적 정치 이념이라는 것은 애당초 존재하지 않는다. 기껏해야 개개의 회원이 각각의 정치 활동을 할 때 조직의 힘을 이용하는 경우가 있는 정도가 고작이다.

제2차 세계대전 이후 프리메이슨은 프랑스 정계에서도 영향력을 거의 상실한 것으로 추정된다. 현재 프랑스 정치가들 대부분이 더 이상 프리메이슨 회원이 아니라고 한다.

조지 워싱턴 이래 미국의 역대 대통령 거의 모두가 프리메이슨 고위직 회원이라는 사실에도 주의를 기울일 필요가 있다. 가깝게는 프랭클린 루스벨트의 경우가 잘 알려져 있다.

프리메이슨의 적

파시즘에서 공산주의까지 다양한 정치체제가 프리메이슨을 탄압하고 있다. 그러나 가장 집념이 강한 프리메이슨의 적은 아마도 가톨릭교회일 것이다.

교황 레오 13세의 회람문서(1884년)에는 프리메이슨의 위험한 파괴 활동에 대한 단호한 도전 자세가 엿보인다. 물론 교회가 프리메이슨에 반대 입장을 취한다고 해서 딱히 신기한 일은 아니다. 특히 라틴 국가들에서 프리메이슨의 반교권주의는 주지의 사실이기 때문이다.

물론 조제프 드 메스트르(Joseph de Maistre)처럼 그리스도교와 프리메이슨을 화해시키려고 노력한 사상가가 존재하지 않았던 것은 아니다. 그러나 둘 사이에 너무 깊은 골이 패어 있었기 때문에, 하루 아침에 이것을 메우는 것은 일단 불가능에 가깝다. 서로가 서로에게 던지는 악의적인 매도는 증오심으로 가득 차 있다.

프리메이슨의 내부 사정을 폭로해 센세이션을 불러일으켰던 서적의 저자로 일약 유명해진 저널리스트는 19세기 말의 사기꾼 레오 탁실(Léo Taxil, 본명 가브리엘 조강드파게스[Gabriel Jogand-Pages])이라는 사내였다.

어린 시절 예수회에 속했던 사람이었는데, 태생적으로 신비나 마술을 선호하는 성향이 있어서 1881년 프리메이슨에 가입하였다가 곧바로 뛰쳐나가버렸다. 그리고 프리메이슨을 비방하는 욕을 엄청나게 써놓은 책(『자유사상가였던 사람의 고백[元自由思想家の告白]』 1887년)을 익명으로 출판해 세상을 떠들썩하게 만들었다. 그의 이야기에 따르면 정치가 강베타(Léon Gambetta)가 죽은 것도 어떤 프리메이슨 부인회원에 의해 살해당했기 때문이었다. 마치 프리메이슨을 무시무시한 암살단처럼 묘사하고 있다.

중상모략으로 가득 찬 책이었지만 교황을 비롯한 가톨릭 일파들을 몹시 기쁘게 만들었다. 레오 탁실은 여기저기에서 환영받았다. 애당초 이 책은 가톨릭 계통의 유력 출판사에서 간행되었다.

이 책 안에서 레오 탁실은 "프리메이슨의 한 분파에 팔라디즘이라는 악마 예배 교단이 있으며 그 여사제 다이아나 보간(Diana Vaughan)이라는 사람이 일찍이 미국에서 신도를 모아 흑미사를 행하고 있었다"라는 기괴한 내용까지 적고 있다. 본인 스스로 이 개종한 여사제와 친밀하다고 확언하고 있다.

레오 탁실은 로마로 가서 프리메이슨을 싫어하는 교황 레오 13세와 개인적으로 회견했다. 이윽고 트리엔트에서 반프리메이슨 종교회의가 개최되기에 이르러 레오 탁실과 다이아나 보간(그녀는 이미 개종해서 가톨릭 교도가 되어 있었다)에게 정식 초대장이 왔다. 그런데 탁실은 그녀를 동반하지 않은 채 홀로 회의 자리에 나타났다. 사람들의 질문 공세에 대해 그는 다음과 같이 답변했다. "만약 그녀가 공개적으로 모습을 드러내면 순식간에 프리메이슨 무리들에게 암살당해버리겠지요. 앞으로 한동안 그녀는 몸을 숨기고 있을 필요가 있습니다." 사람들은 그의 말에 납득했고, 그는 그 자리에서 영웅 대접을 받았다.

그런 다음 1개월 정도가 지나 바타이유 박사라는 자가 등장해 "레오 탁실이 묘사한 악마 예배 교단 따위는 이 세상에 존재하지 않는다. 그것은 모조리 엉터리다"라고 신문에 폭로해버렸다. 바타이유 박사라는 인물도 실은 레오 탁실의 과거 공범자였다. 탁실이 이에 대해 반박하면서 소동은 한층 더 확대되었다.

마침내 1897년 4월 19일, 이 희극이 클라이맥스를 맞이했다. 이날 탁실은 파리 민중을 생제르맹대로의 지리학회 회관에 모이게 한 후, 마지막 비밀을 공개하겠노라고 약속했다.

당일이 되자 사람들이 하나둘 모여들었다. 회관 입구에는 '지팡이와 우산은 입구에 맡겨주십시오'라고 적힌 종이가 붙어 있었다.

탁실은 청중 앞에 나타나 장중한 어조로 말했다. "실은 내가 쓴 것은 모조리 지어낸 이야기입니다. 나는 가톨릭이 너무 싫어서 그 일당에게 한 방 먹이려고 그런 것을 썼지요. 악마 예배도, 다이아나 보간도 애당초 존재하지 않습니다." 청중들은 아연실색해버렸다.

당혹해하는 청중들의 얼굴을 유쾌한 표정으로 바라보며 탁실은 박장대소하더니 표연히 회관 앞에서 자취를 감춰버렸다.

이후에는 대혼란이 시작되었다. 말도 안 되는 탁실의 이야기에 농락당했다는 사실을 알아차리고 분노한 청중들은 이성을 잃고 난투를 시작했다. 지팡이와 우산을 입구에 두고 온 것이 그나마 다행이었다. 마침내 경찰이 출동해 사태를 수습했다는 이야기다.

다양한 정치적 비밀결사

<그림 28> 일루미나티의 처형

일루미나티

　일루미나티('광명회'라고 번역하는 경우가 있다)는 1776년 바바리아(바이에른-역주)의 잉골슈타트(Ingolstadt)에서 아담 바이스하우프트(Adam Weishaupt)라는 한 청년에 의해 창립된 정치적 비밀결사다.

　바이스하우프트는 당시 28세의 젊은 철학자로 잉골슈타트대학 교회법 교수였다. 그의 사상은 매우 급진적이었다. 인류로 하여금 법률도, 국가도, 종교도, 사유재산도 일절 없었던 원시 황금시대로 반드시 돌아가게 만들겠다는 야심을 가지고 있었다. 이를 위한 첫 걸음으로 모든 국가의 군주정치를 전복시켜 독재적인 공화주의 정권을 수립해야 한다고 주장했다. 궁극적으로는 일종의 무정부주의와 일맥상통하는 입장으로 종교 대신 이성의 지배를 요구했고, 전 인류가 평등해야 한다고 강조했다.

　일루미나티와 프리메이슨을 혼동하는 역사가도 있는데 양쪽은 완전히 별개의 존재다. 단, 프리메이슨의 비정치주의를 불만스럽게 여기며 프리메이슨에서 일루미나티로 갈아탄 사람도 상당한 모양이다. 독일이나 프랑스의 프리메이슨 로지 내부에 일루미나티의 세포가 자리 잡고 있는 것으로 추정된다. 이런 단원들의 활동이 프랑스 혁명에 영향을 끼쳤다는 설이 있는데, 아직은 추측의 영역을 벗어나지 못하고 있다.

　프랑스 혁명의 지도자 미라보(Mirabeau)는 필시 이 단체에 속했을 거라고 믿어지고 있다. 하지만 13계급으로 나뉘어 있는 이 단체의 위계 속에서 미라보가 높은 지위를 점하고 있었다고는 도저히 생각되지 않는다.

예수회 조직을 규범으로 삼았다고 전해지는 일루미나티의 조직은 매우 엄격해서, 상위자에 대한 절대 복종을 서약해야 했다. 이 단체의 진정한 목적은 가입자의 위계가 올라감에 따라 조금씩 계시(啓示)되게 되는데, 최고 위치인 '왕'의 지위에 오르면 "인간은 가장의 지위에 있는 것처럼 스스로의 지배자여야 하며, 모든 국민은 온갖 수단에 의해 가장의 지위로까지 복귀해야 한다. 가능하면 폭력적 수단에 의거하지 않고 평화적 수단을 사용하는 것이 바람직하다. 모든 예속은 지구상에서 소멸되어야 한다"라는 가르침을 받는다.

이처럼 궁극적으로는 폭력을 부정하는 것이 이상적인 것으로 강조되지만, 하위 위계에서는 왕과 귀족과 사제 등 특권계급에 대한 증오심과 전제주의에 대한 투쟁 정신이 고취되기 때문에 종종 이 단체의 폭력 행위가 사람들의 입에 오르내리는 경우가 있었다. 단원은 희생자를 나뭇가지에 매달아 다른 사람들에게 본보기로 삼았다. 나무 몸통에는 단도를 깊이 찔러두었다.

1782년 유명한 프리메이슨 회원이자 저술가로도 알려진 독일의 크니게(Knigge) 남작이 일루미나티에 가입하자 수많은 다른 프리메이슨 회원도 이곳에 흡수되어 눈부신 발전을 보이게 되었다. 크니게 남작은 실행력이 탁월해 '필로(그리스어로 친구라는 의미)'라는 필명을 사용하며 왕성한 언론 활동을 펼쳤다. 이리하여 최성기에는 바바리아에서만 600명, 플랑드르(Flandre)와 기타 유럽 전역에 걸쳐 다수의 단원이 소속되었다고 전해진다. 독일의 대귀족인 고타 공작 (Duke of Gotha), 브라운슈바이크(Braunschweig)의 공작, 달베르크 후작, 그리고 문인으로 헤르더(Johann Gottfried Herder), 괴테 등도 가입했다고 전해진다. 그러나 확증은 없다.

흥미로운 점은 이 단체 지도자들의 그리스 취향이다. 그들은 각자 그리스풍 펜네임을 가지고 있었다. 예를 들어 수령인 바이스하우프트는 스스로를 '스파르타쿠스(로마의 반항노예 이름)'라고 칭했다. 그것만이 아니다. 그들은 편지 속에서 바바리아를 그리스, 뮌헨을 아테네 등으로 부르며 그런 분위기를 즐기고 있었다. 비밀결사를 조직하는 사람들에게 존재하는 특유의 천진난만한 놀이정신이 이런 부분에서도 여실히 드러난다.

바이스하우프트와 크니게 남작이라는 두 지도자 사이에 의견 대립이 생기자 이 단체는 급속히 쇠퇴하기 시작했다. 종교를 싫어하는 바이스하우프트로서는 크니게 남작의 프리메이슨풍 의례 편중이 도저히 견딜 수 없었다. 크니게 남작은 제명되었고 이 단체는 유력한 가입자를 다수 잃게 되었다.

위기는 다른 측면에서도 나타나기 시작했다. 바이에른 선제후 카를 테오도르(Karl Theodor)가 이 단체의 반종교적, 반국가적 경향이 위험하다고 판단해 탄압을 개시했기 때문이다. 1785년 단체는 해산 명령을 받았고, 바이스하우프트는 바이에른에서 추방되었으며, 이 정치조직은 거의 완전히 괴멸되었다.

그러나 일루미나티의 정신은 유럽에서 이후 일어난 각종 혁명적 정치운동 안에서 은밀히 형태를 바꿔가며 명맥을 보존했다. 이런 믿음에는 이유가 있다. 예를 들어 바이스하우프트의 집산주의(集産主義, Collectivism, 집단주의적인 경향-역주)와 레닌의 그것 사이에서 어떤 유연관계(類緣関係, 생물체 사이의 연고-역주)를 발견할 수 있으며, 제1차 세계대전 이후 독일 공산당이 조직했던 스파르타쿠스단 운동(1918~1919년)은 바이스하우프트의 필명(스파르타쿠스)에서 암시를 얻어 명명된 것일지도 모른다고 여겨지기 때문이다.

음모의 장로, 부오나로티

명저 『유토피아의 역사』(1966년)의 저자 장 세르비에(Jean Servier)는 부오나로티를 '온갖 음모의 장로'라고 부르고 있다. 분명 그런 측면이 있다. 그야말로 1798년부터 1837년에 걸쳐 혁명 후의 프랑스를 뒤흔들었던 거의 모든 정치적 음모의 흑막적 인물이었기 때문이다.

필리포 부오나로티(Philippe[Filippo] Buonarroti)는 1761년 이탈리아 피사에서 태어났다. 그가 태어난 집안은 거슬러 올라가면 미켈란젤로의 가계에 속한다고 한다. 12세에 토스카나 대공 레오폴드의 궁정에 들어갔지만 프랑스 혁명이 발발하자 루소의 사상에 열광해 프리메이슨이나 독일의 일루미나티의 급진적 사상의 세례를 받은 후 이탈리아 자코뱅주의자의 선두에 서서 혁명 사상 보급에 힘썼다. 이

<그림 29> 청년 시절의 부오나로티.

런 와중에 차츰 국가경찰에게 쫓기는 신세가 되어 결국 파리로 망명할 수밖에 없는 처지에 놓인다. 파리에서는 자코뱅클럽의 가장 탁월한 웅변가가 되어 국민공회 성립과 함께 프랑스로 귀화한다. 1793년 국민공회의 명령에 의해 코르시카로 파견되어 보나파르트 가문과 적대 상태에 놓여 있던 파올리(Pasquale Paoli) 일파와 싸운다.

1794년 테르미도르 반동(Thermidorian Reaction)과 함께 체포되어 파리에 있는 감옥에 보내져 1년 정도 옥중에서 생활하게 되는데 거기서 그라쿠스 바뵈프(Gracchus Babeuf)를 알게 된다. 감옥에서 나오자마자 '팡테옹협회(Club du Panthéon)'의 의장으로 다시 혁명운동에 뛰어들었다가 이 협회가 해체되자 이번엔 바뵈프의 '평등(주의)자의 음모'에 참가한다. 그가 마레샬(Sylvain Maréchal)과 함께 기초한 '평등(주의)자의 선언'은 오늘날 최초의 정치적 공산주의 글로 평가되고 있다. 일당 중에 배신자가 나오는 바람에 음모가 발각되었고 바뵈프와 함께 체포된 부오나로티는 방돔(Vendome)에 있는 재판소에서 징역 20년형을 선고받는다(바뵈프와 다르테[Augustin Alexandre Darthé]는 사형에 처해진다). 그러나 나폴레옹이 애를 써준 덕분에 감형되었다. 일찍이 코르시카에서 파올리의 적으로 싸워주었던 것이 감형의 이유였다.

다시 감옥에서 나온 부오나로티는 1812년 말레(Claude François de Malet) 장군이 이끄는 반나폴레옹 성격의 비밀결사 '필라델프협회(Société des Philadelphes)'의 음모에 호응해 그르노블(Grenoble)에서 봉기하는데 결국 실패로 끝나 제네바로 도망친다. 나아가 왕정복고 이후에는 나폴리 왕가와 오스트리아 군대에 반항하는 이탈리아의 카르보나리(Carbonari)당을 원조했다가 또다시 국외 추방을 당해 브뤼셀로 도망간다. 그가 『평등을 위한 음모』 2권(1828년)을 쓸 때는 브뤼셀 잠복 중이었다.

1830년 7월 혁명과 함께 마침내 파리로 돌아오게 된 부오나로티는 레몬이라는 가명으로 음악교사를 하며 근근이 살아가다가 7년 후, 76세의 나이로 세상을 떠났다. 불굴의 혁명가 정신은 마지막까지 꺼지지 않았다.

혁명가 부오나로티의 개성은 특히 주목할 가치가 있다. 당시 대부분의 혁명가들은 실증주의자거나 무신론자였는데, 부오나로티는 처음부터 끝까지 변함없이 이신론자(理神論者)였으며, 비밀결사의 전통적 입사식 형식, 종교적 성격에 깊은 애착을 가지고 있었다. 이 때문에 의식을 중시하는 카르보나리당의 전통적인 성격은 그의 뜻에 맞았다. 사상적 스승이었던 로베스피에르와 함께 그는 최고의 존재를 믿고 있었으며, 그런 점에서 실뱅 마레샬(Sylvain Maréchal) 같은 완고한 무신론자와는 명백히 선을 긋고 있었다. 아울러 그는 훗날 블랑키(Louis Auguste Blanqui)에서 발견되는 냉소주의(Cynicism)와도 거리가 멀었다. 오히려 장 자크 루소에서 시작된 후 라마르틴(Lamartine)에서 빅토르 위고에 이르는 혁명적 낭만주의의 지적 조류 속에서 그를 위치를 가늠해보는 것이 타당할지도 모른다.

이탈리아의 카르보나리당

전설에 의하면 카르보나리당 운동은 스코틀랜드의 이사벨라 여왕 시절, 왕가의 억압에 반항하는 사람이 깊은 숲속에 있는 피난소에서 숯쟁이로 위장해 왕권 타도 계획을 면밀히 세웠던 것에서 시작된다고 한다. 그러나 이런 스코틀랜드 기원설은 전혀 근거 없는 주장이다. 단, 카르보나리당은 그 이름이 보여주고 있는 것처럼 원래 나무꾼이나 숯쟁이 동업조합의 일종이었을 것으로 추정되며, 이런 조직에 정치적 색채가 가미된 것은 훨씬 나중일 것으로 생각된다.

프리메이슨과의 관계를 운운하는 학자도 있는데, 이런 점도 신비한 구름에 휩싸여 있어서 불확실한 부분이 많다. 정치적 비밀결사로 알려지기 시작한 것은 주지하는 바와 같이 19세기 초엽의 이탈리아에서였다.

프랑스 혁명 이후, 나폴레옹의 지배체제에 항거하는 공산주의적, 애국주의적 비밀단체가 유럽 각지에서 들불처럼 일어났는데, 카르보나리당은 그중에서도 가장 규모가 크고 통합적인 성격을 가졌다. 한편 열렬한 공화제 지지자였던 프랑스의 군인 말레 장군이나 우데 대령이 이끌었던 반나폴레옹적 비밀결사 '필라델프단'은 19세기가 시작되자마자 10년 동안 몇 번이나 음모를 획책하고도 번번이 실패하고 말았다. 이런 필라델프단과 카르보나리당 간의 직접적인 계보 관계를 지적하는 학자도 있는데, 만약 필라델프단이 카르보나리당의 전신이라고 한다면 결국 프랑스에서 수입되었다는 말이 된다.

프랑스 쥐라(Jura, 스위스와의 국경 근처 산악지대) 지방에는 아주 오래 전인 16세기부터 숲속 은자 테오발도를 수호성인으로 삼는 산림 노동자들의 조합이 있었으며, 숲속 공터에서 다양한 전통적 의례나 입사식을 행하고 있었다. 아마도 필라델프단 지도자들은 자신들의 공화주의적 교의를 보급하기 위해 쥐라 지방의 숯쟁이 조직을 이용했을 것으로 추정된다.

1814년 이탈리아 나폴리 왕국은 나폴레옹의 매부 조아킴 뮈라(Joachim Murat, 나폴레옹의 막내누이 카롤린의 남편이자 나폴레옹이 아끼던 부하-역주)에 의해 지배당하고 있었다. 뮈라의 부하인 경찰대신 마게라는 이탈리아의 자유, 독립, 통일을 꿈꾸는 반나폴레옹주의자로 은밀히 뮈라를 설득해 그를 연합군에 가담시킬 정도로 음모가였다. 이런 마게라의 눈에 프랑스에서 건너온 숯쟁이 동업조합, 카르보나리당이 포착되었다. 카르보나리당은 경찰대신에 의해 육성되었고, 남이탈리아 일대로 급속히 세력이 확장되었다. 암암리에 나폴리 정부의 비호를 얻게 된 것이다.

1815년 부르봉 왕조 복귀에 의해 페르디난드 왕이 나폴리로 복귀하자, 카르보나리당의 반전제주의 운동은 한층 격렬해지면서 국내에 막강한 세력을 형성하게 되었다. 나폴레옹이든 부르봉 왕조든 오스트리아든, 이탈리아의 자유와 독립을 저지하는 절대주의적 세력은 모조리 그들의 적이었다. 당시 이탈리아 북부에 침입해 나폴리 왕조의 뒤를 봐주고 있던 오스트리아 군대는 그들의 불구대천지 원수가 되었다.

나폴리의 복고 정부는 산적이나 무뢰배를 모아 칼데라리당을 설립해 카르보나리당의 대항세력으로 내세우고자 했으나, 양 파의 격돌로 오히려 국내 치안이 흔들리는 결과를 낳았다. 결국 정부 어용의 이 폭력단은 1년도 못 가 폐지되어버렸다. 이에 반해 카르보나리당은 지식계급이나 복고 정부가 불만인 군인, 학생, 자유주의적 귀족, 하급관리 등의 공감을 얻어 한층 세력을 확장시켰다. 칼라브리아(Calabria) 지방의 어느 도시의 경우, 사내란 사내는 모조리 이 단체에 입당했다는 말이 돌 정도다.

당원들은 스스로를 숯쟁이로 비유했다. 사회를 보스코(Bosco, 숲), 반동 정부와 그 앞잡이를 루포(Lupo, 늑대), 비밀 회합장소를 바라카(Baracca, 오두막), 그 내부를 벤디타(Vendita, 숯 매장) 등으로 칭하며 도제와 우두머리로 나뉘는 당원들은 서로가 서로를 부온 쿠지노(Buon Cugino, 좋은 사촌)라고 불렀다. 이런 호칭은 쥐라 지방에 과거 존재했던 숯쟁이 조합의 습관에 의거한다.

1820년과 1821년, 카르보나리당의 세력이 강한 나폴리와 피에몬테(Piemonte)에서 양국의 군대가 중심이 되어 일시적으로나마 혁명이 성공한 적도 있지만, 결국 오스트리아의 무력 간섭에 의해 허망하게 좌절되었다. 그러나 독립운동은 결코 소멸되지 않았다. 해외에 지부를 설립하거나 하면서 몇 번인가의 봉기와 패배를 반복한 후, 복잡한 국제적 비밀결사 조직으로 발전해갔다. 그것에 대해서는 나중에 다시 서술하겠다.

프랑스의 카르보나리당

프랑스에서의 정치적 카르보나리운동은 결과적으로 이탈리아에서 역수입되었다.

1820년 나폴리에서 입사식을 거친 두 명의 프랑스 청년에 의해 정치적 카르보나리는 비로소 파리로 진입했다. 이듬해 5월, 파리의 코포 거리에서 두 청년은 다섯 명의 동지와 함께 엄숙히 운동의 깃발을 게양하는 식을 치렀다. 본거지는 차츰 파리의 라세페드 거리로 옮겨졌다. 이것이 바로 '프랑스의 대(大) 로지'라고 일컬어지는 비밀단체의 기원이며, 이 운동은 마침내 프랑스 전역으로 퍼져나갔다.

프랑스 카르보나리당에는 과거 공화주의자 출신, 자코뱅주의자 출신, 그리고 보나파르트주의자였던 사람이 평등하게 혼재되어 있었고, 왕정복고 경찰은 그들의 누차에 걸친 음모에 여러모로 애를 써주었다. 당시 명망 있는 다수의 사람들이 하나같이 이 비밀결사에 속해 있었던 모양이다. 예를 들어 프랑스 혁명 이후 노웅(老雄) 라파예트에게는 당으로부터 대동량(大棟梁)의 자격이 부여되었다. 철학자 빅토르 쿠쟁(Victor Cousin), 역사가 오귀스탱 티에리(Augustin Thierry), 화가 아리 쉐퍼(Ary Scheffer) 등도 유력 당원이었다.

프랑스 카르보나리당은 이탈리아 조직의 순연한 이식에 불과했지만, 온갖 측면에서 상이한 요소를 포함하고 있다는 점에서 역시 독특한 성격을 지니고 있다. 프리메이슨과의 관계도 이탈리아 이상으로 밀접했다. 동일한 인간이 두 조직 모두에 속해 있다는 예도 종종 있었다. 루이 18세와 샤를 10세의 치세하에서 1,200명 이상이었던 파리의 프리메이슨 회원이 동시에 카르보나리 당원이었다고 한다. 그러니 그 계보 관계는 참으로 복잡했다.

역사적으로 이름 높은 '라로셸의 네 명의 서전트(하사관, Four Ser-

<그림 30> 프랑스 카르보나리의 창시자 바잘.

geants of La Rochelle)'의 에피소드는 1822년 프랑스 카르보나리당의
왕정 타도 음모가 발각되었을 때의 비극적 이야기다.

보리(Bories), 고뱅(Gobin), 포미에(Pommier), 라울(Raoulx) 등 네 사람
은 파리의 제45 병영에 속한 젊은 하사관들이었는데, 라로셸 거리
에 주둔했을 당시 동료 가운데 배신자가 나와 네 사람은 결국 체포
되었다. 파리로 보내져 센의 중죄재판소에서 재판을 받았는데 검사
나 배심원이 정치적으로 그들의 적이었기 때문에 결국 유죄 선고를
받은 후 네 사람 모두 그레브(Grève) 광장에서 단두대에 오르게 되었

다. 젊은 피고들은 모두 당당히 죽음을 맞이했다. 여론은 그들을 동정했고, 재판의 가혹함과 부정에 경종을 울리며 나라 전체가 들썩거렸다.

조각가 다비드 당제(David d'Angers)는 그들의 죽음을 애도하며 부조 메달을 만들어 몽파르나스(Montparnasse) 묘지의 무덤 위에 이것을 고정시켰다. 메달 표면에는 네 명의 젊은 하사관들의 얼굴, 뒷면에는 자유의 여신이 네 개의 왕관을 단상에 올려둔 그림이 새겨져 있다.

카르보나리의 의식과 사인

공화주의적 프로파간다에도 불구하고 카르보나리당의 의식과 상징에는 오랜 전통적 산림 노동자들의 습관에서 유래한 것이 많다.

예를 들어 프랑스 카르보나리에서는 당원이 벤디타(Vendita, 집회장) 내부에 들어올 때 윗사람으로부터 다음과 같은 질문을 받는다.

-그대의 아버지는?

(이 질문에 대해 답하는 자는 아무 말 없이 그저 하늘을 올려다본다)

-그대의 어머니는?

(지면을 본다)

-그대의 대부는?

(자신의 오른쪽 어깨를 본다)

-그대의 대모는?

(자신의 왼쪽 어깨를 본다)

-나무의 몸통은?

(자신의 몸을 본다)

-뿌리는?

(자신의 발을 본다)

-가지는?

(자신의 팔을 본다)

-열 개의 가지는 어떻게?

(자신의 손가락을 본다)

-가장 무성한 나무는?

(손을 머리카락에 댄다)

-가장 높은 나무는?

(손을 머리 위로 든다)

-두 갈래로 갈라진 나무는?

(두 손가락을 V자형을 만들어 보여준다)

-비틀린 나무는?

(오른쪽 다리를 비튼다)

-십자 나무는?

(좌우의 다리를 교차시킨다)

　이런 애들 장난 같은 식별 사인은 아마도 숯쟁이들 사이에서 예로부터 사용되었던 것인 모양이다.

　숲속 벤디타는 대부분 바닥에 돌이 깔리고 사방이 나무판자로 에워싸인 방이다. 방 한구석에는 우두머리가 앉을 법한, 잘려진 커다란 나무 밑동이 위치한다. 잘려진 나무 밑동에는 다양한 상징물—천으로 된 깔개, 물, 소금, 십자가, 방망이, 나뭇잎, 불, 흙, 서양산사나무(Hawthorn) 화관(花冠), 실뭉치, 삼색(청, 적, 흑) 리본 등—이 놓여 있다.

　사정이 허락할 경우, 프랑스 카르보나리 당원은 평복 위에 프리메이슨풍의 의식용 액세서리를 착용한다. 즉 무두질하여 부드러워진 흑갈색 가죽을 앞치마처럼 두르고 폭이 넓은 황토색 수장(綬章, 포상할 때 주는 끈과 배지-역주)을 오른쪽 어깨에서부터 비스듬하게 걸친다. 단추 구멍에는 역시 황토색 리본을 달고 여기에 회양목으로 된 작은 호루라기와 손도끼 모형을 늘어뜨린다.

　탄압이 격해지면서 카르보나리 당원은 복잡한 의식과 상징을 간소화해야 할 필요성을 절실히 느꼈다. '청년 이탈리아당'을 만들었던 주세페 마치니(Giuseppe Mazzini)는 젊은 시절 드리아라는 자로부터 받았던 카르보나리 입사식에 대해 다음과 같이 말하고 있다.

　"정부의 박해 때문에 소수 인원이라도 당원들이 모이는 것 자체가 어려워서 나는 약간의 시련, 의례와 의식을 면제받았다. 그는 내게 어떤 지시에도 기꺼이 복종하며 행동할 마음가짐이 있는지, 만약 당이 명령을 내린다면 기꺼이 희생에 응할 마음가짐인지를 따져 물었다. 그 후 나의 무릎을 꿇게 하고는 칼집에서 단도를 꺼내 낮은 지위에 있는 입사자를 위해 만들어진 선서 문구를 읊은 다음, 내게도 그 문구를 복창시켰다. 다음으로 나는 동지를 식별하기 위한 두세 가지 사인을 배운 다음 그와 헤어졌다."

카르보나리의 암호나 사인은 극히 교묘했다. 앞에 나왔던 '네 명의 하사관' 중 한 사람이었던 보리(Bories)라는 하사관은 체포될 당시 한 장의 종이를 절반으로 자른 이른바 '부신' 같은 신표를 소지하고 있었다고 한다.

혹시라도 배신할 위험성을 회피하기 위해 지부 당원 수는 20명으로 한정되었고, 지부 이하 각 기관들 상호 간의 연락은 엄격히 금지되었다. 지부 의장은 몇 줄기의 골이 새겨진 방망이 하나를 20명의 당원 사이로 계속 돌렸다. 새겨진 골의 숫자가 다음 회합 날짜를 가리키고 있었다.

요컨대 하급 당원은 간부의 지시에 따라 허수아비처럼 움직이는 광신적이고 맹목적인 도구에 불과했다. 명령받으면 즉각 그대로 실행하는 로봇 같은 자가 이상적인 당원으로 간주되었다. 하급 당원들에게는 일체의 사정이 공유되지 않았다. 비밀을 틀어쥐고 있는 것은 항상 알타 벤디타(Alta Vendita, 본부)뿐이었다.

나폴리에 위치한 본부는 최고회의와 항소원(抗訴院)의 역할을 수행하고 있었으며, 『황금의 서(書)』(규약 수록)와 『흑의 서』(추방된 당원과 입당 희망자의 이름이 적혀 있다)를 보유하고 있었다.

'청년 유럽당'

카르보나리를 하나의 거대한 몸통이라고 한다면 거기서부터 갈라진 작은 나뭇가지 같은 비밀결사가 19세기 중엽부터 유럽 각지에 무수히 생겨났다. 이 때문에 카르보나리 계통의 군소 비밀단체에 대한 연구는 역사가들에게는 극히 곤란한 과제인 모양이다.

1834년 4월 이탈리아인 주세페 마치니(Giuseppe Mazzini)는 스위스 베른으로 각국의 정치운동 망명자들을 모아 국제적인 혁명 비밀결사 '청년 유럽당'을 조직했다. 이는 당시 전제주의나 외국 군대의 압제에 억눌리던 유럽 국가들에 애국주의나 민족의식을 고취하기 위한 운동이었다.

그보다 이전에 마치니는 25세의 나이로 카르보나리에 입당한 후 투옥되었다가 국외 망명을 거친 후 마르세유에서 '청년 이탈리아당'을 결성(1832년)했다. 바로 이 '청년 이탈리아당'의 활동이 이탈리아의 통일 달성을 위한 투쟁에 지대한 역할을 해냈다는 것은 널리 알려진 사실이다. 근대 이탈리아의 국기 삼색기(트리콜로르, Tricolore)는 이 비밀단체의 상징이었다.

주세페 토마시 디 람페두사(Giuseppe Tomasi di Lampedusa)의 소설 『표범(Il gattopardo)』은 세계적 베스트셀러가 되었고, 루키노 비스콘티(Luchino Visconti) 감독에 의해 영화화(버트 랭카스터, 알랭 들롱, 클라우디아 카르디날레 주연)되기도 했기 때문에 알고 계신 분도 많을 것이다. 이 영화 안에서 알랭 들롱이 연기한 젊은 시칠리아 귀족 탄크레디는 '청년 이탈리아당'의 일원이었다. 그는 주세페 가리발디(Giuseppe Garibaldi) 의용군과 손을 잡고 나폴리 왕국 군대와 싸워 사르데냐 왕의 정규군 장교가 되었다. 퇴폐와 우수로 가득 찬 이 소설에는 혁명을 둘러싼 신구 양 세대의 대립이 매우 극적으로 탁월히 묘사되고 있다.

1822년 폴란드 국가 독립을 달성하기 위해 바르샤바에 '폴란드 성당 기사단'이라는 비밀결사가 설립되었다. 1830년의 반란과 그에 이어진 러시아 군대의 대대적 탄압 때문에 이 운동은 허망하게 진압당해버렸다. 그러나 살아남은 동지들은 '청년 폴란드당'에 가입했다. 이것은 '청년 유럽당'의 분파로 아이비(Hedera helix) 잎사귀를 휘장(배지)으로 삼는 단체다.

'청년 유럽당'의 또 다른 분파는 '청년 독일당'이다. 그들의 활동은 1848년 프로이센 국가에 대한 폭동, 빈과 베를린에서의 이른바 3월 혁명에서 엿볼 수 있다. 이 반란은 프랑스 2월 혁명에 촉발되어 발생한 것으로 비스마르크 반동 시대의 전주곡이라는 성격을 가졌다. 마르크스는 이 반란의 무참한 실패를 거울삼아 마침내 엥겔스와 협력해 유명한 『공산당 선언』을 발표하기에 이른다.

블랑키와 '계절회'

프랑스는 다른 국가들과 달리 사정이 복잡하다.

음모와 무장봉기와 감옥으로 점철된 삶을 살아간 독창적 혁명가 루이 오귀스트 블랑키(Louis Auguste Blanqui)조차 적어도 초반까지는 카르보나리당에 속했던 모양이다. 그러나 거듭되는 파리 시가전의 교훈은 그로 하여금 유례를 찾아볼 수 없는 폭동 전문가, 반역 이론가로 변모시켰다. 바야흐로 숯쟁이의 목가적 로맨티시즘은 더 이상 존재하지 않았다.

1836년 루시느 거리의 화약 사건에 의해 블랑키도 포함된 비밀 결사 '가족회(Société des Familles)' 지도자들은 모조리 투옥되었다. 이윽고 1837년 오를레앙 공작 결혼 축하 은사에 의해 그들은 다시 감옥에서 나오게 된다. 이때 과거 '가족회' 간부에 의해 곧바로 결성된 것이 매우 참신한 아이디어에 의한 '계절회(Société des Saisons)'였다. 이에 대해서 설명해보자.

'계절회'의 지도자 블랑키, 아르망 바르베스(Sygismond Auguste Armand Barbès), 인쇄업자 베르나르(Martin Bernard) 등은 사람들의 눈을 피하기 위해 모임의 구성을 복잡하게 뒤섞어 지도자와 회원 간의 관계를 3단계, 내지는 4단계의 서열로 촘촘히 나눴다. 즉 7인의 멤버에 의해 하나의 '주간' 소대의 형태가 만들어지고 '일요일'이 각 소대의 지휘를 담당한다. 그리고 28인의 멤버에 의해 하나의 '달' 중대의 형태가 만들어지고 '7월'이 각 중대의 지휘를 맡는다. 나아가

세 개의 '달'에 의해 하나의 '계절'이라는 대대 형태가 만들어지며 '봄'이 각 대대의 지휘를 맡는다. 마지막으로 356명의 멤버가 모인 네 개의 '계절' 내지는 하나의 '해'의 지휘를 담당하는 것은 한 명의 노련한 직업혁명가였다.

이것이 '계절회'의 기발한 구성이다. 추리소설 고전 작품에 해박한 지식을 가진 독자라면 당장 눈치 챘을지도 모른다. 체스터턴(Chesterton)의 『목요일의 남자(The Man Who Was Thursday)』에 나오는 무정부주의자 위원회가 이와 흡사한 구성을 취하고 있다. 아마도 학식이 깊었던 체스터턴은 19세기 유럽의 혁명운동사도 꿰뚫고 있었던 모양이다.

'계절회'에서는 지휘관끼리만 구두로 연락을 취하고 하급회원 간의 연락은 금지되어 있었다. 신입회원은 입사식 선언을 마치자마자 무기와 탄약을 상시 취할 수 있는 상태를 유지해야 했다. 아울러 만약 경찰에 체포될 경우엔 어떻게 처신해야 할지, 신입회원을 획득하기 위해 어떤 방법을 사용하면 좋을지에 관한 지시도 받게 된다.

블랑키는 끊임없이 '프롤레타리아 무장'을 강조했던 철저한 폭력혁명주의자다. "혁명 달성을 위한 유일한 구체적 요구, 그것은 힘이다. 검을 가진 자는 빵을 가진다. 무장한 노동자로 넘쳐나는 프랑스, 그것이야말로 사회주의의 도래라고 할 수 있다"라고 블랑키는 역설했다. 그가 혁명 전술을 상세히 논했던 연구는 『무장열병식교전(武裝閱兵式敎典)』(『무장봉기지침[Instruction pour une prise d'armes]』을 가리키는 것으로 추정됨-역주)이라는 표제가 달린 텍스트다.

<그림 31> 7월 왕정 시대하에서의 프랑스 카르보나리당의 봉기.

    1839년 초엽 의회는 위기에 봉착했고, 주식 시장의 불황은 극에 달해 혁명을 일으키기에 절호의 기회가 도래했다고 여겨졌다. 5월 12일, 화창한 날씨의 일요일 오후, 블랑키는 수백 명의 동료를 이끌고 피스톨 권총에 적기를 휘날리며 혁명의 봉화를 쏘아 올렸다. 생드니(Saint-Denis) 거리와 생마르탱 거리에서 '달' 그룹이 대오를 지어 바르베스의 지휘 아래 파리경시청, 이어 파리시청으로 향했다.

    그러나 습격은 좌절되었다. 거리마다 바리케이드가 구축되었고 해 질 무렵까지 서로에게 총을 겨누었는데 밤이 되자 봉기에 참여했던 무리들이 도주하기 시작했다. 블랑키와 베르베스는 체포되었고 7월 22일, 두 사람에게 사형이 선고되었다. 그러나 루이 필립은 사형의 결과를 두려워해 그들을 종신금고형으로 감형시켰다. '계절회'는 나아가 1848년 2월 혁명까지 명맥을 유지했다.

블랑키의 동료들은 주로 부르주아, 파리의 급진적 학생, 청년 변호사, 저널리스트로 구성되어 있었다. 그리고 이런 다수의 부르주아 분자에게 수백 명의 파리의 급진적 프롤레타리아가 가담했다. 2월 혁명을 성공시켰던 것은 이런 이름 없는 민중에 의해 조직되었던 크고 작은 다양한 비밀결사였다.

일설에 의하면 나폴레옹 3세에 대한 공화주의자의 음모에 카르보나리당이 관여했다고 한다. 그러나 이미 이 시대에 프랑스의 카르보나리는 현실적 영향력을 완전히 상실했다고 보는 편이 타당하다. 감옥 안에서 반동 정부에 무언의 압력을 행사하고 있었던 것은 불굴의 바리케이드 전술가, 음울한 백발 노인 블랑키였다.

아일랜드의 비밀결사

근대 아일랜드의 역사는 민족주의자로 구성된 독립운동 비밀결사와 이에 적대적이었던 보수 세력 비밀결사가 벌였던 투쟁의 역사다.

예로부터 가톨릭 전통문화를 자랑했던 '초록 섬' 주민에 의한 반항의 역사가 시작된 것은 16세기 중엽, 헨리 8세가 이 섬에 대한 지배권을 확립하면서 아일랜드의 국교를 강제하기 시작하면서였다. 엘리자베스 여왕도 제임스 1세도 아일랜드 민중의 반항을 무력으로 철저히 억압하는 동시에 얼스터(Ulster) 지방을 왕의 영지로 삼아 여기에 영국의 신교도를 이주시키는 정책을 취했다. 아일랜드와 영국 사이의 암적 존재라고 할 수 있는 북부 얼스터 문제는 이미 이 무렵부터 싹이 트기 시작했다.

1795년 얼스터 지방에서 창설된 '오렌지당'은 영국 왕실에 충성을 맹세하고 프로테스탄트 이민자의 권리를 지키기 위한 결사였다. 오렌지당은 종종 북부 아일랜드에서 폭력과 연루된 사건을 일으켰는데 19세기에는 영국 본토, 캐나다, 오스트레일리아 등 각 지방으로 진출해 앵글로색슨의 패권과 프로테스탄트의 전통을 옹호하는 보수 세력의 방어벽이 되었다. 오렌지당의 의식과 상징은 대부분 프리메이슨에서 빌린 것으로, 프리메이슨에 속한 진보적 민족주의자는 이런 상황에 분개하기도 했다.

오렌지당에 대항해 아일랜드 민족주의자들로 구성된 독립운동 그룹에서는 프랑스 혁명에서 자극을 받아 설립된 18세기의 '통일 아일랜드당'을 비롯해 19세기의 '페니언(Fenian)당', 나아가 20세기의 '신페인(Sinn Fein)당', '아일랜드 공화국군(IRA)' 등이 있다. 현재 아일랜드 공화국의 독립은 이런 비밀결사들의 다년간의 투쟁의 결과다. 하지만 여전히 북아일랜드의 얼스터 문제를 둘러싸고 영국과 아일랜드 사이에는 항상 민감한 분쟁이 이어지고 있는데, 이에 대해서는 너무 복잡해지기 때문에 상세한 내용은 생략한다. '신페인당'이란 아일랜드어(켈트 계열의 게일어)로 '우리 자신'이라는 의미이며, 이 비밀결사는 19세기 말부터 일어난 소시민, 지식계급의 아일랜드 문예부흥운동, 이른바 '게일어 동맹' 운동의 직접적 결과로 생겨났다. 이윽고 영국 당국을 상대로 한 가해 사건도 늘어났고, 제1차 세계대전 중에는 오렌지당이 영국의 전쟁 수행에 협력하고 있는 동안 독일의 지지를 얻어 아일랜드 독립을 목적으로 한 무장봉기까지 계획했다. 이런 신페인당의 활동은 로맨틱한 영광에 휩싸여 수많은 소설의 제재를 제공하게 되었다.

러시아의 허무주의자

러시아의 정치적 비밀결사는 가혹한 차르주의(차리즘, Tsarism, 황제를 중심으로 한 전제군주제)에 대한 조직적인 반항운동으로 생겨났다.

1814년 나폴레옹 군대를 격파하면서 프랑스에 주둔하던 러시아 육군의 젊은 사관들은 서구의 자유사상을 경험했다. 조국으로 돌아온 그들은 이윽고 '슬라브 연맹(구제동맹[Soyuz spaseniya]을 가리키는 것으로 추정됨-역주)'이라는 조직을 결성했다. 아마도 이것이 러시아 최초의 혁명적 비밀단체일 것이다. 표면적으로 이 조직은 자선사업 단체 같은 명목을 취하고 있었으나, 기실은 전제주의 타도 음모를 착실히 구상하고 있었다. 농노 해방도 그들의 요구 중 하나였다.

1825년 12월에 일어난 이른바 '데카브리스트(12월 당원, Decembrists, 러시아어로 12월을 데카브리라고 했던 것에서 유래-역주)'의 반란은 그들이 지도했다. 국민 시인 푸시킨도 이 음모에 휩쓸렸는데, 우연한 사정에 의한 것일 뿐 직접 참가했던 것은 아닌 모양이다.

음모는 좌절되었고 반역도들은 상트페테르부르크의 상원 앞 광장에서 대포 세례를 받았다. 36명이 사형, 130명이 금고 및 유형에 처해졌으나 실제로 사형이 집행된 것은 겨우 5명에 불과했다.

시대가 흐르면서 종종 대대적 탄압이 거듭되었음에도 혁명의 음모는 더더욱 치열해진다. 러시아의 허무주의는 1860년대의 산물이었다. 주지하는 바와 같이 허무주의(니힐리즘, Nihilism)라는 단어는 이반 투르게네프(Ivan Turgenev)가 소설 『아버지와 아들(Otsi i deti)』(1860)에서 처음으로 사용했는데, 이는 극단적으로 과격한 부정적 사상으로 수많은 대학생들이나 인텔리들을 광분시켰고, 이윽고 테러리즘과 아나키즘의 길을 여는 절망적인 행동주의를 잉태시켰다.

1862년에는 문학자 체르니셉스키(Chernyshevsky)를 중심으로 혁명적 비밀결사 '토지와 자유'가 조직되었다. 1865년에는 유럽에 존재하는 국왕 암살을 임무로 삼는 학생 비밀 서클 '올가니자차'가 설립되었다. 올가니자차의 과격분자 중에는 대학에서 추방된 귀족 카라코조프(Dmitriy Vladimirovich Karakozov)라는 자가 있었는데, 그는 자신의 손으로 차르(황제)를 암살하고 싶다며 1년간 은밀히 기회를 노리고 있었다. 1866년 4월 그는 페테르부르크의 여름 공원에서 알렉산드르 2세에게 접근하는 데 성공해 그 자리에서 피스톨을 쐈지만 탄환은 빗나갔다. 이 암살 미수 사건은 문학자 게르첸(Aleksandr Ivanovich Gertsen)의 말을 빌리자면 "러시아 전체를 뒤흔들어놓았다" 라고 할 수 있다.

혁명의 이상이라는 이름 아래 황제 개인을 대상으로 한 최초의 테러 사건이었다. 민중은 아직 그들의 행동을 도무지 이해할 수 없었고, 범인은 미치광이로 간주되어 자칫 그 자리에서 죽임을 당할 수도 있던 상황이었다. 카라코조프는 재판을 받은 끝에 교수형에 처해졌고, 그 동료들은 모두 징역을 선고받았다.

네차예프와 도끼회

당시의 일반적인 풍조였던 허무주의 사상을 가장 극단적인 형태로 밀고 나간 것은 냉철한 영혼의 소유자 네차예프(Sergey Gennadiyevich Nechayev)였다. 그는 신비스러운 광기로 가득 찬 열정적 인물로 그 짧은 생애 동안 수많은 인간들을 매료시켰다. 목적을 위해서라면 수단과 방법을 가리지 않았고, 태연하게 거짓말을 하거나 배신하곤 했다. 이 때문에 신뢰할 수 없는 인물로 간주되어 망상광이라든가 정신병자라고 혹평하는 사람도 있다. 도스토옙스키의 『악령(The Possessed)』에 나오는 표트르 베르호벤스키는 그를 모델로 했다고 전해진다.

그가 22세 때 스위스로 망명 중인 노년의 혁명가 미하일 바쿠닌(Mikhail Aleksandrovich Bakunin)과 공동으로 썼다고 전해지는 것이 『혁명가의 교리문답(Catechism of a Revolutionary)』이다. 몹시 시니컬한 내용으로 인간 멸시라고 표현할 수 있을 정도로 철저히 냉혹한 '혁명 지도자를 위한 규율서'다.

그 제1장에 "혁명가는 이미 형을 선고받은 죄인이다"라는 표현이 있는 것처럼 네차예프는 우정이나 연애, 도덕 모두를 희생하면서 오로지 혁명을 위해 공헌해야 한다고 강조했다. 그리고 인간을 여섯 종류로 분류한 후, 그 첫 번째 적인 지배계급의 엘리트나 경찰은 즉시 말살해야 할 인간이라고 가르쳤다.

특히 주목해야 할 부분은 민중에 대한 그의 의견이다. "민중이 반항하려는 용기를 보여주는 것은 고통이 임계점을 넘어서는 순간뿐이다. 따라서 혁명가는 민중의 고통을 절대로 약화시켜서는 안 된다. 오히려 민중이 고통을 한층 견뎌내기 어렵도록 만들어야 한다"라고 언급하고 있다. 이토록 철저한 정치적 냉소주의(Cynicism)는 없을 것이다. 네차예프야말로 1860년대의 허무주의가 낳은 폭력과 파괴의 사도였다.

1869년 스위스에서 돌아오자 그는 비밀그룹 '도끼회'(혹은 '인민의 심판'이라고도 한다)를 조직했고, 그 자리에 모인 동료들에게 자신이 중앙위원회 대표로 임명되었다고 고했다. 실은 위원회 따윈 애당초 존재하지도 않았지만, 절대적인 권한을 가진 위원회라는 환영을 창출해냄으로써 동료들을 공포에 몰아넣어 스스로 통솔하려 했다. 그런데 의심이 많은 이바노프라는 동료 학생이 그의 거짓말을 간파해 버렸다. 네차예프는 이바노프를 없애버릴 결심을 했다. 농업대학이 있는 모스크바 교외의 넓은 공원으로 동료와 함께 이바노프를 일부러 불러내 피스톨로 그를 사살하고 부근에 있던 호수 안으로 던져 버렸다.

거의 이유 없는 살인이었다. 수일 후 시체는 발견되어 '도끼회'의 동지들은 차례차례 체포되었고 사건의 전모가 서서히 밝혀지게 되었다. 당시 드레스덴(Dresden)에 있던 도스토옙스키는 신문에 보도된 사건 기사를 매일같이 탐독했다. 『악령』의 작가가 흥미를 보일 만한 기괴하고 음침한 살인 사건이긴 했다.

재판은 이듬해에 이루어졌지만 수많은 여성들을 포함한 83명의 피고 가운데 6명이 시베리아 유배형, 27명이 징역을 선고받았다. 그러나 경찰은 사건의 장본인을 체포할 수 없었다. 네차예프는 교묘히 국경을 넘었고, 독일에서 다시 스위스로 잠입해 과거에 알고 지냈던 바쿠닌의 비호를 얻고자 했다.

그러나 네차예프의 강렬한 개성에 매료되어 항상 젊은 벗을 변호하던 입장에 섰던 바쿠닌도 점차 그의 괴팍한 행동에 의문을 품게 되었다. 사기나 배신이라 칭할 수 있는 행위가 너무나 두드러지기 시작했다. 이리하여 결국 노년의 아나키스트와 젊은 테러리스트는 관계를 끊고 절연 상태로 들어간다.

네차예프가 체포된 것은 1872년, 스위스의 취리히 교외에서였다. 경찰이나 정부는 이 광신적인 청년을 혁명운동의 거물이라고 판단했다. 즉시 본국으로 송환되어 이듬해 재판을 받아 25년의 금고형에 처해졌다. 제정 러시아 역사에 명성이 자자한 '페트로파블롭스크 요새(Peter and Paul Fortress)'에 있는, 알렉시스 반월형 보루라고 칭해지는 음울한 감옥에서 그는 살아 있는 채로 매장당하는 몸이 되었다.

부기 : 1972년 봄, 일본에서 연합적군의 린치 살인 사건이 보도되자 수많은 식자들은 즉시 100년 전의 네차예프 사건을 떠올렸다. 분명 양자 사이에는 공통점이 있는 것 같다는 기분이 들었을 것이다.

테러리스트의 활동

네차예프가 옥중에서 신음하고 있을 무렵 테러리즘의 물결은 점차 고조되어갔다. 세계가 드디어 네차예프의 과격한 사고방식에 근접해졌다. 엄격한 조직과 부동의 규율이 필요하다는 사실을 절실히 느끼기 시작한 혁명가들에게 그야말로 그는 선구자였다.

1870년 초엽, 혁명운동의 중심세력을 이룬 '차이콥스키단'은 아직은 민중주의를 기반으로 한 온건한 도덕적 운동이었다. 그러나

1876년 창립된 제2차 '토지와 자유당'은 이미 확실한 중앙집권적 조직으로 비밀 행동을 원칙으로 한 테러단이라는 색채를 강화시켰다.

정세가 급변한 것은 1878년 이후다. 이해 1월 24일, 일찍이 네차예프의 동지였던 27세의 젊은 여성 베라 자술리치(Vera Zasulich)는 페테르부르크 경시총감 트레포프 장군을 피스톨로 저격해 중상을 입혔다. 젊은 여성 혁명가의 일격이 유명한 러시아 테러리즘의 막을 열었다.

같은 해 4월 키예프대학 총장이 학교 안에서 암살되었다. 이로부터 며칠 후에는 헌병대의 한 장교가 같은 시의 시가지 한복판에서 사살되었다. 나아가 8월에는 페테르부르크에서 헌병대 장군이 세르게이 크라프친스키(Sergei Mikhailovich Kravchinskii)라는 혁명가에게 살해되었다.

다음 해(1879년) 2월에는 하리키우(Kharkiv, 러시아어로는 하리코프. 현재는 우크라이나-역주) 지사인 크로폿킨(Kropotkin) 공작이 치명상을 입었고, 3월에는 오데사(Odessa)에서 헌병대 연대장이, 모스크바에서 한 경관이 차례차례 살해되었다. 그리고 페테르부르크에서는 어떤 장군이 중상을 입기도 했다. 4월에는 키예프 지사가 폭행을 당했고, 아르한겔스크(Arkhangel'sk)에서는 경찰장관이 살해되었다.

피비린내 나는 폭풍이 불어오는 가운데 마침내 '토지와 자유당(Zemlya i Volya)'이 분열해 농민에 대한 선동을 주요 목표로 삼는 '검은 재분할(초르니페레델)'과 테러를 가장 중요한 투쟁 수단으로 삼는 '인민의 의지(나로드나야 볼랴)'가 새롭게 탄생했다. 신뢰할 수 있는 기록에 의하면 '인민의 의지'는 옥중에 있던 네차예프와 몰래 접선하면서 그를 탈주시킬 계획을 세웠다고 한다.

이선부터 네차예프는 요새의 간수들을 자기 편으로 회유해 옥중에서 비밀 조직을 만들고 있었다. 참으로 믿을 수 없는 이야기지만 그에게는 사람을 끌어당기는 신비로운 매력이 있어서 그에게 홀린 간수들은 맹목적 존경과 애정을 바쳤던 모양이다. 덕분에 수인들끼리 편지 교환을 하거나 신문을 읽거나 외부와 암호로 통신하는 것도 가능해졌다.

그 무렵(1881년) '인민의 의지'의 10명의 간부로 구성된 '실행위원회'는 황제(차르)에 대한 일곱 번째 암살 계획을 준비하고 있었다. 그때까지 여섯 번이나 계획했던 폭파 사건은 모두 실패로 끝났지만 유럽의 모든 도시에서 이런 대규모 암살단 뉴스는 이상하리만큼 주목을 받았다.

3월 1일 일요일, 예카테리닌스키 운하를 따라 조성된 길을 가던 알렉산드르 2세의 마차에 두 발의 폭탄이 던져졌다. 황제는 양다리가 날아가면서 그대로 기절했고, 얼마 지나지 않아 결국 사망했다. 마침내 암살이 성공했다. 사건의 주모자는 페테르부르크 지사의 딸로 아름다운 금발 머리의 소피아 페로브스카야(Sophia Perovskaya)였다. 그녀는 애인인 안드레이 젤랴보프와 함께 '인민의 의지'의 사실상의 지도자로 동료들에게 신뢰받고 있었다.

체포된 음모자 다섯 명에게 전원 사형이 선고되었다. 톨스토이나 철학자 세르게이 솔로비요프가 특사를 외쳤지만 이런 목소리는 받아들여지지 않았다. 사형은 1881년 4월 3일 집행되었다. 소피아는 빙긋 웃으며 애인과 함께 교수대에 올랐지만, 동료 중 한 명인 리사코프는 심문 도중 기절했고, 교수대에 끌려갈 때는 공포 때문에 거의 광란 상태였다고 한다. 소피아는 그를 경멸해서 그에게게만은 마지막 포옹을 하지 않았다.

이 사건 때문에 네차예프의 도망 계획은 수포로 돌아갔을 뿐만 아니라, 그는 어두침침한 지하 감옥으로 이송되어 이듬해 결국 괴혈병과 수종에 걸려 35세라는 젊은 나이로 옥사했다.

암살의 시대

참고로 테러가 빈번히 발생했던 것은 러시아 국내에서만이 아니었다. 당시 서유럽에서도 이미 사회주의자나 아나키스트의 불온한 활동이 시작되고 있었다.

앞서 나왔던 테러리즘 개막의 해인 1878년에는 독일 황제, 이탈리아 왕, 스페인 왕이 각각 습격당했다. 1879년에는 다시 스페인 왕이 저격의 대상이 되었다. 1883년에는 독일 황제가 중상을 입었다. 1887년에는 시카고에서 관헌의 도발로 이른바 헤이마켓 사건(Haymarket Affair)이 일어나 6명의 경찰관이 폭발로 사망했고 5명의 아나키스트가 처형당했다. 스페인 발렌시아에서도 무정부주의자들이

<그림 32> 오스트리아 황후 엘리자벳. 주네브의 레만호 부근에서 암살당한다.

노골적인 행동을 개시했다.

　1890년대에 들어오자 프랑스의 라바숄(Ravachol), 오귀스트 바이양(Auguste Vaillant) 등의 일당이 종종 공공 건축물이나 군사시설에 폭탄을 던져 마침내 대통령 카르노(Marie François Sadi Carnot)가 이탈리아의 무정부주의자 산타 카세리오에게 암살당하는 사건이 발생했다. 1898년에는 오스트리아 황후 엘리자벳이 역시 이탈리아의 무정부당 당원 루케니에게 암살당한다. 그리고 1901년에는 미국 대통령 윌리엄 매킨리(William McKinley)가 저격당한다. 일본에서도 1910년 대역 사건이 일어났다.

　러시아의 이후 동향에 대해서도 간단히 언급해보자.

　20세기에 들어오면서 허무주의의 광신적 행동은 잦아들고 개인적 테러리즘 대신 프롤레타리아 계급을 전위로 하는 조직적이고 이론적인 혁명 방법이 채용되기 시작한다. 유배형을 마친 레닌이 잡지『이스크라(Iskra)』를 발행하기 시작한 것은 1901년이었다. 그러나 과거 존재했던 '인민의 의지'의 테러리즘적 경향을 이어받은 잔당도 아직 명맥을 유지하고 있었다. 레닌의 운동과 대립하고 있던 '사회 혁명당'이 직접 행동기관으로 1905년 설립한 '투쟁 조직'은 이런 허무주의적 폭력주의의 마지막 연소였다고 할 수 있다.

1905년 러일전쟁이 패전으로 끝나면서 러시아 국내가 동요하는 와중에 이 '투쟁 조직'의 일원 사조노프는 반자유주의적 내무장관 뱌체슬라프 콘스탄티노비치 플레베를 살해했다. 나아가 칼리아예프는 세르게이 알렉산드로비치 대공을 암살했다. 조직의 지도자는 훗날 소설『창백한 말』이나 회상기『어느 테러리스트의 추억』등을 써서 세계적으로 유명해진 보리스 사빈코프(Boris Viktorovich Savinkov), 필명을 롭신(Ropshin)이라고 칭했던 사내다. 그는 일종의 괴물이었다. 혁명가 활동을 접은 후에도 케렌스키 내각의 육군차관이 되거나 10월 혁명 후에는 외국에서 혁명에 대항하는 음모를 주도하거나 무솔리니나 처칠과 소련에 반대하는 공격을 위한 특별회담을 한 적도 있다. 그야말로 파란만장한 국제적 거물 음모 테러리스트로 활약했다고 할 수 있다.

아울러 세르게이 대공 암살 사건을 배경으로 프랑스 작가 알베르 카뮈(Albert Camus)가『정의의 사람들』을 썼다는 사실이 널리 알려져 있다. 이 극의 주인공 칼리아예프는 실존 인물로 사건 당시 28세, '시인'이라는 별명으로 불리던 다정다감한 심성의 청년 테러리스트였다. 물론 그는 결국 교수형에 처해져 세상을 떠났다.

발칸 지방의 정치결사

근대 그리스의 '헤타이리아(Hetaeria, 그리스어로 협회라는 의미)'는 그 기원에 다양한 설이 있다. 나폴레옹이 처음으로 이탈리아전에 참여했을 때 그리스의 애국자 리가스 페레오스(Rígas Feraíos)가 창립했다는 설이 있는가 하면, 1814년 프리메이슨 회원이었던 파트모스(Patmos)섬 태생의 크산토스가 오데사에서 창립했다는 설도 있다. 또 다른 의견에 의하면 1812년 러시아 정부의 외교관이자 그리스 태생의 요아니스 안토니우스 카포디스트리아스(Ioannis Antoniou Kapodistrias)가 고국의 고대 문화 보존을 위해 창립한 동명(同名) 문화단체가 차츰 민족주의적 정치결사의 색채를 강화해나간 것이라고도 한다.

어느 쪽이든 19세기 초기에 생겨난 이 비밀결사는 튀르키예 지배로부터 조국을 해방시킬 목적으로 차츰 혁명적 비밀단체로 성장했다. 프리메이슨을 모방해 특유의 의식도 있었던 모양이다.

'헤타이리아'에 속한 그리스 독립운동의 지사로 반드시 기억해야 할 존재가 루마니아 귀족 가문 출신의 알렉산드로스 입실란티스(Alexandros Ypsilantis)이다. 그는 러시아로 가서 군인이 되었고, 나폴레옹과의 전쟁에서 공을 세우다 전장에서 한쪽 팔을 잃었다. 빈에 거주하는 젊은 동지를 규합해 러시아 정부의 원조를 받으면서 1821년 몰다비아(Moldavia)에서 튀르키예에 대한 반란을 일으켰다. 이에 호응해 동생 드미트리오스 입실란티스(Demetrios Ypsilantis)도 펠로폰네소스반도의 모레아(Morea)에서 반란을 지도해 튀르키예군을 크게 압박했다. 하지만 메테르니히(Klemens, Fürst von Metternich)의 간섭으로 러시아군이 발을 뺐기 때문에 혁명은 결국 실패로 끝났다.

불가리아나 마케도니아 지방에도 역시 튀르키예의 지배로부터 조국을 해방시키려 했던 혁명적 비밀단체 '코미타지스(Comitadjis)'가 있었는데, 여기서는 발칸반도에서 가장 유명한 세르비아의 흉포한 테러리스트 단체 '검은 손(흑수단)'에 대해 소개하고자 한다.

조직자는 '대(大) 세르비아주의'를 주창하는 광신적 군인 드라구틴 디미트리예비치(Dragutin Dimitrijević) 대령으로, 그는 '아피스'라는 별명으로 일반에게 널리 알려져 있다. 아피스 대령은 1903년 세르비아의 왕 알렉산드르와 왕비 드라가를 암살하려는 계획을 세우고 쿠데타를 성공시켜 감쪽같이 왕조를 교체했다. 그리고 새로운 왕조의 정보국 장관으로 임명되었고, 군대 내에서의 그의 세력은 절대적이었다. 이런 지위를 이용해 그는 재빨리 비밀조직의 기초를 강화해 세르비아 국내와 근린지방(오스트리아 통치하의 슬로베니아, 보스니아, 헤르체고비나)에 주로 군인이나 학생으로 구성된 수천 명의 광신적 당원을 확보했다.

아피스 대령의 원대한 착상은 세르비아를 중심으로 발칸 여러 지방을 병합한 거대한 슬라브 민족국가를 건설하는 데 있었다. 그는 보스니아에서 젊고 유능한 부하 블라디미르 가치노비치를 얻었는데, 이 사내는 스위스 로잔에 유학할 당시 망명 중의 러시아 혁명가 트로츠키(Leon Trotsky)나 루나차르스키(Anatoly Vasilyevich Lunacharsky)와 친교를 맺은 경력의 소유자였다.

우선 '검은 손(흑수단)'의 입사식에 대해 언급해보자. 상당히 시대착오적이고 연극적 요소가 다분했다.

신입당원은 보증인과 함께 실내로 들어와 다리가 하나인 테이블 앞에 선다. 테이블은 검은 천으로 덮여 있고, 양초의 불빛이 일렁거리며 주위를 밝혀준다. 그 위에 십자가, 단도, 피스톨이 놓여 있다. 이윽고 문이 열리면 중앙위원회 대표가 들어온다. 그는 검은 옷을 걸치고 머리 위로부터 완전히 두건을 뒤집어쓴 채 묵묵히 꼼짝도 하지 않고 서서 기다린다. 그러면 보증인이 대표 앞으로 가서 정해진 서약의 말을 복창한다. 신입당원은 그것을 한 마디씩 그대로 반복한다. 서약이 끝나면 신입자와 대표가 서로 포옹하고, 대표는 결국 한마디도 하지 않은 채 방을 나간다. 그리고 나서 신입자 서약서에 사인하고 등록번호를 수령한다. '검은 손(흑수단)'의 조직도 매우 독특하다. 각 세포는 달랑 3명의 당원으로 구성된다. 각자가 신입당원을 2명 획득하면 이번엔 그 두 사람과 한 조가 되어 새로운 세포를 만든다. 그러므로 중앙위원장 간부를 뺀 각 당원은 이전 세포의 멤버였던 두 동료와 새로운 세포의 멤버가 될 두 동료 이외에 다른 당원을 전혀 모르게 된다.

사령(司令)의 전달이나 연락에는 '검은 손(흑수단)' 표식이 있는 문서가 사용된다. 검은 손이 깃발을 쥐고 있는 디자인이다. 깃발에는 해골과 서로 교차한 두 개의 뼈다귀와 폭탄, 단도, 독약이 든 작은 병 그림이 있다. 애들 장난처럼 유치하고 우스꽝스러운 느낌이 들지 않나?

'검은 손'의 음모와 '우스타샤'

'검은 손(흑수단)'의 음모에 대해서는 오스트리아·헝가리 정부도 이를 몰랐을 뿐만 아니라 현지의 세르비아 경찰마저 거의 무지했던 모양이다. 손에 꼽을 수 있는 몇몇 광신도들의 모임이라고 생각해 그들은 신경을 쓰지 않았던 것으로 추정된다. 그러나 기실은 그런 존재들이 아니었다. 세계를 경악시켰던 아피스 대령의 한 방에 대해 아직도 그 진상을 모르는 사람이 있지 않을까.

그는 '검은 손(흑수단)'만의 힘으로는 설령 세르비아 군대의 지지를 얻었다고 해도 오스트리아·헝가리의 세력을 구축하는 것은 도저히 불가능할 것이라고 생각했다. 그래서 무슨 짓을 해서라도 유럽에 아주 커다란 전쟁을 일으켜 러시아와 세르비아 사이에 동맹을 맺어야 한다는 결론을 내리게 되었다. 사라예보의 암살은 세간에서 말하는 것처럼 광신자의 맹목적인 행동 따위가 결코 아니었다. 전쟁의 도화선에 불이 붙도록 치밀히 계산된 행동이었다.

사라예보의 암살 사건은 비밀결사 테러리즘 방식의 전형으로 여겨지기 때문에 약간 상세하게 그 상황에 대해 언급해보고 싶다(예를 들어 독자들은 케네디 암살 상황과 비교해보면 좋을 것이다). 오스트리아 지방 경찰은 황태자가 탄 차가 지나는 연도에 거의 경비다운 경비도 세워두지 않았다. 국가에 반감을 가진 민중이 여기저기 기웃거리고 다니는 것을 눈치 채지 못했던 것일까.

프란츠 페르디난트(Franz Ferdinand) 대공은 우선 첫 번째 위험을 피할 수 있었다. 즉, 오픈카 안으로 내던져진 커다란 장미 꽃다발에서 희미하게 가느다란 연기가 꿈틀거리며 피어 오르는 것을 보고, 그는 순간적으로 꽃다발을 집어 바깥으로 내던져버렸다. 꽃다발은 도로에 떨어지는 순간 폭발해서 수행하던 사람이나 구경꾼이 다수 부상했다. 대공은 위기일발의 상황에서 가까스로 목숨을 구했다.

이윽고 시청에서 리셉션을 마치고 다시 같은 차를 타고(이 얼마나 경솔한 일인가!) 돌아오게 되었다. 그런데 선두를 달리던 차가 잘못된 방향으로 향하더니 좁은 길로 들어섰다. 대공은 두 번째 차에 타고 있었는데 선두를 달리던 차를 쫓아가다가 뒤늦게 운전사가 방향이 다르다는 사실을 알아차리고 황급히 차를 돌리려고 했다. 잠깐 정차하던 사이에 행렬이 혼란스러워지기 시작했다. 이때 군중 속에서 대구경 피스톨을 든 팔뚝 하나가 대공 앞에 순식간에 다가왔다.

젊은 테러리스트는 지근거리에서 피스톨 탄환을 힘껏 쏘았다. 쓰러진 대공과 대공비의 몸에서 엄청난 양의 피가 솟구쳐 오픈카 좌석을 새빨갛게 물들이더니 급기야 자동차 문을 통해 지면으로까지 흘렀다. 즉시 왕궁으로 옮겨졌지만 대공 부부는 의식을 회복하지도 못한 채 그대로 절명하고 말았다.

범인은 19세의 세르비아 청년, 가브릴로 프린치프였다. 아직 사라예보 고등학교에 다니던 학생이었다. 두 명의 동지는 각각 카브리노비치와 구라베치였다. 아피스 대령은 고르고 고른 이 세 명의 열정적 내셔널리스트 청년들을 툴즈에 있는 한 호텔로 불러들여 면밀히 세워놓은 비책을 부여했다. 3인 1조의 세포는 이런 순간 그야말로 유용하다. 만약 카브리노비치가 던진 폭탄이 실패하면 프린치프가 피스톨을 쏘기로 되어 있었다. 그리고 모든 것들이 계획대로 흘러갔다.

세 청년은 시안화물(Cyanide) 환약을 삼켰으나 치사량에 미치지 못했기 때문에 그 자리에서 죽지 않았다. 재판이 진행되는 동안 그들은 모두 신념에 찬 의연한 태도를 유지했다. 그러나 프린치프는 재판관의 질문에 다음과 같이 답변했다. "나는 숙적 프란츠 페르디난트를 죽인 것에 대해서는 조금도 후회하지 않습니다. 하지만 아무런 죄도 없는 호엔베르크 공작부인(대공비)까지 이 일에 휩쓸리게 해버렸던 것에 대해서는 깊이 후회하고 있습니다."

세 사람 모두 아직 20세가 채 되지 않은 미성년자였기 때문에 사형 선고는 받을 수 없었다. 결국 20년 금고형을 선고받아 테레진슈타트 교도소에 수감되었고, 그곳에서 폐결핵을 앓았으며 제1차 세계대전 중 차례차례 죽어갔다. 사건 발생 며칠 후 체포된 또 다른 세 명의 '검은 손(흑수회)' 당원은 모두 미성년자가 아니었기 때문에 교수형에 처해졌다.

1912년부터 1914년까지 '검은 손(흑수단)'이 암살한 남녀의 숫자는 거의 120명에 달했다고 한다. 세르비아의 범슬라브주의에 반대하는 태도를 표명하면 무조건 처단했다.

1914년, 아피스 대령은 전쟁이 아직 끝나지 않았을 시점에 그의 '대(大) 세르비아주의'의 꿈이 실현되는 것을 보지도 못한 채 죽어야 했다. 그는 무모하게도 세르비아 국왕 페타르 1세(Petar I)와 알렉산다르 오브레노비치의 암살을 기도해 정부를 쓰러뜨린 후 직접 군사 독재정권을 수립할 생각이었는데 1916년 12월, 음모가 발각되어 체포당했다. 그는 결국 살로니카(Salonika)의 군법회의에서 대역죄를 선고받고 몇몇 동지들과 함께 총살당했다. 아이러니하게도 전쟁이 끝나자 세르비아를 중심으로 한 유고슬라비아 왕국이 실현되게 되었다.

그런데 이번엔 유고슬라비아의 지배를 달가워하지 않는 무리들이 등장했다. 세르비아를 싫어하는 크로아티아 민족주의자들이다. 그중에서도 광적인 민족운동 지도자 안테 파벨리치(Ante Pavelić)는 크로아티아 국가의 독립을 열망하며 1930년 무렵 민족주의적 혁명 비밀단체 '우스타샤(Ustaša)'를 창설했다. 온갖 종류의 테러와 음모를 조직적으로 이용한다는 점에서 이 단체는 '검은 손(흑수회)' 이상의 악랄함을 지니고 있었다.

결사에 들어오면 당원은 우선 비밀을 외부에 발설하기보다는 오히려 죽음을 선택할 것을 서약해야 한다. 격한 군사 교련도 받아야 한다. 사격 연습을 할 때 표적으로 사용되는 것은 유고슬라비아 국왕 알렉산다르 1세의 초상이다. 이리하여 세르비아에 대한 증오 정신이 철저히 주입된다.

마침내 '우스타샤'는 추축국(Axis Powers)에 접근해 무솔리니와 히틀러로부터 무기나 원조금을 받게 되었다. 1934년에는 마르세유에 상륙한 유고슬라비아 국왕을 사살했고, 국왕을 맞이하러 갔던 프랑스 외무장관 장 루이 바르투(Jean-Louis Barthou)마저 살해해버렸다. 1941년 독일군이 발칸반도를 석권하자 나치스와 파시스트의 강력한 지지를 얻어 안테 파벨리치는 새로운 국가 크로아티아의 사실상 독재자가 되었다. 사보이아(Savoia) 가문에서 맞이한 국왕은 이름뿐인 왕에 지나지 않았다.

추축국 측이 승리를 거두는 동안 '우스타샤'는 제 세상을 만나 절정기를 누리고 있었고 세르비아인을 학대함으로써 나라 전체에 공포의 씨앗을 뿌렸다. 그러나 마침내 요시프 브로즈 티토(Josip Broz Tito)가 조직한 인민해방군이 적군(赤軍, 구 소련의 정규군-역주)의 뒷받침을 받아 그들을 권력의 자리에서 끌어내린다. 전후의 전범 재판에서 안테 파벨리치는 결석 상태에서 사형을 선고받았는데 오스트리아로 도망갔다가 로마를 거쳐 1945년 아르헨티나로 망명했다. 현재도 그는 살아 있으며(이 책의 초판 당시에는 생존 중이었으나 1959년에 사망함-역주) 아르헨티나에서 망명자 정부를 수립하고 있다.

파벨리치라는 인물에 대해 이탈리아의 작가 쿠르치오 말라파르테(Curzio Malaparte)가 기괴한 내용을 보고하고 있기 때문에 참고하길 바라며 써둔다.

전쟁 중 크로아티아 독재자의 데스크 위에 수양버들 가지로 짠 바구니가 놓여 있어서 우연히 동석 중이던 작가가 그 바구니의 뚜껑을 살짝 들어올려 "달마치아 지방의 특산물인 굴입니까?"라고 물었다. 그러자 파벨리치는 "아니"라고 대답했다고 한다. "나의 충직한 우스타샤 당원들의 선물입니다. 20kg의 인간의 눈알입니다!"

부기 : 현재도 '우스타샤'는 유고의 티토 정권 아래서 크로아티아 분리운동을 계속하고 있다. 1972년 9월 스웨덴에서 스칸디나비아항공 여객기를 납치해 감옥에 갇혀 있던 동지의 석방과 50만 크로네(Krone, 덴마크와 노르웨이의 화폐단위-역주)의 몸값을 요구하고 이것을 손에 넣어 마드리드로 도망친 사건이 발생했다. 경악스러운 비행기 납치 사건을 성공시킨 유고의 반공 과격파 그룹이 바로 '우스타샤'의 일당이다.

쿠클럭스클랜(KKK)과 기타 비밀결사

<그림 33> 비밀 엄수 서약에 사인하는 쿠클럭스클랜(KKK) 단원.

쿠클럭스클랜(KKK)의 기원과 창립

마거릿 미첼(Margaret Mitchell)의 『바람과 함께 사라지다』를 읽은 분이라면 작품 안에 무시무시한 비밀결사 쿠클럭스클랜(KKK)의 이름이 나온다는 사실을 떠올릴 것이다. 이 단체는 남북전쟁을 전후로 한 시기인 1866년에 발족되었다. 미국 남부의 여러 주가 패배하자 북부 연맹 군대가 남부를 점령하게 되면서 흑인이 해방되었고 시민권을 부여받았다. 그런 와중에 과거 백인 지도자가 선거권을 빼앗기게 되자 이런 조치에 불만을 품은 남부 연맹의 군인 출신 일부가 백인 우위의 전통을 회복하고 잃어버린 그들의 정치적, 사회적 특권을 되찾기 위해 테네시주 내슈빌에서 '보이지 않는 남부제국'이라는 비밀결사를 조직했다. 이것이 일반적으로 쿠클럭스클랜(KKK)이라는 이름으로 알려진 백인 우월(흑인 배척) 비밀단체다.

쿠클럭스클랜(KKK)이라는 기묘한 명칭은 일설에 의하면 의성어로 구식 라이플 총에 탄환을 장착시킬 때 나는 소리에 기인한다고 한다. 또 다른 설에 의하면 그리스어의 쿠클로스(Kuklos, 동료)와 켈트어 클랜(Clan, 씨족)에서 왔다고도 한다. 어느 것도 확정적인 증거는 없다.

클랜의 최초의 단원들에게는 무익하고 피비린내 나는 잔학 행위를 저지를 의지가 없었던 것으로 여겨진다. 그들의 목적은 그저 흑인들에게 공포심을 갖게 해 그들의 무례하고 주제 넘는 행동거지에 일침을 가하겠다는 선에 머무르고 있었다. 당시 대다수가 문맹 상태에 있던 노예 출신의 흑인들은 극단적으로 미신에 의지했기 때문에 흑인들을 속이는 것은 식은 죽 먹기였다. 눈과 입에 구멍이 뚫린 흰 두건을 뒤집어쓰고 횃불을 치켜든 기이한 차림새의 기마행렬은 흑인들을 공포의 도가니로 밀어넣기에 충분했다. 한밤중에 모닥불을 피우고 모여 있는 단원들을 흑인들은 필시 유령일 거라고 믿었다. 유령이 자신의 머리를 자기 손으로 제거하는 장면을 흑인들은 보았다. 또한 물을 달라는 유령에게 흑인이 물을 주자 끝없이 물을 마시는 것이었다. 흑인들은 경악했다. 실은 외투 아래 가죽 주머니가 숨겨져 있었다.

그러나 결국 이 천진난만한 마술이나 가면 행렬이 불행한 유색인종에 대한 잔인한 린치나 방화, 살인이나 약탈 등으로 발전했다. 클랜의 단원들은 제복을 입고 도로를 순찰했으며, 그들이 정해둔 시각 이후에 만나는 흑인을 가죽 채찍으로 흠씬 때렸다. 또한 투표권을 행사하는 흑인이나 흑인에게 동정적인 백인들에게도 협박을 가했다. 결국 연방정부도 문제의 심각성을 인지하기 시작하면서 쿠클럭스클랜(KKK)에 관한 사문(査問)위원회가 의회에 설치되었고, 1871년에 이 단체의 해산 법안이 의결되었다.

하지만 이 단체가 해산을 단행했던 것은 우선 사회 정세가 변했기 때문이기도 했다. 남북전쟁 이후 몇 년이 흐르자 연방정부의 남부 과거 지도자층에 대한 타협이 눈에 띄기 시작했고, 선거법이 개정되어 흑인의 참정권은 다시 박탈되었다. 그리고 백인은 이전의 경제적, 사회적, 정치적 우월성을 되찾았고 과거의 지배권을 서서히 부활시키던 와중이었다. 따라서 클랜처럼 비합법 기관의 활동은 더이상 불필요하게 되었다.

쿠클럭스클랜의 부활

1901년 조지아주 애틀랜타에서 태어난 당시 20세의 청년 윌리엄 조지프 시먼스는 어느 날 밤 신기한 환상을 보았다. 하얀 복장으로 말을 탄 유령 같은 전사들이 그의 앞을 지나갔다. 그는 무릎을 꿇고 쿠클럭스클랜(KKK)의 재건을 신에게 맹세했다.

시먼스는 육척 장신의 거구에 광신적인 몽상이면서도 실천활동가로서의 소질도 다분히 갖춘 인물이었다. 1915년 감리교 교회의 목사가 된 그는 백인 우월주의 사상을 위해 싸울 것을 결의한 후 마스크를 뒤집어쓴 34명의 청년들과 함께 애틀랜타 근처의 언덕 위에 클랜의 상징인 '불타는 십자가'를 세웠다. 철로 된 거대한 십자가에 기름을 붓고 불을 낸 것이다. 십수 년 전의 그의 꿈은 이렇게 실현되었고, 40년 이전에 이미 멸망했던 클랜은 이렇게 부활하게 되었다.

이미 남부에서는 유명한 인종 분리 법안이 제정되어 흑인의 정치활동은 전면적으로 금지되고 있었다. 이런 정세하에서 부활한 클랜의 활동은 자연히 이전의 그것과는 목적을 달리하고 있었다. 즉 처음부터 광신적인 민족주의적, 전체주의적 이데올로기를 위한 조직이었다. 남부에서의 흑인 지위를 끌어내리고 백인의 우월성을 확보하기 위해 싸우는 것만이 목적은 아니었다. 남부만이 아니라 북부에서도 이른바 '100% 아메리카니즘' 철학이 승리할 수 있어야 한다는 것이 궁극적 목표였다. 좀 더 정확하게 말하자면 흑인 배척만이 아니라 모든 외국 세력의 배척을 목적으로 삼았다. 유대인이나 가톨릭 교도, 사회주의자, 볼셰비키도 그들의 적이었다.

가톨릭 교도에 대항해 그들은 과거 미국의 프로테스탄트 정신을 옹호했다. 유대인의 독점자본에 대항해 그들은 경제적 자유기업을 주장했다. 라틴제국 사람들의 이민에 대해서는 입국 금지나 미국인의 독립을 요구했다. 이런 강령들은 어떤 측면에서 보면 유럽의 파시즘이 가지고 있는 그것과 비슷하다고도 할 수 있었고, 당시 미국에 거주하던 중산계급의 편견에 아첨하는 측면이 강했다. 제1차 세계대전 이후의 공황으로 사회 불안이 이어지던 와중에, 민중은 미국의 쇄국정책이나 경제적 독점 금지를 원하고 있었다. 이런 풍조에 편승해 클랜은 프티부르주아 상인들 사이에 엄청난 지지자들을 확보해 고작 몇 년 사이에 눈부신 발전을 거두게 되었다.

특히 교묘한 선전 활동을 벌여 클랜의 이름을 떨쳤던 것은 에드워드 영 클라크(Edward Young Clarke)와 메리 엘리자베스 타일러(Mary Elizabeth Tyler, 그녀는 특별히 가입이 인정된 부인단원이었다)였다. 그들은 가입을 권유하는 단원을 전국에 파견해 열정적으로 단원을 모집했다. 권유를 맡은 단원은 확보한 신입자의 입회금 액수에 따라 급여를 받았다. 노련한 권유원은 그 시절 돈으로 1년에 수천 달러의 수입을 얻는 자도 있었다. 가입자는 이윽고 100만 명에 달했고(1922년), 곧바로 400만 명 이상(1925년)을 헤아리기에 이르렀다. 1924년에는 단원 가운데 다수의 상원의원이 나왔다.

단원의 확충과 함께 막대한 돈이 결사의 금고에 굴러들어오게 되었다. 입회금 외에도 의상이나 두건을 판 매상금이 주요 자금원이 되었다. 조지아주에 설립된 '게이트 시티 제조회사'라는 직속 회사가 클랜의 의상을 독점 판매하고 있었는데, 원가가 겨우 2달러인 물건을 6달러 50센트에 팔고 있었다. 이 외에 미심쩍은 경로로 들어오는 돈도 있었다. 악덕 정치가나 관리가 돈다발로 클랜의 추천장을 손에 넣었다. 간부 단원은 더할 나위 없이 사치스러운 생활을 누리고 있었고, 수령인 시먼스는 애틀란타에 2만 5,000달러의 비용을 들여 '제왕의 궁전'을 구축했다.

쿠클럭스클랜의 의식과 테러 행위

클랜은 '보이지 않는 남부제국'이라는 별명으로 칭해졌다. 제국은 휘하에 몇 개나 되는 '왕국(각 주와 거의 일치한다)'으로 나누어졌고 심지어 그 아래 '클랜턴', 또 그 아래 '지부(클래번)' 혹은 '동굴(덴)'로 나뉘어 있었다. 위계제도도 복잡해서 '기사' 위에 '대(大) 사이클롭스', '대(大) 타이탄', '대(大) 자이언트', '대(大) 드래곤', 그리고 '클래드', '클랭', '클

<그림 34> 클로랑(Kloran) 혹은 '백(白)의 서(書)'

랙스터', '클로칸', '클라리프', '클로카드' 등 각각 K를 두문자로 하는 위계가 있었다. 최고 수령은 '왕국의 마술사(Imperial Wizard)'라고 칭해졌다.

1922년에는 '쿠클럭스클랜(KKK)의 부인부'가 창립되어 신비적 경향을 강화시켜갔다. 의식도 복잡해지면서 더욱 거창해졌다.

입사식은 야간에 이루어지는데 이를 '위대한 밤'이라고 칭했다. 언덕 위에 철제 십자가를 세워놓고 기름을 부어 불을 붙인다. 제단 위에는 성서, 미국 국기(성조기), 단검 따위를 올려둔다. 의식은 100명 정도 되는 신입자를 모아 한꺼번에 진행한다. 의식이 끝나면 일동은 복면을 뒤집어쓴 차림새로 행렬을 지어 근처 마을을 돈다. 검지손가락 하나를 입술에 대는 사인은 비밀 엄수의 서약을 의미한다. 오른손으로 자신의 목을 자르는 시늉을 하는 것은 동료를 배신한 단원의 목이 날아간다는 것을 보여주기 위한 사인이다. 천진난

만한 미국인은 이런 신비스러운 의식이나 화려한 집단 활동에 진심
으로 현혹되었다.

　그러나 유감스럽게도 클랜의 활동은 죄 없는 가면 행렬이나 축제
로 끝나지 않았다. 1922년 텍사스주에서만 500명 이상의 폭행·상해
사건이 발생했다. 1923년에는 오클라호마주에서 2,300번의 린치
사건이 일어났다. 반항적인 흑인이나 그들에 대한 동조자를 대상으
로 클랜은 다음과 같은 협박장을 보냈다. "너는 달갑지 않은 인물이
다. 당장 떠나라." 그리고 만약 그가 시키는 대로 하지 않으면 명령
에 따라 징벌대가 파견되어 온갖 폭행을 가했다. 유명한 '타르를 칠
하고 깃털을 붙이는 엄벌(Tar and Feather)'이라는 형벌은 전신에 녹
인 타르를 쏟아 붓고 닭털 위에 구르게 한 후 사람들의 구경거리로
만드는 린치다. 좀 더 가혹한 것은 안에 사람을 가둔 채 집에 불을
지르거나 산성액을 이용해 낙인을 찍거나 손발을 절단하는 형벌이
었다.

　얼마 지나지 않아 여론이나 신문이 앞다투어 지나친 클랜의 가혹
행위를 공격하기 시작했다. 언론계의 공격에 답해 클랜은 "법정에
나가도 단체의 명예를 지킬 결의가 존재한다"라고 선언했는데, 이
미 이 무렵에 '보이지 않는 제국'의 권위는 실추하고 있었다. 원인은
폭력 행위나 부정 이득뿐 아니라 단체 내부 지도자 간의 추악한 다
툼에 있었다. 때로는 우스꽝스러울 정도로 극심했다. 1923년 시먼
스는 음모에 의해 최고수령의 특권을 30만 달러에 히람 웨슬리 에
번스(Hiram Wesley Evans)라는 사내(원래 치과의사였다)에게 팔아야 할

<그림 35> 쿠클럭스클랜(KKK)의 행렬

입장에 내몰렸다. 명명백백하게 노출된 내부 부패, 100만 달러에 가까운 자본 횡령 등이 미국 국민의 지지를 완전히 상실하게 만들었다.

연방정부도 미국 민주주의를 해치는 위험천만한 파시스트 단체에 엄한 태도로 임하게 되었다. 사람들이 보복을 두려워했기 때문에 클랜의 범죄에 대한 증거 조사작업은 대단한 어려움이 동반되었다. 그러나 미국 연방수사국(FBI)은 마침내 단체를 북부에서 쫓아내 그들을 남부로 내모는 데 성공했다. 뉴욕주에서는 1928년 비밀결사를 금지하는 법률이 통과되어 모든 단체는 멤버들의 리스트를 제공해야 하는 것으로 바뀌었다. 1930년 이후 쿠클럭스클랜(KKK)은 점점 사람들의 입에 오르내리지 않게 되었다.

맬컴 엑스의 암살

제2차 세계대전 이후 FBI의 적발이나 여론의 반대에 부딪혀 클랜은 점차 쇠퇴해갔다. 하지만 그런 상황에서도 여전히 차별 감정이 극심한 앨라배마주나 조지아주, 미시시피주에서 매년 정기적으로 흑인에 대한 린치 사건이 일어나고 있었다. 야간에 흑인들이 모인 가톨릭교회나 시나고그(유대교회당)를 습격해 피로 얼룩진 집단적 린치가 가해진 일이 한두 번이 아니었다.

인종 차별 반대운동이 기세를 더해가며 유명한 영화배우도 참가했던 워싱턴 대행진(1963년) 같은 데모가 시끌벅적하게 행해지면, 반드시 반동적으로 쿠클럭스클랜(KKK)의 보복적 움직임이 신문에 전해진다. 1965년을 기준으로 클랜의 최고수령은 로버트 셸턴(Robert Shelton)이라는 정력적인 사내였다. 1947년 공군에 입대해 독일로 간 그는 하얀 살결을 가진 독일 여성이 흑인과 나뒹구는 장면을 본 다음 피치 못하게 이 조직에 뛰어들었노라고 말한다. 놀랄 사실은 과거 나치 당원까지도 이 조직과 연락을 유지하고 있다는 사실이다. 마치 살아 있는 망령을 보는 것이나 마찬가지가 아닐까?

그런데 이런 반동 세력의 공격에 대해 똑같이 폭력으로 맞서려고 했던 흑인 중심 조직이 있다는 점을 언급해두고 싶다. 1965년 2월에 암살당한 맬컴 엑스(Malcolm X)가 창립한 '아프로·아메리카통일조직(OAAU)' 등이 그것이다.

"쿠클럭스클랜(KKK)이나 화이트 카운슬(White Council)이 존재하는 한, 나는 폭력 사상을 버릴 수 없다. 그들이 완전히 근절된다면 나 역시 비폭력주의자가 될 것이다"라고 명확히 밝힌 맬컴 엑스는 1925년 네브래스카주에서 목사의 아들로 태어났다. 어린 시절부터 인종 차별 박해에 고통을 받았으며, 아버지를 잃고 일가가 풍비박산되는 불행을 겪었던 그는 마침내 뉴욕에서 불량 청소년 무리에 섞여 술과 마약, 여자에 빠져 결국 강도 행각을 벌이다 교도소로 보내졌다. 그러나 형기를 마치고 나왔을 때 그는 심기일전하여 흑인들을 위한 새로운 종교를 설파하는 엘리야 무함마드(일라이자 무하마드, Elijah Muḥammad)의 '블랙 무슬림(Black Muslims, 흑인 회교도)' 운동에 가담했다. 그리고 1950년대가 끝나갈 무렵 그는 무함마드 다음으로 가장 유능한 조직 지도자가 되어 있었다.

맬컴 엑스의 'X'는 무슬림 단원 특유의 호칭이다. 즉, 이 종교는 가족의 이름을 노예의 이름이라고 간주해 기피하며, 혹독한 시험을 거친 후 비로소 당당한 무슬림이 되었을 때 그 퍼스트 네임 뒤에 X 문자를 부가했다. 블랙 무슬림은 모든 백인을 '하얀 악마'라고 불렀다. 이윽고 악마가 죽고 흑인이 지배하는 세계가 도래한다는 묵시록적 신앙을 품고 있는 종교단체였다. 시카고를 근거지로 뉴욕을 비롯한 북부 도시의 흑인들 사이에 뿌리 깊은 기반을 가지고 있었다.

맬컴 엑스는 처음엔 이 조직의 최고 권력자 무함마드에게 절대적 충성을 바치고 있었다. 하지만 케네디 암살 사건을 계기로 그와 대립하게 되면서 결국 무슬림으로부터 분열되었다고 한다. 미온적 비폭력 사상에 불만을 품게 되었기 때문이었다. 1964년 3월 맬컴 엑스는 새롭게 '아프로·아메리카통일조직(OAAU)'을 만들어 뉴욕의 흑인 거리 할렘에 그 본거지를 두었다. 맬컴 엑스를 추종하는 젊은 무슬림 청년의 숫자는 적지 않았고, 엘리야 무함마드의 두 아들도 아버지의 조직을 벗어났다. 비폭력주의자의 위선을 철저히 비난하는 그의 사자후는 흑인 하층민중의 내면 깊숙이까지 송두리째 뒤흔들어놓을 만한 힘을 갖추고 있었다. 그들은 열광적으로 맬컴 엑스의 연설을 들었다.

맬컴 엑스 암살의 배후 관계는 아직 확실하지 않다. 그는 뉴욕의 어느 연설회장에서 흑인 대중을 상대로 이야기를 시작하는 순간 피스톨에 의해 사살되었다. 일설에 의하면 암살자를 보낸 사람은 과거의 동지였던 엘리야 무함마드라고 한다. 그러나 당사자는 당연히 이런 소문을 부정하고 있다. 또한 쿠클럭스클랜(KKK)도 "우리는 이번 암살 사건과는 아무런 관계가 없다"라고 성명을 발표했다.

부기 : 내가 『비밀결사 수첩』을 썼을 당시엔 아직 블랙 파워의 활동은 오늘날의 단계에 도달하지 못한 상태였다. 따라서 여기서는 블랙팬서당(Black Panther Party, 흑표당)의 이름도, 스토클리 카마이클(Stokely Carmichael)이라는 이름도 인용하지 않았다.

히틀러와 툴레협회

히틀러가 점성술에 지대한 관심을 가지고 있었다는 소문에는 그다지 믿음이 가지 않지만, 국가사회주의 이데올로기 형성에 잡다한 신비주의적 사상이 영향을 끼쳤다는 점은 의심할 여지가 없다.

나치의 오랜 동지 중에는 알프레트 로젠베르크(Alfred Rosenberg)처럼 고대 게르만 민족의 종교를 열광적으로 찬미하면서 독일 국교로 새로운 그리스도 교회의 확립을 꿈꾸는 학자 성향의 사내도 있었고, 중세 독일의 튜턴 기사단(Deutscher Orden)의 정신적 유산상속인을 자처하는 로맨틱한 영웅 숭배적 기질을 가진 사람도 있었다.

그러나 여기서 특히 다뤄보고 싶은 것은 히틀러와 그의 최초의 동료들에게 정신적으로 지대한 영향을 끼쳤다고 믿어지고 있는 신비스러운 마술사 에릭 얀 하누센(Erik Jan Hanussen)이다. 이 인물에 대해서는 그다지 알려져 있지 않지만 프랑스의 자크 베르제(Jacques Bergier)와 루이 보웰의 탁월한 연구서가 존재한다.

하누센은 1933년 베를린에서 최면술이나 텔레파시, 투시 등의 공개 강좌를 열고 있었다. 제자들이 너무 많아 그의 방은 언제나 제자들로 북적거렸다. 하지만 그의 야심은 그저 이런 식으로 자신의 재능을 드러내는 것에서 그치지 않았다. 1929년 이후 그는 '툴레협회(Thule-Gesellschaft)'라고 일컬어지는 신비학 방면의 결사를 스스로 지도했다. 그보다 이전에 있었던 지도자는 하우스호퍼(Karl Ernst Haushofer)라는 사내였는데, 그는 저명한 신비학 대가 구르지예프

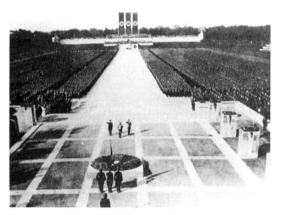

<그림 36> 뉘른베르크의 나치스당 대회

(George Ivanovich Gurdjieff)의 직계 제자다. 아돌프 히틀러만이 아니라 그의 친구인 히믈러(Heinrich Luitpold Himmler)도, 헤르만 괴링(Hermann Göring)도, 훗날 히틀러의 주치의가 된 테오도어 길베르트 모렐(Theodor Gilbert Morell)도 모두 툴레협회에 속해 있었다. 여기에서는 아리아 인종에 어울리는 입사식이나 특유의 생활양식이 요구되었다고 한다.

기존 문화나 모럴을 역전시켜 새로운 시대의 도래를 상징하기 위해 하우스호퍼는 새로운 문양을 채용했다. 그는 인도에서 전해 내려오던 종교적 상징물인 만(卍)이라는 글자를 뒤집어놓은 형태를 툴레협회의 문양으로 채용했다. 이것이 훗날 나치스의 휘장이 된 '갈고리 십자가'다.

마술사 하누센 본인은 제자들에게 스스로의 정신을 집중하는 기술, 내면의 잠재적 심적 능력을 단계적으로 통제하는 기술, 그리고 상대방에 암시를 걸어 집단적 최면 현상을 이끌어내는 기술을 가르쳤다고 한다. 히틀러가 그 유명한 사자후로 이 기술을 충분히 활용했다는 사실을 상기하면 된다.

하누센은 베를린 리첸부르크 거리에 호화스러운 '신비학관'을 세우고 그곳에 있던 넓은 사무실에서 수많은 방문객을 상대하고 있었다. 왕좌를 연상케 하는 의자에 앉아 있는 그의 머리 위로 작고 동그란 구멍이 벽 안쪽으로 파여 있어 거기로부터 아래를 향해 빛이 쏟아지고 있었다. 이 때문에 그의 머리에 마치 신비스러운 후광이 비치는 것처럼 보였다. 방문자의 주의를 끌기 위해 하누센은 자신의 의자 좌우로 크고 작은 두 개의 발광체 지구의를 놓아두었다. 작은 쪽은 촛대로, 큰 쪽은 잉크병으로 지탱되고 있었다.

나치당의 권력 탈취를 위해 계획된 유명한 국회의사당 방화 사건은 이런 하누센의 아이디어였다고 한다. 심지어 그는 이 계획을 사교계에서 마치 예언이라도 하듯 문득 흘렸기 때문에 비극적인 죽음을 맞을 수밖에 없었다. 1933년 라인 지방의 솔숲에서 그 지역 나무꾼들에 의해 시체 하나가 발견되었다. 야수들에게 물어 뜯겨 무참한 상태로 방치된 시체였다. 베를린 사법경찰이 확인한 바에 의하면 시체는 며칠 전부터 숲속에 방치되어 있었던 것으로 보였다. 단, 신원은 결국 확인되지 않았다. 신문은 행방불명이 된 하누센일 가능성이 있다고 보도했다. 그 후 이 사건은 잊혀졌다.

히틀러의 친위대 '슈츠슈타펠(SS)'이 히틀러 자신의 머릿속에서 옛 독일 기사단의 부활을 의미했다는 점은 틀림없는 사실일 것이다. 분명 그런 측면이 없지 않다. 친위대에는 입사식도 있었고 선서도 존재했기 때문이다. 매년 9월에 개최된 뉘른베르크 당 대회는 마치 의식을 치르는 것처럼 연출되는 제전 형태를 취했다.

앨런 벌록(Alan Bullock, 영국의 역사가-역주)은 다음과 같이 쓰고 있다. "오늘날에도 뉘른베르크 대회의 영화를 보면 수천 명에 이르는 인간들의 질서 정연한 행진, 대규모 악대가 연주하는 악기 소리, 빼곡하게 서 있는 다양한 깃발, 경기장의 장대한 조망, 뜨겁게 불타오르는 횃불, 밤하늘에 돔 구장 형태를 선명하게 비춰주는 서치라이트, 이런 모든 것들이 자아내는 최면술 같은 효과에 새삼 마음을 빼앗겨버리게 된다. 권력적이고 힘과 단결이 갖춰진 그 느낌은 도저히 저항이 불가능한 것으로 느껴진다. 모든 것은 점차 고조되는 흥분과 함께 총통이 직접 자태를 드러내는 순간으로 집중되었다."

히틀러와 나치당의 신화라는 악몽 같은 기억은 아직 완전히 불식되지 못했다. 뒤처리가 완전히 끝나려면 아직 몇 세대를 기다려야 할 것이다.

프랑스 우익

1936년 5월 프랑스에서 인민전선이 승리하자 우익 사이에서 공산당 대두에 대한 불안감이 급속히 꿈틀대기 시작했다. 기존에 있었던 '악시옹 프랑세즈(Action Française, 프랑스의 행동이라는 뜻으로 반공화주의 단체이자 이들이 발행한 신문명-역주)'를 비롯해 프랑수아 드 라 로크(François de La Rocque, 프랑스의 극우 정치인-역주)가 이끄는 '불의 십자단', 코티주의라고 일컬어지는 '라 솔리다리테 프랑세즈(La Solidarité française, 솔리다리테[Solidarité]는 '연대'를 뜻하는 프랑스어-역주)', '국민의 의지단', '라 카굴(La Cagoule)' 등 각종 파시스트 단체가 이 시기에 잇따라 결성되었다.

가장 오랜 전통을 자랑하는 '악시옹 프랑세즈'는 1898년 드레퓌스 사건에 즈음하여 생겨나 20세기 초반까지 그 지도자를 모조리 왕당파로 전향시켜 프랑스 전통 옹호의 일대 방어벽 역할을 담당했다. 문학자로 명성이 자자한 샤를 모라스(Charles Maurras), 모리스 바레스(Maurice Barrès) 등은 이 진영의 논객이었다. 1908년 '악시옹 프랑세즈'의 기관지는 월 2회 발행하는 초기 버전의 소책자에서 앙리 보주아(Henri Vaugeois)를 주필로 하는 일간신문으로 거듭났다. 이 그룹의 친위대로 성장한 유명한 '왕의 하수인들(일명 카믈로를 지칭하는 것으로 보임-역주)'이 각 가구마다 이를 팔러 다녔다.

그러나 우익단체들 중에서 폭력주의를 가장 노골적으로 드러낸 것은 제1차 세계대전의 공로자, 이공과대학 출신의 기사 외젠 들롱클(Eugène Deloncle)에 의해 조직된 초국가주의 단체 '라 카굴(La Cagoule)'단이었다. 군대식 조직에 의해 공화주의 정치 체제를 전복시키고 우익 독재정권을 수립하려 했던 과격한 지하운동이었다. 이 단체 지도자 중 한 사람인 뒤세느르 장군의 음모로 풍부한 자금원을 확보함과 동시에 무기와 탄약을 모아 프랑스 전역에 무장 봉기 거점을 만들었던 것으로 추정된다.

마치 히틀러의 국회 방화 사건처럼 들롱클 일당도 세간을 떠들썩하게 만들 사건을 일으켜 그 책임을 공산당에게 덮어씌우려고 했다. 특히 부르주아 조직을 겨냥하면 세간에서 틀림없이 공산당의 음모로 해석할 거라고 계산했다.

1937년 9월 11일 미쉐린 고무공장의 기사였던 라 카굴 단원 로큐티는 당시의 공업자본주의의 2대 아성이라고 칭해지던 '금속공업 그룹'과 '프랑스 경영자 총연맹' 사무소를 다이나마이트로 날려버렸다. 그러나 음모자들의 예상이 맞아떨어지지는 않았다. 경찰은 공산당원을 추적하지 않고 사건의 진짜 범인이 누구인지 쉽사리 냄새를 맡았다. 음모는 발각되었고 다수의 라 카굴 단원들이 체포되었다. 제2차 세계대전이 시작되기 직전, 한동안 파리에서는 정체를 파악하기 어려운 라 카굴에 대한 소문으로 몸살을 앓았다.

라 카굴단 사건에 대한 재판은 전쟁과 점령으로 말미암아 지체되었다가 전후 1948년이 되어서야 비로소 행해졌다.

점령 기간 동안 라 카굴 단원들의 정치적 움직임은 제각각이었다. 어떤 사람은 드골 장군의 '자유 프랑스'와 연결되었고, 어떤 사람은 독일에 협력하는 시늉을 했다. 과거 지도자였던 들롱클은 일단 점령군에게 협력하는 모양새를 취했지만 결국 거짓이 간파되어 1943년 게슈타포에게 참살당했다고 한다.

일본의 소설가 요코미쓰 리이치(橫光利一)의 『유럽기행(歐洲紀行)』의 1936년 4월 26일 부분에 다음과 같은 관찰 기록이 남아 있다. "프랑스 좌익은 일본의 우익처럼 그 세력을 정부 안에 가지고 있기 때문에 압박을 계속 받는 쪽은 우익이다. 프랑스에서 좌익으로 전향하는 것은 마치 일본에서 우경화하는 것처럼 쉬운 노릇이라는 것을 처음으로 알게 되었다."

트로츠키스트 그룹

볼셰비키당이 분열하고 스탈린파가 승리하면서 트로츠키즘(Trotskyism)과 다수의 분파가 생겨난 것은 주지의 사실이다. 트로츠키주의의 사상 체계는 다음과 같은 두 가지를 기본적인 테제로 삼아 수립된다. 첫째, 세계 평화는 배반당했다는 관념, 두 번째는 마르크스와 레닌의 사상을 이어받은 정통파는 트로츠키즘이라는 관념이었다.

그러나 문학적으로나 정서적으로는 패배한 영구 혁명의 비밀결사라는 표현이 딱 맞아떨어진다. 다시 권력을 장악할 희망을 상실

<그림 37> 멕시코에서 함께한 브르통과 트로츠키.

한 트로츠키주의자들은 멕시코, 덴마크, 중국, 동유럽, 프랑스로 뿔뿔이 흩어져갔다. 그리고 그곳에서 많든 적든 혁명적이고 잡다한 형태의 정치운동의 이론적 중심이 되었다. 어떤 사람은 아방가르드 예술운동과 연결되었고, 어떤 사람은 니힐리즘 철학에 몰입했으며, 어떤 사람은 스탈린이 구축한 성과에 대한 혹독한 비판에 골몰했다. 아울러 트로츠키스트는 종종 아나키스트와 혼동된다.

그들의 음모는 특정한 정치·사회 체제를 변혁한다기보다는 오히려 무상의 순수한 행위, 예술적 행위에 가깝다고 말할 수 있다. 그런 의미에서 초현실주의(쉬르리얼리즘, Surrealism)가 트로츠키즘과 손을 잡았다는 사실은 결코 우연이 아니다. 쉬르리얼리즘의 창시자인 시인 앙드레 브르통은 1938년 멕시코로 건너가 망명 중이던 트로츠키와 화가 디에고 리베라(Diego Rivera)와 함께 '독립혁명의 예술국제연맹(독자적 혁명예술연맹)'이라는 것을 설립했다. 유고슬라비아의 국가원수 티토의 각료 중에도 과거 트로츠키즘이나 쉬르리얼리즘에 경도되었던 사람들이 있었다고 전해진다.

범죄적 결사와 기타 결사

<그림 38> 라스푸틴

'기적의 정원'의 전통

유행하는 범죄소설이나 영화 덕분에 우리는 하층사회의 암흑가라는 것에 익히 친숙하다. 왕년의 프랑스 영화 《망향》(원제 Pépé le Moko-역주)에 나오는 알제리의 카스바 거리 등은 그 전형이다. 도둑이나 강도 집단도 어떤 의미에서는 일종의 비밀결사라고 볼 수 있다. 극히 배타적인 이런 집단은 특유의 계급제도, 입사식, 해당 집단 특유의 예의범절을 갖추고 있으며, 특수한 언어(은어)나 신호(암호) 등에 의해 동료끼리 서로를 알아본다.

애당초 범죄란 20세기에만 있었던 현상은 아니다. 따라서 역사를 거슬러 올라가면 다양한 문학작품 안에 이런 부류의 무뢰한들의 비밀결사가 다수 그려지고 있다는 사실을 발견할 수 있다. 범죄자나 부랑자가 다수 나타나는 것이 전쟁이나 동란의 시대였다는 사실도 쉽사리 추측된다. 프랑스에서는 100년 전쟁(1336~1452년) 이후의 사회 혼란기에 이런 무법자들의 비밀결사가 엄청나게 발생했던 것으로 추정된다. 빅토르 위고의 역사소설『파리의 노트르담』에 의해 유명해진 '기적의 안뜰'은 이런 부랑자나 걸인들이 모여든 소굴이었다.

지나 롤로브리지다, 앤서니 퀸 주연의 컬러 영화 《노틀담의 꼽추》(1956년)에서는 훤칠하고 깡마른 몸에 번득이는 눈망울을 지닌 성격파 배우 필립 클레이가 이 '기적의 안뜰'에 존재하는 걸인들의 왕으로 나와 그 역할을 탁월하게 연기해냈다. 누더기를 걸친 걸인들이

떼를 지어 가는 기이한 장면을 기억하는 독자분도 계실 것이다.

'기적의 안뜰'이라는 명칭의 유래는 길거리에서 구걸하던 불구의 걸인들이 일단 그들의 소굴로 돌아오면 순식간에 기적처럼 각자의 장애가 모조리 치유되기 때문이다.

프랑스에 존재하는 거의 대부분의 교회에 '기적의 안뜰'이 있었으며, 17세기의 파리에는 12곳이나 존재했다. 위고가 묘사한 가장 유명한 그것은 파리의 누브 상 소블 거리 근처에 있는 구불구불하고 기다란 언덕길 깊숙이에 있던 골목길이다. 그곳은 경찰 권력도 전혀 개입이 불가능한 곳이라고 한다. 탈주병, 파산한 농민, 일자리를 구하지 못해 허덕이던 기술자(직인)들, 범죄 용의자로 수배된 자, 부랑자, 직업적 걸인, 길거리 연예인, 떠돌이 악사, 날품팔이, 매춘부, 집시 등 온갖 종류의 사회 낙오자들이 무리지어 한 사람의 우두머리 아래서 질서정연하게 통제되고 있었다.

도둑 시인으로 명성이 자자한 프랑수아 비용(François Villon)도 이 '기적의 안뜰'의 단골손님이었다. 그는 '코캬'이라는 이름의 강도단에 속했다고 전해진다. 이 강도단은 겉으로는 행상인 조합을 표방했지만 보통 사람들에게는 이해가 안 되는 특수한 은어를 사용하고 있었으며, 비용은 이런 동료들의 은어로 발라드(Ballad) 11편을 만들고 있기 때문에 그들과의 관계가 상당히 깊었을 거라고 추측된다.

거의 비슷한 시대에 유럽에서는 영국, 이탈리아, 스페인에서도 이와 유사한 범죄적 결사가 다수 생겨났다. 세르반테스의 『모범소설집』에 수록된 단편 『린코네테와 코르타디요』를 읽어보면 16세기 스페인 도둑 계층의 생활이 매우 생생하게 그려지고 있다는 사실에 탄복할 것이다. 당시의 이른바 악한소설(Roman Picaresque) 중에는 이런 무법자들의 모험적이고 협객적인 삶이 즐겨 채용되었다.

앞서 언급했던 대로 현재 이런 악인 결사는 과거와 같은 낭만적인 매력을 거의 상실했지만, 그럼에도 여전히 소설이나 영화 속에서 대중의 취향을 반영해 미화되거나 영웅시되어 묘사되는 경우가 있다.

민족주의적 비밀결사가 서서히 범죄 집단으로 전락한다는 선례도 세계 각지에서 종종 발견된다. 시칠리아섬의 '마피아'도 처음엔 이탈리아 민족통일운동과 일체를 이루고 있었는데, 결국엔 이민자들로 미국에 건너오면서 순수한 범죄 집단이 되었다. 마피아는 시카고를 비롯한 도시에서 오랜 세월 맹위를 떨쳤던 '살인회사', 이른바 '신디케이트(Syndicate, 알 카포네가 주도해 만들어진 폭력집단 관할 영역을 단속하는 조합)' 따위로 일컬어지는 암흑가 대조직으로 변모했다. 일본의 우익이 자칫 폭력단으로 변하는 경향을 보였던 것도 아울러 지적해두고 싶다.

나폴리의 '카모라'

'마피아'에 대해서는 일본에도 비교적 자료가 잘 갖춰져 있기 때문에 여기서는 이와 유사한 나폴리의 비밀결사 '카모라'에 대해 간단히 언급해보고 싶다. 이 결사는 1820년경 나폴리의 하층사회에서 조직되었는데, 원래는 스페인 이민자들이 나폴리에서 만든 집단이었다. '카모라'라는 단어 자체도 이탈리아어가 아니라 스페인 카스티야(Castilla) 언어로 '다툼'이나 '폭력적 투쟁'을 나타내는 단어다.

똑같은 카모라 단원이라도 도둑이나 거지로 구성된 '하급 카모라'와 공갈과 협박을 주로 하는 '고급 카모라(이른바 장갑을 낀 카모라)'의 두 종류가 있었다. 마피아와 마찬가지로 엄격한 규칙, 계급제도, 입사식이 있었으며 나폴리 왕국의 감옥 안에도 지부를 두고 있었다. 조직의 최고지도자는 기묘하게도 '신성한 마마(엄마)'라는 명칭으로 불렸다. 정부와의 관계는 미묘했다. 1860년에는 관계자들과 협력해 주세페 가리발디(Giuseppe Garibaldi) 일파의 혁명운동 탄압에 일익을 담당했으며, 공인 경찰로 활동한 적도 있었다.

현재 카모라는 완전히 사멸했다고 믿어지는데 기실은 그렇지 않은 모양이다. 더 이상 감옥 안까지 세력이 미치지는 않지만, 지금도 여전히 나폴리 상업을 은밀히 장악하고 있기 때문이다. 담배 밀수에서 과일이나 채소 매매까지 합법과 비합법을 따지지 않고 온갖 상업 활동이 카모라의 우두머리 '신성한 마마'의 감독 아래 행해지고 있다. 그들은 일본의 야쿠자와 마찬가지로 장사를 하는 사람들에게서 그 이익을 가로챔으로써 생계를 꾸린다. 상인들도 공연히 카모라에 반항하다 앙갚음을 당하기보다는 그들이 시키는 대로 고분고분하게 돈을 나누는 편이 상책이라고 생각하고 있다. 물론 카모라의 군기가 엄격하기 때문에 우두머리의 눈을 속여 단원 개인이 마음대로 공갈·협박하는 폭력 행위를 저질렀다가는 즉각 처벌당하게 된다.

우두머리 자리를 이어받으려고 서로 다투다 보면 때론 피비린내 나는 투쟁이 카모라 단원 사이에서 벌어진다. 돈이 굴러들어오는 '신성한 마마'의 지위는 단원 모두에게 선망의 대상이다. 여성을 제외하고 남성으로만 굳게 단결한 비밀결사 우두머리가 그 멤버에 의해 '마마(엄마)'라고 일컬어지고 있다는 사실은 심리학적으로 볼 때 무척 흥미로운 테마가 될 것이다. 불멸의 여성상은 어쩌면 집단적 오이디푸스 콤플렉스를 증명하고 있을지도 모른다.

의식으로서의 살인

극히 최근까지 유대교 의식을 치르는 가운데 살인이 행해진다는 소문이 유럽 민중 사이에서 믿어지고 있었다. 유대교 부활절을 주재하는 율법학자(랍비)가 그리스도 교도의 아이를 살해하고 그 피를 의식용 무효모빵에 섞는다는 것이다. 중세 이후 금융업을 독점하고 있던 유대인은 그 때문에 부당하게 그리스도 교도의 원성을 샀던 모양이다.

물론 오늘날 이런 근거 없는 소문을 믿을 사람은 없다. 마치 중국이나 일본에 온 가톨릭 전도사가 적포도주를 마시고 있었기 때문에, 마치 아이를 죽여 그 피를 마시고 있는 마법사라도 되는 것처럼 오해받았던 것이나 마찬가지다.

하지만 의식으로서의 살인이 역사적으로 전혀 이뤄지지 않았다는 소리는 결코 아니다. 많은 종교의 역사는 종종 참혹하기 이를 데 없는 인간 희생(인간 공양)의 풍부한 사례를 보여주고 있다. 시대의 발전과 함께 이런 야만적인 사례는 더 이상 정통 종교에서는 찾아보기 어렵게 되었으나, 특정 종류의 이단적 예배나 흑마술 신봉자들에게 은밀한 형태로 이어지게 마련이다. 우리는 로마가 붕괴되어가던 시기에 요술사들이 내장으로 점을 쳤다는(동물이나 인간의 배를 갈라 그 내장 상태를 살펴봄으로써 길흉을 판단했다) 사실을 알고 있고, 중세의 프랑스 원수 질 드레(Gilles de Rais)나 르네상스 시대의 왕비 카트린 드 메디시스(Catherine de Medicis)의 흑미사 유아 살육에 대해서도 익히 알고 있다. 태양왕 루이 14세 시대에도 아무 죄가 없는 유아를 다수 죽여 지옥의 마왕에게 바쳤던 귀부르크 신부의 흑미사 사건이 발생했다.

비밀결사 내부에는 원시적 의례가 가장 완전한 형태로 남아 있기 때문에 어쩌면 현재에도 그곳에서 유사한 범죄 행위가 행해지고 있을지도 모른다는 의문이 충분히 생길 수 있다. 그러나 현재에는 다행스럽게도 가학적 범죄는 비밀집단 내부에서 행해지기보다는 개인 단독에 의해 단순한 성범죄로 감행되는 경우가 많은 것으로 추정된다. 단, 범죄사 측면에서 명성이 자자한 '잭 더 리퍼(Jack the Ripper)' 사건은 이런 점에서 여전히 해명되지 않는 많은 수수께끼를 남기고 있다.

도널드 매코믹(Donald McCormick)의 『잭 더 리퍼의 정체』(1959년)라는 책에 의하면 런던의 이스트엔드에서 발생한 이 연속 살인 사건(살해된 사람은 모두 매춘부다)의 범인은 페다첸코(Pedachenko)라고 불리는 러시아인 의사였다. 그는 유명한 괴승 라스푸틴과 같은 고향 출신으로 라스푸틴과 마찬가지로 러시아정교에 대한 이단 분파인 '흘르이스트이'에 속했다. 이 일파에 대해서는 나중에 상세히 서술할 예정인데, 말하자면 일종의 의식적인 살인을 용인하는 비밀결사였다. 이 설은 잭 더 리퍼의 범행 배후에 종교적 동기를 두고 있는 점에서 매우 흥미롭기 때문에 영국의 젊은 소설가 콜린 윌슨(Colin Wilson) 등도 비상한 관심을 보였다. 그러나 매코믹의 설을 뒷받침할 결정적인 증거는 유감스럽게도 전혀 발견되지 않았다.

인도의 암살단 '삭그'

인도에는 예로부터 의식을 행하는 도중 수많은 살인을 저질러온 무시무시한 비밀결사가 있었다. 많은 영국의 모험소설가가 작품에서 묘사했던 암살단 '삭그'가 그것이다. 19세기 초엽에도 아직 그들은 인도 오지에 잔존해 비밀집단을 형성했고, 실제 숫자는 종종 수백 명이라고 일컬어졌다. 그들은 평소에는 가족들과 함께 살며 일반적인 직업에 종사하다가 어떤 특정 시기에 집을 나와 암살자가 되었다.

1835년 북인도에서 출몰하던 삭그 소탕에 성공한 영국의 사관 윌리엄 헨리 슬리먼(William Henry Sleeman)의 보고에 의하면 "거의 모든 계급의 인도 국민이 이 범죄를 지지하고 있다는 점은 의심할 여지가 없다. 지주, 판사, 경찰, 시 당국자, 모두가 내가 보기엔 많든 적든 그들의 공범자다. 하급 경찰관은 대부분의 경우 삭그 단원이었고, 전담을 관리하는 순사들도 종종 이 단체에 속해 있었다"라고 되어 있다.

그들은 인도인이라면 누구나 이해할 수 있는 암호를 사용했던 모양이다. 백인 중오 정신이라는 측면에서 인도 원주민이 암살단 활동을 지지했다는 사실도 납득이 간다. 예를 들어 들판에 남겨진 야영자들의 모닥불 흔적으로 조사하면, 거기에서 노숙한 사람이 삭그 단원이었는지 아닌지, 같은 단원들은 단박에 알 수 있었던 모양이다.

그들이 누군가를 암살하는 목적 중 하나는 희생자로부터 금품을 강탈하는 것이었다. 범행을 저질러도 처벌받지 않고, 심지어 물질적 이익을 얻을 수 있다는 이유 때문에 이 단체에 가입하는 사람도 많았던 모양이다. 하지만 결코 잊어서는 안 될 사실이 있다. 엄밀히 말해 이 비밀결사는 힌두교의 하나의 분파로 종교단체였다는 점이다. 단원은 모조리 '검은 어머니'라고 일컬어지는 죽음과 파괴의 여신, '칼리'의 열광적 숭배자였다.

신입자 입단식은 여신 칼리를 기리는 날인 두세라(Dussehra) 축제일에 이루어졌다. 신입자는 목욕 후 지도자의 안내에 따라 어떤 방으로 들어간다. 방에는 하얀 천이 깔린 위에 몇 사람의 삭그 단원이 앉아 기다리고 있다. 길흉 판단 결과가 '길(吉)'로 나오면 신입자의 오른쪽 손에 하얀 손수건으로 감싸인 곡괭이가 하나가 놓인다. 그는 이 곡괭이를 가슴 높이로 들어 올려 선언을 해야 한다. 그리고 나서 작은 설탕 한 조각을 받은 후, 이 신성한 음식물을 먹는다.

삭그의 교의는 살해된 자의 피를 보는 것이 불길하다고 가르치고 있기 때문에 주로 폭이 좁은 천을 이용해 상대방의 목을 졸라 죽였다. 이 기술은 그야말로 신공에 가까워서 고작 몇 초 만에 희생자는 숨이 멎는다. 여행자를 급습해 닥치는 대로 그들의 생명을 빼앗았는데 어떤 종류의 터부를 건드렸다고 간주된 인간은 죽이는 것을 삼갔다. 즉 부인, 특정 부류의 승려, 세탁업자, 청소부, 음악가, 기름장수, 대장장이, 목수, 불구자, 한센병 환자, 소를 끄는 인간 등은 삭그단의 마수에서 벗어날 수 있었다.

영국 당국의 필사적인 소탕전에 의해 삭그단은 가까스로 오지로 내몰려 결국 인도 국외로 추방당했다. 하지만 인간이 좀처럼 접근하기 어려운 지방에서 살인이 일어나면, 사람들은 이것을 자꾸만 삭그의 소행이라고 해석하고 싶어 한다. 그러나 시대에 뒤처진 이 종교단체가 바야흐로 과거의 기세를 되찾는 일은 좀처럼 없을 것이다.

러시아의 이단 '흘르이스트이'파

어떤 종류의 비밀결사가 종교적 실천으로 극히 고풍스러운 형식을 근대까지 유지하고 있다는 사실은 주목할 만한 일이다. 이에 대해서는 러시아의 이단 연구가 많은 시사점을 제시해준다. 다양한 종교적 엑스터시가 가장 원시적인 형태로 자연스럽게 발로되고 있다. 예를 들어 거세나 종교적 자살, 채찍이나 순례, 열광적인 춤 등의 육체적 혹사에 의해 이런 종파의 신자들은 신비적인 계시에 접하게 된다. 전쟁을 포기하는 무저항주의를 외쳤던 '두호보르(Doukhobor)' 종파도 이런 흥미로운 러시아 이단의 한 분파였다. 여기서는 그들 중 가장 중요하다고 생각되는 두 가지 분파에 대해 언급해보자.

먼저 '흘르이스트이(채찍파)'에 대해 다뤄보고 싶다. 이 명칭은 이 분파에 적의를 가진 러시아 정교회 사제에 의해 모욕적인 의미를 담아 붙여진 것이다. 실제로 이 분파에서 채찍은 좀처럼 사용되지 않았다고 한다. 18세기 초반 표트르 대제 무렵, 볼가강 상류지방의 작은 촌락에서 시작되어 순식간에 러시아 전역으로 퍼져나갔다. 매우 특이한 성서 해석에 대해서도 소개해두고 싶다.

영원한 신은 불로 된 구름을 타고 하계에 나타나 블라디미르 지방의 일개 농부인 다니엘 필리포프의 육체에 깃든다. 이 필리포프와 어떤 100세의 여성(?) 사이에서 태어난 아이가 이완 수슬로프다. 아버지이신 신은 이 아이를 구세주로 인정해 하늘로 돌아간다. 남겨진 수슬로프는 12명의 제자를 이끌고 오카강 주변에서 설교를 시작하는데 결국 체포되어 채찍질과 고문을 당하다가 '붉은 광장'에서 십자가에 매달린다. 이리하여 구세주는 죽는데 이틀 후 부활했다가 다시 체포되어 고문을 받아 또다시 죽어 다시 부활한다. 이상과 같은 내용으로, 실로 기괴한 성서 해석이라고 할 수 있다.

박해받으면서 성장한 '흘르이스트이'는 비밀결사로 간주될 수 있는 충분한 자격을 갖추고 있다. 이 종교에 귀의한 새로운 신자는 종교 내에서 보고 들은 내용 일체에 대해 반드시 침묵을 지킬 것을 맹세했고, 온갖 박해를 견딜 것도 약속했다.

그들은 정교회의 예배식에도 출석했는데, 이 외에도 동료끼리만 비밀 집회를 열어 특수한 종교적 법열을 얻고자 했다. '흘르이스트이'의 비밀 예배는 주로 '라디에니에(헌신, 열정의 의미)'로 칭해지는 의식으로 기본적 형식은 법열을 얻기 위한 열광적인 일종의 무용이었다. 종종 이 의식은 암흑 속에서 음란한 집단적 성의 향연으로 발전했다. 또한 극히 드물게는 의식을 행하는 도중 살인이 저질러지는 경우도 있었다. 즉 '보고로디차(신의 어머니)'의 지위로 승격한 미혼의 젊은 처자가 낳은 사내아이를 그리스도의 재림으로 간주하고 탄생 후 8일째에 죽인 다음 그 피와 심장을 밀가루와 벌꿀에 섞어 이것으로 영성체를 위한 기괴한 성찬의 빵을 만든다.

이 종교의 원리를 한마디로 말하자면 '구제를 위해 죄를 범해야 한다'라는 이야기였다. 요컨대 인간이란 죄를 지으면 지을수록 그만큼 깊이 뉘우치고 바뀔 수 있다는, 인간성의 패러독스 위에 선 기이하고 고풍스러운 신앙이었다.

괴승 라스푸틴

'흘르이스트이'와의 관계에서 상기되는 사람이 바로 그리고리 예피모비치 라스푸틴(Grigory Yefimovich Rasputin)이다. 한때는 러시아 궁정에 절대적인 세력을 떨쳤던 기괴한 인물이다. 그는 시베리아 빈농의 아들로 태어나 30세까지 방탕한 생활을 보내다가 33세(1904년) '흘르이스트이'파에 들어갔다. 이 종단에서 그는 얼마 지나지 않아 높은 지위에 올라 자신 주변에 열광적인 숭배자, 특히 여성 숭배자의 무리를 다수 모으는 데 성공했다.

라스푸틴은 표면적으로 정교회에 충성을 다하는 태도를 보였다. 그러나 그 주변에 모여든 특별한 신자들은 그의 비밀스러운 예배나 음란한 의식 속에서 벌어지는 육체의 향연, 신비스러운 법열의 체

험 등에 대해 인지하고 있었다. 주술로 병을 치료해주는 그의 평판
이 상당히 높아져 이 덕분에 그는 막대한 재산을 축적하게 되었다.

별빛이 맑은 밤, 라스푸틴은 남녀 신자들과 함께 시베리아 숲으
로 가서 새빨갛게 모닥불을 피우고 그 주변에서 원을 만들어 기괴
한 기도 노래를 부르면서 춤을 추었다. 춤의 리듬은 점점 빨라지고
점점 격해져갔다. 뜨거운 한숨 소리와 신음 소리가 흘러나왔다. 이
윽고 모닥불이 꺼지면서 주변이 완벽한 어둠에 휩싸이면 "너의 육
체에 시련을 가하라"라는 라스푸틴의 목소리가 들렸다. 그러면 남
녀 신자들은 지면에 드러누워 서로 엉키고 설킨 상태로 성의 향연
에 빠져버렸다. 신의 벌을 받기 위해서는 이렇게 스스로 기꺼이 죄
로 얼룩진 몸이 되어야 했다.

때마침 니콜라이 2세의 아들이 불치병인 혈우병에 걸려 러시아나
프랑스의 온갖 명의의 진료를 받고 있었는데 결과가 기대에 미치지
못했다. 그때 소개해준 사람이 있어서 라스푸틴은 황태자의 병상을
방문해 기적을 실현했다. 그가 황태자의 눈을 물끄러미 응시하며
얼굴에 가볍게 손을 올리자 순식간에 출혈이 멈추면서 눈에 띄게
병자의 안색이 호전되었다. 이후 라스푸틴은 궁정에 자유롭게 출입
하는 것이 허락되었고, 페테르부르크에 호화로운 저택까지 마련했
다. 그곳에서 라스푸틴은 귀족 출신의 여성 신자들을 상대로 기괴
하고 음탕한 생활을 시작하며 온갖 스캔들의 원인을 제공했다.

라스푸틴을 사기꾼이라고 폄하하는 사람이 많은데, 타인을 매료
시키는 그의 신비스러운 능력은 그야말로 마술사라는 이름을 충분

히 감당하고도 남았다. 그는 맨손으로 식사를 하곤 했는데, 식사가 끝나고 그가 자신의 더럽혀진 손가락을 앞으로 내밀면 궁정 여자들이 앞다투어 그 손가락을 핥았다고 한다. 이런 방약무인한 행동거지가 그에 대한 반감을 키웠던 것도 사실이었다.

라스푸틴을 제거하려는 음모는 유수포프 공작을 비롯한 귀족들에 의해 주도면밀하게 계획되었다. 공작의 집으로 초대된 라스푸틴은 손님 접대용으로 나온 과자를 모조리 먹어 치웠다. 과자 안에는 치사량의 청산가리가 들어 있었다. 그렇지만 마술사는 도무지 죽을 기색이 아니었다. 불안해진 공작은 이번엔 독을 넣은 포도주를 권했다. 라스푸틴은 그것을 홀짝거리면서 마셨는데, 이윽고 목이 탄다며 포도주를 좀 더 달라고 했다. 하지만 효과는 좀처럼 나타나지 않았다. 더 이상 도저히 참을 수 없었던 공작이 옆방에서 피스톨을 집어 들고 와서 라스푸틴의 심장을 향해 쏘았다. 야수같이 울부짖으며 라스푸틴은 곰 가죽이 깔린 마룻바닥으로 천천히 쓰러졌다.

공작의 친구들이 달려오자, 그때까지 죽은 듯이 드러누워 있던 라스푸틴이 느닷없이 숨을 거칠게 몰아쉬며 왼쪽 눈을 번쩍 뜨더니 비틀거리며 자리에서 일어섰다. 그리고 유스포프 공작에게 달려들어 무시무시한 목소리로 단말마의 저주를 쏟아 붓는다. 옆방으로 도망간 공작이 다시 피스톨을 가지고 돌아오자 라스푸틴은 계단을 기어 오르려 하고 있었다. 그의 등에 네 발의 피스톨 탄환이 다시 박혔다. 푹 쓰러진 그의 몸은 일단 더 이상 움직이지 않게 되었지만, 얼마 지나자 다시 꿈틀대기 시작했다. 극도로 공포에 휩싸인 공작이 라스푸틴의 머리를 은촛대로 내리쳤다. 이리하여 마술사는 가까스로 완전히 죽었다. 비정상적일 정도로 강인한 생명력이었다.

후일담으로 그다지 알려지지 않은 사실을 써두고 싶다. 라스푸틴에게는 딸이 하나 있었고, 그가 죽었을 때 딸은 14세가 되었다고 한다. 러시아 혁명 후 그녀는 온갖 고생을 한 후 파리로 망명했다. 그리고 그곳에서 아버지의 유지를 이어받아 어떤 종교를 창시했다. 그것은 역시 죄에 의해 자기를 성스럽게 하는 종교였다. 제2차 세계대전이 시작될 무렵 그녀는 파리에서 이 종교를 지도했는데 1940년 이후 소식이 끊겼다고 한다. 어쩌면 현재도 라스푸틴의 외동딸은 어딘가에서 살고 있을지도 모른다.

부기 : 1966년 라스푸틴의 딸 마리아는『나의 아버지 라스푸틴』이라는 수기를 써서 아버지의 명예를 회복하려 했다. 이에 대해서는 졸저『요인기인관(妖人奇人館)』을 참조하길 바란다.

또 하나의 이단 '스코프치'

'흘르이스트이'와 함께 또 하나의 러시아 이단 '스코프치(Skoptzy, 거세당한 자라는 의미)'에 대해 살펴보자.

이 파의 개조는 콘드라티 세리바노프라는 인물로 간주되고 있는데, 전설에 의하면 그는 러시아 황제 표트르 3세 본인이었으며 아내인 예카테리나 2세가 보낸 자객의 칼날을 벗어나 은밀히 전도 생활을 하게 되었다고 한다. 표트르 3세는 성년에 이르자 종교적 신념에 의해 스스로 남성의 생식기관을 절제했다. 이런 사실을 알게 된 아내 예카테리나가 그를 살해할 결심을 하게 된다. 그는 가짜 이름을 대고 외국으로 도망갔고, 아들 파벨 1세 시대에 러시아로 돌아와 아들을 개종시키려다 뜻을 이루지 못했는데, 결국 자식을 위해 수도원에 감금당하는 처지가 되었다. 이것이 '스코프치'의 구세주 이야기다.

거듭된 박해에도 불구하고 이 파는 소비에트 러시아로 바뀐 다음에도 현재까지 명맥을 유지하고 있다. 물론 신자의 숫자는 소수에 불과했지만 시베리아의 야쿠트인이 사는 지방 등에서는 모든 주민이 '스코프치' 유형수라는 촌락이 아직도 존재하는 모양이다. 반대로 루마니아에서는 19세기에 러시아에서 망명해온 신자들의 자손이 제법 거대한 마을을 형성해 살아가고 있다. 이 파에 속한 남자는 보통 결혼해서 자녀를 낳은 다음 거세를 하기 때문에 자손의 대가 끊어지지는 않는다. 그들은 사회주의 선전에도 전혀 굴하지 않고 자신들의 종교적 신념을 관철시키고 있다. 루마니아의 수도 부쿠레슈티에서 그들은 일반적으로 합승 마차를 부리는 사람, 택시 운전사 능의 직업에 종사하고 있다고 한다.

스코프치의 종교적 의식은 토요일에서 일요일에 걸친 밤 동안 행해진다. 흘르이스티이의 그것과 마찬가지로 법열을 얻기 위한 격렬한 무용이 이 의식의 주요 내용이다. 전라의 여성이 의식의 중심에서 종종 예언을 하거나 기묘한 영성체를 주재하기도 한다. 영성체가 거행될 때 참석자는 향료가 들어간 빵 조각과 설탕이 들어간 생선 건어물 분말을 받아 먹는다.

입사식을 거행할 때 신참자는 하얀 옷을 입고 다음과 같은 문구로 끝나는 노래를 합창하며 단원들로부터 환영을 받는다. "즐거웠는가, 형제여. 즐거웠는가, 자매여. 자그마한 영혼이 우리에게 왔노라…." 다음으로 신입자는 술과 고기, 담배와 성적 쾌락의 일체를 끊을 것을 서약하고 종단 안의 비밀을 절대로 외부에 누설하지 않겠다고 약속한다.

육체적 쾌락에 빠지고픈 유혹에서 벗어나기 위해 스스로의 의지로 거세한다는 행위는 과거 알렉산드리아의 그리스도교 신학자 오리게네스 아다만티우스(Origenes Adamantius)도 실행했던 바다. 그런데 스코프치의 극단적인 금욕주의는 남자뿐만 아니라 여자도 대상이 된다. 몇 단계나 되는 완전한 성적 기관의 절제를 감행하는데, 수술에는 새빨갛게 달궈진 나이프나 면도칼을 사용한다.

우선 남성의 경우에 대해 살펴보자. 신입자는 두 개의 '지옥의 열쇠(고환)'를 절제하고 '천사'라는 칭호를 받는다. 이 수술을 '소봉인(小封印)'이라고 한다. 나아가 수행을 쌓으면 이번엔 음경을 제거해 '대천사'라는 지위에 오른다. 이 수술을 '대봉인', '황제 봉인' 혹은 '황금 봉인' 등으로 부른다. 나아가 가슴 근육 일부를 절제하거나 겨드랑이 아래나 배나 다리에 십자가형의 화상 흔적을 남기려고 하는 5종류 내지는 6종류의 '봉인' 방법이 있다. 열렬한 신자는 이것을 순차적으로 실행한다.

여성의 경우엔 두 개의 유방 중 한쪽 젖꼭지(혹은 양쪽)를 불로 지져 절단하거나 유방 전체를 도려낸다. 아울러 유방 위에 좌우 대칭의 화상 흔적을 남기기도 한다. 소음순, 대음순에서 시작해 클리토리스 절제에 이르는 수술 방법도 있었다. 놀랄 만한 사실은 의식이 한창 진행되는 와중에 절제된 유방을 작게 잘라 참석자 전원에게 배부해서 모두 같이 이것을 먹는다는 기괴한 습관이다.

자신의 신체를 스스로 훼손한다는 의식은 이른바 그리스도교가 등장하기 이전부터 존재했던 인류의 오래된 강박관념이라고 불러야 한다. 프리기아의 키벨레 여신의 사제들이 행하는, 피가 철철 흐르는 자기 징벌 의식에 대해서는 이미 앞 장에서 언급했던 대로다.

악마 예배와 마술 서클

<그림 39> 프랜시스 대시우드(Francis Dashwood)

흑미사 이야기

악마 예배나 흑미사 사건은 현재도 유럽 신문의 사회면을 들끓게 하는 엽기적 뉴스다. 원자력 시대를 맞이한 20세기에도 그런 사건들은 현실에서 실제로 일어나고 있으며, 이런 뉴스에 열광하는 호기심 왕성한 신비 취향자들은 유럽 도회지, 시골을 막론하고 차고 넘친다. 프랑스 아카데미 회원인 모리스 가르송(Maurice Garçon) 씨처럼 이것을 사회학적, 법학적 연구 테마로 삼아 면밀히 연구하는 학자도 있다. 조리스 카를 위스망스(Joris-Karl Huysmans)의 『저 아래로(Là-Bas)』는 소설인데, 여기에 묘사된 무시무시한 도착적 세계, 향료와 피와 정액 냄새로 가득한 공간에서 펼쳐지는 '신을 모독하는 의식'은 많든 적든 예로부터 이어지던 흑미사 의식의 진상을 전해 준다.

그러나 일괄적으로 흑미사라 칭해도 그 목적하는 바는 이것을 실천하는 자에 따라 각각 큰 차이를 보인다는 점을 인지할 필요가 있다. 음란한 욕구를 자극해 집단적 성의 향연을 실현시키기 위한 효과적인 연출법의 하나로 흑미사 분위기를 이용하는 사람도 있다. 이른바 놀이에 불과하다. 놀이를 연출하는 자에게 '악마적 신(마신)'에 대한 외경과 숭배의 마음은 조금도 없다. 따라서 그것은 진정한 흑미사라고는 할 수 없다.

반대로 진정한 흑미사는 그리스도교 신앙을 배신한 사제가 정통 교회에 대항해 기획한 복수이자 공격이다. 신앙을 버린 사제는 악마를 믿는 동시에 신을 적이라고 믿는다.

나아가 제3 종류의 흑미사는 일반적인 영성체와는 완전히 다른 절차를 밟는데, 역시 스스로 자신의 영혼을 구했다고 믿는 사람들이 행하는 흑미사다. 예를 들어 그노시스파의 성적 난행이나 티베트의 탄트라파에서 행해지는 의식에 동반된 방탕이 이에 해당된다. 성적 난행은 그들의 직접적 목적이 아니라 어디까지나 형이상학적 목적을 위한 하나의 수단에 지나지 않는다.

헬파이어 클럽

18세기의 영국인 프랜시스 대시우드(Francis Dashwood)가 조직한 비밀결사 '헬파이어 클럽(Hellfire Club, 지옥불 클럽이라는 번역어로도 알려짐-역주)'은 이른바 흑미사를 하나의 놀이로 이용했던 모임이다. 표면적으로는 흑미사를 표방했지만 그 실태는 방탕한 귀족과 불량한 상류층 풍류 자제들의 모임이었기 때문이다.

애초에 대시우드는 아버지로부터 물려받은 버킹엄셔(Buckinghamshire)주의 대저택에서 함께 방탕하게 지내던 동료들을 모아 '딜레탕트 클럽(Dilettante Club)'이나 '디반 클럽(Divan Club)' 따위를 조직했다. 그러다 1753년경 한 친구로부터 템스 강변 메드메넘(Medmenham)에 있는 오래된 시토파 수도원의 폐허를 넘겨받게 되었다. 그는 이곳을 완전히 개조해 그들의 놀이와 쾌락을 위한 화려한 전당으로 탈바꿈시켰다. 대시우드의 유치한 꿈을 실현시키기 위해 목수와 석공, 화공들을 런던에서 불러들여 고딕식 아치나 담쟁이덩굴로 뒤덮인 근사한 기둥의 복도, 회랑과 탑이 비밀리에 완성되었다. 입구의 문에는 프랑수아 라블레(François Rabelais)의 텔렘(Thélème) 수도원의 표어 '네가 하고 싶은 것을 하라(Dilige et quod vis fac)'가 높다랗게 게시되어 있었다. 대시우드와 두세 명의 친구 이외에는 입장이 금지된 예배당에는 천장에 음란한 벽화가 그려져 있었으며, 주위의 벽에는 외설적이고 장난스럽게 열두 제자의 그림이 그려져 있었다. 흑미사를 거행하기 위한 제단도 만들어졌다. 도서관에는 호색문학의 고전작품이나 포르노그래피의 일대 컬렉션이 준비되어 있었다.

메드메넘 수도원 터에 남아 있던 넓디넓은 정원에는 사방에 지극히 방탕한 자태를 드러낸 에로스나 박카스 조각상이 세워져 있었고 동굴, 연못, 덤불이 있었다. 정원으로 이어져 있는 템스강 기슭에는 일부러 베니스에서 공수했다는 곤돌라까지 매어져 있어서 느긋한 하루를 보내기에는 안성맞춤의 장소였다.

대시우드 주위에 모여든 무리들은 하나같이 쟁쟁한 멤버들이었다. 훗날 영국 정계의 급진주의자로 활약하며 한때는 런던 시장까지 역임했던 존 윌크스, 풍자 시인으로 영국국교회 목사였던 찰스 처칠(Charles Churchil), 마찬가지로 시인이었던 폴 화이트헤드(Paul Whitehead), 훗날 해군경(참모총장)의 자리에 오른 유명한 도락가 샌드위치 백작, 소장 정치가였던 토머스 포터, 채무왕 로버트 로이드

(Robert Lloyd), 옥스퍼드대학에서 퇴학당한 조지 셀윈(George Augustus Selwyn), 훗날 궁정의 총신이 된 버브 도딩턴(Bubb Dodington), 그 외에 불량 청년 귀족, 문사, 예술가들이었다. 그들 모두가 각자 수도원의 수도사인양 행세했으며 원장 역이 대시우드, 집사가 화이트헤드, 부원장이 샌드위치 백작이었다. 수도사는 모두 하얀 모자에 하얀 상의, 원장인 대시우드만 토끼 가죽으로 장식된 테두리 없는 빨간 모자를 쓰고 있었다.

'헬파이어 클럽(지옥불 클럽)'에 모여든 무리들의 미치광이 같은 행태는 얼마 지나지 않아 사회적으로 엄청난 파장을 불러일으킨 문제로 비화되어 비난의 집중포화를 당했고, 이 때문에 회원명부나 모임의 규약을 비롯한 일체의 기록이 파기되어버렸다. 그런 이유로 상세한 내용에 대해서 여전히 수수께끼로 남아 있는데, 소문에 의하면 수도사에게는 두 개의 계급이 있어서 고위 성직자와 하위 성직자로 나뉘어 있었던 모양이다. 회원의 소개로 함께 오게 된 '뜨내기' 손님이 하위 성직자다. 고위 성직자에 속하는 멤버는 메드메넘 수도원에 머물 때 일반 침대에서 잠들지 않고 거대한 요람에서 잠들었다고 한다.

수도원에는 문지기 이외에 정해진 고용인이 없었고, 필요에 따라 요리사나 급사를 고용했다. 하루의 근무가 끝나면 돈을 지불해 그들을 돌려보냈고, 다음 날에는 다른 사람을 고용해 두 번 다시 동일한 사람을 쓰지 않았다. 그리고 수도원에는 '수도녀'라는 명목으로 런던의 사창가에서 마차로 공수해온 매춘부가 다수 존재했다. 수도녀는 은으로 된 작은 브로치를 가슴에 달고 있었는데, 거기에는 '사랑과 우정'이라는 문구가 새겨져 있었다.

수도녀 중에는 회원이 데리고 온 상류 귀부인이나 귀족의 딸도 있었는데 그들은 가면으로 얼굴을 가리고 있었다. 멤버 중에 외과 의사, 산파도 있어서 만약 수도녀들이 방탕 끝에 임신이라도 할라치면 감쪽같이 유산시킬 수 있을 때까지 수도원에 체재하는 것이 허용되었다.

'사제'의 역할은 돌아가면서 멤버들이 교대로 맡았다. 사제에게는 가장 먼저 여자를 고를 수 있는 특권이 있었는데, 한편 수도원 내의 각 실의 설비를 점검하거나 고용인을 감독해야 하는 의무도 부과되었다. 그러나 대사제의 지위는 항상 대시우드가 담당했는데, 그는 예배당에서 입사식 의례를 집행하거나 영성체를 행하거나 악마에게 희생물을 바치기도 했다. 물론 방탕한 귀족과 그를 둘러싼 이 무리들은 하나같이 고전적 교양이 풍부한 딜레탕트(Dilettante)한 인사들뿐이었다. 오로지 자기의 쾌락 추구를 위해 종교적 의례나 흑미사를 이용했던 경향이 있었으며, 그들이 진심으로 지옥이나 악마를 믿고 숭배했다고는 도저히 믿을 수 없다.

'헬파이어 클럽'이 해산한 것은 정치적 이유 때문이라고 한다. 이후 대시우드는 다시 버킹엄셔(Buckinghamshire)주의 영지에 황금으로 된 거대한 돔 형식의 성채를 만들어 지나간 시절의 영광의 나날을 재현하려고 생각했던 모양이다. 하지만 젊은 시절의 과도한 방탕이 지나쳤던 탓인지, 곧바로 쇠약해져서 광대한 성 내부에 혼자 틀어박힌 채 온종일 우유가 들어간 음료를 찔끔거리는 날이 많아졌다. 그리고 1781년 12월 세상을 떠나면서 웅대한 계획은 허사로 돌아갔다. 소문에 의하면 대시우드가 만년에 살았던 성에는 지금도 열쇠로 잠긴 채 그대로 있는 방이 있으며, 거기에는 이루 표현할 수 없이 외설적인 벽화가 남아 있다고 한다.

마술사들의 투쟁, 조제프 앙투안 블란과 스타니슬라스 드 과이타

1893년 1월 유명한 마술사 조제프 앙투안 블란(Joseph-Antoine Boullan)이 리옹에서 급사하자, 그와 평소 사이가 좋지 않았던 장미십자단 패거리의 저주 때문에 그가 죽음에 이른 것이라는 소문이 퍼졌다. 이에 대해 마술학자 쥘 부아(Jules Bois)는 장미십자단의 스타니슬라스 드 과이타(Stanislas de Guaita)를 넌지시 비난하는 글을 발표했다. 소설가 조리 카를 위스망스(Joris-Karl Huysmans)도 이에 동조해 자신도 과거 장미십자단 무리들의 저주를 받은 적이 있노라고 썼다. 혹시나 싶어서 설명을 덧붙이자면, 여기서 장미십자단이라고 하는 것은 17세기의 그것이 아니라 스타니슬라스 드 과이타가 창립한 '장미십자의 카발라단(Ordre Kabbalistique de la Rose-Croix)'을 가리킨다.

<그림 40> 스타니슬라스 드 과이타(Stanislas de Guaita)

이런 공격에 대해 과이타도 잠자코 있을 수만은 없었다. 『창세기의 뱀』이라는 책을 저술해 반박하며 조제프 앙투안 블란이야말로 악마 숭배자라고 쏘아붙였다. 과이타에 의하면 조제프 앙투안 블란은 "오욕의 사제, 비천한 소돔의 우상, 저주로 가득 찬 최악의 주술사, 가엾은 죄인, 요술사, 사악한 종교의 교조"였다.

그런데 위스망스의 『저 아래로(Là-Bas)』 안에 묘사된 블란 사제는 "매우 지적이고 학식이 심오한 사제로 교회로부터도 인정받은 신학자이자 신에 의해 고뇌와 영광의 사명을 허가받은 예언자"였다. 요컨대 블란 사제는 과이타 입장에서 보자면 악마와 마찬가지인 파계한 종교가였지만 위스망스가 보자면 성자라는 이야기가 된다. 도대체 어느 쪽이 올바른 판단일까. 마술사들의 논쟁은 진흙탕 싸움과 마찬가지였을까. 이하에서 블란 사제라는 인물에 대해 샅샅이 살펴보자.

조제프 앙투안 블란(1824~1893년)은 적어도 그 생애의 전반기에는 몽토방(Montauban, 프랑스 남서부의 도시-역주)의 사제였으며, 신학박사였고, 특정 수도원에 소속되어 로마에 체재했던 경험도 있었고, 『성모의 정갈한 생활』이라는 저서도 썼던 인물이다. 누가 봐도 훌륭한 성직자이자 학자였다고 할 수 있다. 물론 그가 신비주의나 예언, 기적에 이상하리만큼 관심을 가지고 있었던 것도 사실이다. 그런데 1854년 그는 유명한 라살레트의 성모 발현 성당(Notre-Dame de La Salette)에 참례하면서 그곳에서 한 젊은 수도녀를 운명적으로 만나게 되었다. 이 젊은 여성의 출현에 의해 그의 인생은 격변해버렸다. 젊은 여성은 벨기에 사람으로 아델 슈발리에라고 하는데 종종 환각을 보거나 미래를 내다볼 수 있는 신비가의 자질을 갖추고 있었다. 그리고 그녀가 받은 계시에 의하면 블란 사제는 종교개혁자가 될 수 있는 그릇이었다.

블란 사제는 아델의 지시에 따라 즉시 새로운 교단을 설립하겠다고 결심하고 이를 로마교황에게 신청했으나 허락받지 못했다. 때마침 베르사유의 사제가 그에게 호감을 가지고 있었기 때문에 그는 파리 근처의 세브르(Sèvres)에서 9명의 멤버로 구성된 새로운 교단을 일으켰다. 물론 아델도 멤버 중 한 사람이었다.

교단의 교의나 의례는 상당히 기이했다. 악마를 쫓아내기 위해 사제에 의해 만들어진 성체빵이나 말의 오줌, 대소변을 반죽해 굳힌 약 따위를 사용했다. 블란 사제는 어느 사이엔가 수도녀 아델의 연인 같은 존재가 되었고, 임신한 그녀를 낙태시키기도 했다. 베르사유의 사제가 이 사실을 알고 책망했으나 블란 사제는 이에 대한 책임 추궁에서 벗어났다. 교단이 트리엘로 옮겼을 때 아델이 병에 걸리자 그는 트리엘 사제의 저주 탓이 분명하다고 판단해 부정을 털어낸 포도주를 이용해 이에 대항했다.

이리하여 점점 블란 사제는 악마주의의 진흙탕 속으로 빠져들어 갔다. 그는 다양한 계시를 받았는데 그 하나에 새로운 죄에 대한 개념이 있었다. 죄사함을 받기 위해서는 죄 안에서 살아야 한다고 생각했다. 이윽고 사기 사건으로 고발당한 블란 사제는 수도녀와 함께 3년간의 금고형에 처해지게 되었다.

1864년 감옥에서 나오자 그는 우선 로마교황청으로 달려가 깊이 반성하고 유명한 고백록을 써서 참회의 심정을 드러냈다. 1870년에는 《신성연대기》라는 잡지를 발행했다. 이 무렵부터 가난한 사람과 병자들이 그의 주위에 구름처럼 몰려들게 되었다. 특히 여성 신자들이 많았다. 그는 악마가 침범한 사람들에게는 악마를 내쫓아주었다. 병자에게는 자기 최면이나 자기 암시 요법을 가르쳐주었다. 그런데 이 방법을 사용하면 스스로가 그리스도나 성자와 육체적으로 관계하고 있는 듯한 환상을 품게 되었다고 한다.

마침내 블란 사제는 강신술(降神術, 기도를 통해 사람의 몸에 신이 내리게 하는 주술-역주)이나 강령술에 몰두하기 시작해 알랑 카르덱(Allan Kardec, 심령주의[Spiritism]의 창시자-역주)의 책을 읽거나 요술사로 명성이 자자한 외젠 반트라스(Eugene Vintras)에 접근하기 시작했다. 1875년 파리의 대사제는 블란 사제와 그 신도들에게 성무(聖務) 금지의 명령을 내렸다. 요컨대 파문이다. 이것으로 교회와의 관계가 완전히 끊겨버린 셈이었다. 같은 해 반트라스가 죽자 블란 사제는 스스로 그의 후계자를 자처하며 반트라스의 제자인 슬레이옹을 방문코자 리옹으로 향했다. 그리고 반트라스가 스스로 예언자 엘리야의 화신으로 칭했던 것처럼 블란 사제는 스스로가 세례자 요한의 환생이라고 칭했다.

이후 그는 반트라스의 비교(祕敎) 교의나 에로틱한 의례에 몸을 바쳤고, 이를 실행하기 시작했다. 아담과 이브의 죄는 사랑의 행위였으며 인간은 사랑의 행위를 종교적으로 실천함으로써 속죄해야만 한다. 특히 성령과의 성적 교섭에 의해 죄사함을 받아야 한다. 이것이 바로 블란 사제의 신념이자 주장이었다.

블란 사제를 맹렬히 공격한 스타니슬라스 드 과이타는『사탄의 사원』이라는 책 안에서 다음과 같이 쓰고 있다. 블란 사제의 학설은 "(첫 번째) 제한 없는 난교로, (두 번째) 음란과 근친상간과 수간으로, (세 번째) 몽정과 오나니즘(Onanism)으로 우리를 이끈다. 그리고 이런 행위들을 종교에 고유한 것이라도 되는 양, 비적(祕蹟, 새크라멘트[Sacrament])에 필요한 것이라도 되는 양 여기게 만든다"라고 서술하고 있다.

과이타와 함께 블란 사제 공격의 선봉장이 된 사람은 역시 명성이 자자한 신비학자 오스왈드 위르트(Oswald Wirth)였다. 모두 장미십자단에 속해 있었으며, 마술적 수단에 의해 블란 사제를 실각시키고자 기회를 노리고 있었다. 블란 사제 측에서도 이에 대해 익히 알고 있었기 때문에 조만간 자신에게 닥쳐올 위험한 저주를 피하고자 온갖 비술을 다해 악마를 쫓고자 하거나 기원을 올리고 있었다. 이리하여 마술사끼리의 혈투는 2년 동안이나 이어졌다.

소설가 위스망스는 『저 아래로』를 쓸 당시 블란 사제에게 참고자료를 제공받았기 때문에 그에게 호의를 품고 있었으며, 소설 속에서도 애써 블란 사제를 긍정적으로 그려내고 있다. 그래서 위스망스도 블란 사제와 함께 장미십자단 무리로부터 미움을 받아 저주를 받게 되었다. 다른 사람보다 갑절은 겁쟁이였던 위스망스는 블란 사제에게 가르침받은 비술을 이용해 자기 몸을 보호하거나 저주를 피하거나 하면서 몇 번이나 위기를 모면했다. 공쿠르(Goncourt)의 일기에 의하면 당시 위스망스는 항상 "뭔가 눈에 보이지 않는 것에 휩싸인 것 같은 불안감"이 엄습해 얼굴에 차가운 것이 붙거나 유체(流體) 같은 것이 와서 부딪히는 것을 느꼈다고 한다.

이런 일련의 일들이 벌어지는 사이에 블란 사제에게 갑자기 숨이 막혀오는 발작이 일어났다. 환영까지 보이는 일도 있었다. 그리고 몸이 점점 쇠약해지다가 결국 세상을 떠나게 되었다. 그의 묘지에 있는 비석에는 'J. A. Boullan 고귀한 희생자'라는 문구가 새겨져 있었다.

조제프 앙투안 블란의 사인이 과연 스타니슬라스 드 과이타 일파의 저주 탓인지, 그 진실은 아무도 알 수 없다. 어쨌든 마술사끼리의 목숨을 건 싸움은 이렇게 결판이 났다.

반트라스와 자선 카르멜회

외젠 반트라스(Eugene Vintras)는 원래 노르망디 지방에 있는 시골 출신의 가난한 직인(소공업자)이었는데, 어느 날 누더기를 걸친 기묘한 노인의 방문을 받는다. 훗날 반트라스 본인의 이야기에 의하면 이 노인은 성 미카엘이었다. 그는 이 노인으로부터 루이 17세에게 보내는 편지를 위탁받았다고 한다. 7월 혁명 이후 스스로 노르망디 공 루이 17세라고 칭하며 도당을 모았던 시계공 나운도르프(Naundorff)는 당시 세상을 떠들썩하게 만들었던 인물인데, 반트라스는 이리하여 이런 사기꾼 같은 사내를 지지하게 되었다.

1830년경 반트라스는 칼바도스(Calvados)현에 있는 캉(Caen)에 가까운 티슈르스루에 자선카르멜회(Carmélites de la charité)라는 것을 창립했다. 루이 17세를 지지할 정도였기 때문에 그 주위에 모여든 신자들 중에는 왕당파 사람이 많았다. 반트라스는 많은 증인 앞에서 다양한 기적을 행했다. 예를 들어 그는 피로 된 땀을 흘렸다고 한다. 또한 그가 기도를 바치면 몸에서 향기가 나면서 땅 위로 가볍게

<그림 41> 반트라스 사제

떠올랐다고 한다. 텅 빈 성배에 손을 대면 눈 깜짝할 사이에 포도주가 가득 차기 시작했고, 제단에 올라가면 그가 발을 디딘 곳에서 피로 적힌 문자나 심장 형태가 서서히 드러나는 성체빵이 나타나기도했다. 의사가 이것을 분석해보니 틀림없이 인간의 피였다고 한다. 사람들은 반트라스를 '새로운 그리스도'라고 불렀다. '새로운 그리스도'의 사적을 기록한 문서나 흑미사에 관한 소송 기록은 반트라스

문고로 리옹에 보관되어 있다. 위스망스는 『저 아래로』를 쓸 때 블란 사제에게 부탁해 이것을 이용할 수 있었다.

그러나 이 일파에도 적이 있었다. 알렉산드르 조프루아는 반트라스에 대한 격렬한 비방의 글을 발표했고 "티슈르스루의 새로운 그리스도는 음란한 의식을 주재하고 있다. 거기서는 전원이 나체로 참가하는 에로틱한 미사가 행해지고 있다"고 폭로했다.

그 때문인지는 알 수 없으나 어쨌든 반트라스는 로마교황청에 고발당해 1843년 11월 교황 그레고리오 16세로부터 신도 일동과 함께 파문당했다. 그러나 반트라스는 조금도 굴하지 않고 반대로 교황을 비난하며 스스로가 교회의 지도자랍시고 마치 교황이나 입을 법한 옷을 걸치고 황금 왕권을 쓰고 장식용 봉을 손에 들고 다녔다. 교황청은 더 이상 무엇을 할 수도 없었다. 요술사로 고발당해도 그의 명성은 더더욱 하늘을 찌르며 신자들이 증가할 뿐이었다. 미사를 집행하면서 그가 성배 안에 있던 포도주를 부글부글 끓어오르는 피로 바꿨다는 따위의 전설마저 유포되었다.

프랑스 제2 제정 시대에 그는 국외 추방을 당했으나, 이후에도 오랫동안 그가 씨를 뿌려놓았던 카르멜회는 존속되었다. 리옹이 악명 높은 흑미사 도시로 알려지게 된 것도 이 카르멜회의 본거지가 바로 이곳에 있었기 때문이다.

근대의 교조들

근대 오컬티즘(신비학)의 실천자 혹은 연구자들 중에도 비밀결사적 그룹이나 계통이 몇 가지 있는데, 그런 그룹들의 교조나 지도자의 이름은 일반 대중(특히 일본 대중)에게는 거의 알려져 있더라도 해당 분야의 전문적 학자 사이에서는 여전히 눈부신 영광에 휩싸여 있다.

18세기의 생제르맹 백작이나 칼리오스트로는 거의 전설적인 존재다. 두 사람 모두가 스스로 장미십자단의 정통을 이어받은 사람이라고 자임하고 있었다.

앞서 언급했던 19세기 말의 스타니슬라스 드 과이타 후작도 순수하게 과거의 장미십자단적인 발상으로 카발라 학자들 일파('장미십자의 카발라단')를 만들어 스스로 그 수령이 된 학자다. 그는 소설가 모리스 바레스의 친구였다.

과이타가 죽자 일파 지도권은 파푸스(Papus, 본명 제라르 앙코스[Gerard Encausse]) 박사에게로 넘어갔다. 그는 신지학자 그룹인 '이시스'를 창립하여 최면술이나 영매 연구도 진행한 바 있다. 제1차 세계대전 중 그가 독일군의 베르됭(Verdun) 공격과 그 패배를 예언했던 것은 유명한 이야기다. 1916년 사망했다.

파푸스 박사의 협력자로 폴 세디르(Paul Sedir)라는 카발라 박사가 있다. 세디르(Sedir)는 Desir(욕망)의 애너그램(Anagram, 어구전철, 단어 철자의 순서를 바꾸어 다른 단어를 만드는 것-역주)이다. 만년에 그는 복음서

<그림 42> 조제핀 펠라당(Joséphin Péladan)

연구로 전향했다.

유명한 조제핀 펠라당(Joséphin Péladan)도 처음엔 과이타의 '장미십자의 카발라단'에 속했는데 1890년 탈퇴하면서 새롭게 '성당과 성배의 장미십자단(가톨릭 장미십자단, Ordre de la Rose-Croix Catholique)'이라는 것을 창립했다. 1899년에는 과이타의 신도와 펠라당의 신도가 합병했는데 양자 사이에는 험악한 분위기가 형성되었던 모양이다.

19세기에 이름을 알렸던 신비사상 가운데 아마도 가장 유명한 것은 발자크나 낭만파 작가들에게 심대한 영향을 끼쳤던, 이른바 마르티니스트(Martinist) 일파의 철학일 것이다. 창시자는 생 마르탱

<그림 43> 엘리파스 레비(Eliphas Levi)

(Louis-Claude de Saint-Martin)과 마르티네스 드 파스칼리(Martines de Pasqually)로 그들 역시 카발라나 장미십자의 이상을 원용하고 있다.

『고등마술의 교리(Dogme et rituel de la haute magie)』(1855년)라는 한 권의 책으로 프랑스 상징파 시인들에게 절대적인 영향을 끼쳤던 엘리파스 레비(Eliphas Levi, 본명 알퐁스 루이 콩스탕[Alphonse Louis Constant])는 '영국장미십자협회'에 속해 있었다. 런던에서 그는 소설가 불워 리턴(Bulwer-Lytton)과 함께 소환술 의식을 행했다고 한다.

빅토리아 왕조 시대의 영국 신비학을 대표하는 러시아 태생의 헬레나 페트로바나 블라바츠키(Helena Petrovna Blavatsky)는 1875년, 그

<그림 44> 구르지예프(George Ivanovich Gurdjieff)

의 충실한 협력자인 헨리 스틸 올콧(Henry Steel Olcott)과 함께 뉴욕에서 '신지학협회(神智學協會)'를 창설했다. 시인 예이츠는 그녀의 감화를 받은 문학자 중 한 사람이다. 1891년에 세상을 떠났다.

블라바츠키 부인의 후계자는 생애에 걸쳐 인도 독립운동을 지지했던 애니 베산트(Annie Besant) 부인이다.

독일의 신지학자 루돌프 슈타이너(Rudolf Steiner)는 1913년 '인지학협회(人智學協會)' 운동을 일으켰다. 현재에도 이 운동이 계속되고 있다.

미국에서는 장미십자단을 계승하겠다는 운동이 19세기부터 활발히 행해지고 있다. 그 가운데서도 유명한 것은 E. A. 히치콕 장군과 그의 친구인 파스칼 베벌리 랜돌프(Paschal Beverly Randolph) 박사의 '장미십자동지회'다.

20세기의 가장 유명한 마술사는 아마도 1949년 11월 파리에서 세상을 떠난 러시아의 구르지예프(George Ivanovich Gurdjieff)다. 그는 완전히 독창적인 성(섹스) 철학을 창시했다. 그의 제자 중에는 사회적 명사가 다수 존재했다. 예를 들어 영국의 여류작가 캐서린 맨스필드(Katherine Mansfield), 프랑스 배우 루이 주베(Louis Jouvet) 등이다. 오늘날에도 여전히 그의 열광적 찬미자가 적지 않은데, 결국엔 색마에 배덕자일 뿐이라고 비판하는 사람들도 있다.

다음에서는 이런 근대의 비밀결사들의 교조 가운데 특히 흥미롭고 개성적인 인물을 네 사람 골라 가능한 상세히 언급해보고 싶다.

랜돌프 박사와 성(性)의 마술

파스칼 베벌리 랜돌프(Paschal Beverly Randolph) 박사(1825~1875년)는 아프리카인으로 백인과 흑인의 혼혈이다. '장미십자동지회'라는 비밀결사의 두목이었다. 이 결사에는 연금술 이론에 관해 새로운 해석을 보여준 미국 육군 퇴역장교 E. A. 히치콕이라든가 미국 대통령 링컨처럼 일류들이 모여 있었다. 결코 사기꾼 모임은 아니었다.

랜돌프의 아버지는 버지니아주 출신의 미국인, 어머니는 버몬트주 출신의 혼혈아로 인디언, 프랑스인, 영국인, 독일인, 마다가스카르인 등의 피가 섞여 있었다. 5세 때 어머니를 잃은 랜돌프는 아이에게 전혀 관심이 없는 배다른 누나에 의해 양육되었다. 고독한 처지에 놓여 있었기 때문에 이 아이는 모험이나 여행을 꿈꾸고 있었다. 15세의 나이에 견습 선원으로 배를 타기 시작해 20세까지 세계 여러 나라의 바다를 누비고 다녔다. 이후에도 다양한 직업을 전전하면서 온갖 지방을 여행했던 모양이다. 정규 교육은 받지 않았지만 선천적으로 우수한 두뇌와 발군의 기억력으로 방대한 양의 책을 닥치는 대로 읽었다. 신비학이나 오컬트 사이언스에 특히 흥미를 느꼈고 의학 같은 학문까지 배웠다고 한다.

그야말로 대여행가라고 불릴 만한 자격을 갖추고 있다. 그가 답파한 지방은 캘리포니아, 멕시코, 중앙아프리카, 남미를 비롯해 영국, 아일랜드, 스코틀랜드, 프랑스, 심지어 튀르키예, 시리아, 아라비아, 이집트까지 이르렀다. 프랑스에서는 소설가 알렉산드르 뒤마나 신비학자 엘리파스 레비와 알게 되었다. 시리아에서는 이슬람교의 이단 안살리에파의 신비의식에 참가가 허용되었다. 그가 동서고금의 비밀 학문에 통달했던 이유는 이런 여행에 힘입은 바가 컸다고 할 수 있다.

남북전쟁 동안 그는 자신의 신비학 연구에 여념이 없었지만 연구하는 틈틈이 북군을 위해 적극적으로 활동했다. 흑인 병사 의용군

<그림 45> 파스칼 베벌리 랜돌프(Paschal Beverly Randolph)

을 소집해 해방 노예 교육에 전념했다. 링컨과 친교를 맺게 되었던 것은 이 때문이었다.

랜돌프가 처음으로 가입했던 비밀결사는 보스턴에 본거지가 있는 H·B·L(룩소르[Luxor] 연금술협회)이라는 단체였다. 그러나 1870년 무렵 그는 자신이 주제하는 E·B(에우리스 협회)라는 입사식 서클을 창립했다. 여기서 그가 가르쳤던 것은 주로 마기아 섹슈얼리스(Magia Sexualis, 성의 마술)이다. "성은 가장 위대한 자연의 마술적 힘이다"라고 주장하며 이것을 제자들에게 실제로 가르치고 있었다. 이 때문에 나쁜 평판도 생겨났지만 그의 연구가 결코 불성실하거나 진지하지 않았던 것은 아니다(나는 그의 저서 『마기아 섹슈얼리스』를 불어 번역본으로 읽었는데 성교 체위를 그림으로 보여준, 지극히 엄숙하고 의식적인 내용이었다).

뉴욕에 신지학협회를 설립했던 헬레나 페트로바나 블라바츠키 (Helena Petrovna Blavatsky) 부인은 랜돌프 박사를 가장 신랄하게 공격했던 사람이다. 블란 사제와 스타니슬라스 드 과이타 사이에서 벌어진 마술사끼리의 증오 어린 혈투가 여기서도 다시 시작되었다. 그 때문인지는 몰라도 랜돌프 박사는 아직 50세라는 젊은 나이로 갑자기 세상을 떠났다. 일설에 의하면 자살이라고도 한다.

랜돌프 박사의 『마기아 섹슈얼리스』를 불어로 번역했던 사람은 폴란드 태생의 마리아 나글로우스카(Maria de Naglowska) 백작 부인 인데 그녀 역시 박사의 유지를 이어받아 기괴한 성적 의식을 행하는 비밀결사 '삼위일체의 제3명사 종교'라는 것을 창시했다. 그녀는 폴란드 카르파티아산맥 지방의 명문가 출신으로 어린 시절 라스푸틴을 만난 적이 있다.

나글로우스카 부인의 비밀결사에서는 교수형 의례라는 것이 있었던 모양이다. 독일의 괴기 작가 구스타프 마이링크(Gustav Meyrink)의 『골렘(The Golem)』이라는 소설에 그와 비슷한 것이 묘사되고 있어서 흥미롭다. 그녀가 가르치는 에로틱한 종교 교의와 의식은 『성의 빛(The Light of Sex)』, 『교수형 신비의식(The Hanging Mystery Initiation)』이라는 두 권의 묵직한 책 속에 언급되고 있다. 물론 일반적인 도서관에서 이런 책들은 열람 금지 코너에 놓여 있을 것이다.

묵시록의 괴물 크롤리

알리스터 크롤리(Aleister Crowley, 1875~1947년)는 온갖 스캔들로 신문 기삿거리가 되는 바람에 수상쩍은 인물로 간주되고 있는 경향이 있지만, 일부의 사람들에게는 외경심의 대상이 되고 있다. 가장 놀랄 만한 20세기의 마술사라고 할 수 있다. 서머싯 몸(Somerset Maugham)의 소설 『마술사』는 바로 이 크롤리가 모델이라는 사실을 작가 스스로 밝히고 있다.

청교도적인 엄격한 신앙을 가진 영국 가정에서 성장한 크롤리는 청년 시절부터 이미 그리스도교에 반항하면서 마술에 친근감을 느끼고 이것을 정신의 실현을 위한 하나의 방편으로 간주하고 있었다. 젊은 시절에는 앨저넌 스윈번(Algernon Charles Swinburne)을 모방한 시를 썼다고 한다. 눈뜨고 봐줄 수 없는 꼬락서니의 문학청년이었던 모양이다. 스스로 '묵시록의 짐승'이라고 칭하며 기꺼이 '더 비스트'라고 서명했다.

1891년 그는 '황금여명회(Hermetic Order of the Golden Dawn)' 교단이라는 장미십자단 스타일의 비밀결사에 가입해 눈 깜짝할 사이에 최고위직으로 승진했다. 하지만 이 결사의 독재적 지도자 새무얼 리델 매더즈(Samuel Liddell Mathers)와 의견 충돌을 일으켜 그곳을 뛰쳐나와버렸다. 그리고 1905년 새롭게 자신이 주재하는 결사인 아스트룸 아르젠티움(Astrum Argenteum, '은의 별' 혹은 A·A라고 한다)을 조직했다. 그는 죽을 때까지 이 조직을 버리지 않았지만 마침내 방종한

<그림 46> 알리스터 크롤리(Aleister Crowley)

방랑 생활을 보내게 되자 이와 비슷한 신비학 서클을 몇 개나 만들었다가는 없애버렸다.

"존재야말로 순수한 기쁨이다. 고통은 스러지기 쉬운 그림자에 불과하다"라고 제자들에게 가르쳤던 크롤리는 동양의 왕처럼 미치광이 쾌락주의자였고, 사치에 빠지고 여색을 밝혔다. 이 때문에 항상 돈에 쪼들렸다. 돈을 마련하려고 스파이 활동을 하고 있다는 소문마저 있었다.

제1차 세계대전 초반 그는 미국으로 건너가 이런저런 화제를 불러 모았지만 미국은 비밀 교단을 설립하기엔 부적합한 땅이라고 판단해 1920년쯤 시칠리아섬의 체팔루(Cefalù)로 옮겼다. 그리고 그곳에서 별장 하나를 입수해 '텔레마 사원'이라고 명명했다. 건물 중앙의 방은 '지성소(至聖所)'라고 불렸고, 마룻바닥에는 마법의 원(서클)이나 오망성(펜타그램, Pentagram)이 그려져 있다. 마법의 원 중심에는 제단이 세워져 있다. 여기서 그는 수많은 남녀 제자들과 함께 마약을 피우면서 성의 마술 실험에 탐닉했다. 이는 그의 독특한 용어법에 의해 '신성혼'이라고 불렸다. 그에게는 첩에 준하는 여자들이 수두룩했다.

그러는 사이에 1922년 11월 19일 날짜로 《선데이 익스프레스》지에 크롤리의 행동을 격하게 비난하는 기사가 나왔다. 필자는 유명한 저널리스트 제임스 더글러스다. 비난의 이유는 크롤리가 이교적이고 요사스러운 향연을 목적으로 한 결사를 주재하고 있다는 점, 제1차 세계대전 중 독일에 협조적인 선전 활동을 했다는 사실, 국왕에 대한 천박한 공격의 글을 발표하고 있었다는 점이었다. 《선데이 익스프레스》지에는 크롤리의 교단에서 도망쳐나온 어느 여성과의 인터뷰 기사도 게재되어 있었다.

해당 여성의 증언에 따르면 교단에서 크롤리는 독재자였으며, 여자들은 그의 명령에 따라 머리카락을 빨간색이나 검정색으로 염색해야 했다. 대화 중 제1인칭 단수를 사용하는 것은 엄격히 금지당하며 만약 위반할 경우 체벌을 받는다. 모든 신도들이 마약에 빠져 있으며, 다섯 살이 되는 크롤리의 자식마저 헤로인이나 코카인을 빨

아대고 있다. 매일 거행되는 교단의 의식은 우선 태양신에 대한 아침 찬가에서 시작된다. 먹을 것이 부족했고 위생 설비도 극단적으로 열악했다. 심지어 병에 걸린 한 청년은 크롤리가 예언했던 날 원인 불명의 죽음을 맞이했다. 교단으로부터 도망쳐 팔레르모(Palermo)에 있는 영국 영사관의 보호를 받아 마침내 영국 본토로 돌아온 후 《선데이 익스프레스》지의 기자에게 모든 것을 폭로한 이 여성은 죽은 청년의 아내였다.

신문을 통해 그 실상이 만천하에 드러나자 여론의 격렬한 비난이 쏟아졌다. 그러나 크롤리는 명예 훼손으로 상대방을 고소하지 않았다. 요컨대 여론의 비난을 정당하다고 인정한 꼴이 되어버렸다. 마침내 그는 이탈리아에서 국외 추방 명령을 받았다.

크롤리의 말로는 비참했다. 그는 생활이 궁핍해졌고 자신이 발명한 일종의 만능약이라고 칭하는 것을 터무니없는 가격에 팔고 다녔다. 그런데도 소수의 열성적인 신자들이 있어서 그의 장례식 때 신자들은 찬미가를 합창했다고 한다. 그의 시체는 사후 4일째 브라이턴(Brighton)에 있는 화장장에서 재가 되었지만 이 위대한 마술사가 아직도 여전히 어딘가에서 생존해 있다고 굳게 믿고 있는 인간도 있다고 한다. 최근 리비에라(Riviera) 해안에서 그의 모습을 봤다는 이야기도 있다.

블라바츠키 부인과 신지학협회

올콧 대령과 함께 신지학협회를 창립한 헬레나 페트로바나 블라바츠키 부인(1831~1891년)은 러시아의 유서 깊은 명문 귀족 출신이다. 그녀의 할머니는 러시아에서 가장 오래된 귀족 도르고르키 공작 부인으로 차르의 친척이다. 어머니 옐레나 파데예프는 아직도 러시아에서 이름이 알려져 있는 여류작가다. 아버지 폰 로텐슈테른한은 발트 해안 메클렌부르크(Mecklenburg, 독일의 옛 주-역주) 지방 출신의 군인이다. 외조부는 사라토프(Saratov, 러시아 연방 서부의 볼가강 주변 도시-역주) 시장 출신이다.

우크라이나 지방의 예카테리노슬라프(Ekaterinoslav, 현재의 드네프로페트롭스크[Dnepropetrovsk])에서 태어난 헬레나 페트로바나는 아주 젊었을 때부터 다양한 초상 능력을 보여주었다. 특출난 영매성을 갖추고 있었으며 자유자재로 최면 투시를 했던 모양이다. 목격자의 이야기에 따르면 그녀는 텅 빈 바구니 안에 언제든 자기 마음대로 과일이 나타나게 하거나 물체를 허공에 날게 할 수도 있었다고 한다. 그녀가 걸어가면 방울 소리 비슷한 소리가 울려 퍼졌다는 이야기도 있다. 훗날 세계 각지를 여행하며 유명한 마술사와 접촉하거나 신비학 관계의 희귀본을 모아 연구한 결과, 그녀의 이런 비상한 자질은 더더욱 예민하게 연마되었다.

16세 당시 아르메니아의 예레반(Yerevan) 요새 사령관이었던 블라바츠키 장군과 결혼했지만 바로 이혼했다. 이후 그녀는 끝없는 여

<그림 47> 블라바츠키 부인

행을 이어갔다. 우선 예레반에서 말을 타고 트빌리시(조지아의 수도, 옛 이름은 티플리스[Tiflis]-역주)로 갔고 트빌리시에서 오데사로, 오데사에서 배를 타고 콘스탄티노플로 건너갔다. 튀르키예에 체재하고 나서 이번엔 카이로에 가서 여기서 알게 된 한 회교도로부터 최초로 비전을 전수받았다. 이리하여 그녀는 이시스를 숭배하는 교도가 되었고 나아가 런던, 파리, 미국으로 보폭을 넓혀간다. 보통 여자답지 않은 모험심은 그야말로 눈이 휘둥그레질 정도다.

　미국에서 그녀는 인디언과 함께 생활하거나 모르몬 교도와 접촉하거나 혹인 구역에 들어가 부두교 의식에 참가하기도 했다. 그리고 멕시코에서 텍사스주로 건너가 여기서 도적 떼와 친하게 교제했다고도 한다. 그녀의 운명에 결정적인 영향을 끼쳤던 것은 런던에서 알게 된 신비한 인도인이었다. 인도인은 그녀에게 티베트로 가서 마술이나 라마교의 심오한 교의를 배워야 한다고 충고했다. 이런 충고를 따라 그녀는 영국인 한 명과 인도인을 동반해 인도에서 스리랑카, 싱가포르, 자바섬, 중국, 페르시아로 여행을 거듭해 마침내 1867년 염원했던 티베트로의 잠입에 성공한다. 장기간에 걸친 동양 생활을 통해 그녀는 불교 비전에 깊이 통달하게 되었다고 한다.

1874년 블라바츠키 부인은 뉴욕에서 남북전쟁에 참가했던 군인 출신의 헨리 스틸 올콧 대령을 만나 친교를 맺는다. 대령은 당시 '화장협회(火葬協会)'라는 결사를 조직해 시체를 인도풍으로 화장해야 한다고 주장했다. 두 사람은 처음엔 '기적 클럽'이라는 신비학 결사를 주도했고 이어 '이집트학 협회'를 창설했다. 마침내 1875년 이것이 '신지학협회'로 발전한다. 두 사람 이외의 협력자로는 영국의 신비주의자 리드비터(Charles Webster Leadbeater), 훗날 인도국민회의 의장이 된, 블라바츠키 부인의 오른팔이라고 할 수 있는 애니 베전트(Annie Wood Besant) 여사가 있었다.

1878년 미국 대통령 러더퍼드 헤이스(Rutherford Birchard Hayes)는 인도에 시장을 개척하기 위해 신지학협회 창립자들을 해당 지역에 파견할 것을 고려했다. 블라바츠키 부인은 미국으로 귀화한 상태였다. 대통령은 올콧 대령에게 통행권을 교부해 특별사절단 임무를 맡을 수 있도록 인도 주재 미국 외교관들에게 지시를 내렸다. 그런데 올콧 대령과 블라바츠키 부인 모두 시장 개척 따위엔 전혀 관심이 없었기 때문에 인도에 도착하자 즉각 반식민지주의 선전을 시작했다. 대통령의 의도는 완전히 빗나가버렸다.

인도의 국민 정신을 칭송하고 민족의식에 눈뜨게 하여 영국의 지배로부터 인도인을 해방시키는 것이 신지학협회의 일관적인 목표였다. 19세기가 끝나갈 무렵부터 인도 철학에 대한 서구의 관심이 점차 고조되기 시작했는데 이것은 신지학협회의 노력에 의거한 바가 크다고 주장하는 학자도 있다.

탁월한 웅변가였던 올콧 대령은 인도 각지에서 몇 번이나 강연회를 열어 그때마다 청중을 열광시켰다. 영국 관헌은 그들을 위험인물로 간주하며 온갖 방해 공작을 시도했지만 올콧 대령은 불굴의 의지로 인도 전역뿐만 아니라 멀리 일본, 인도차이나, 스리랑카까지 강연 여행을 다녔다. 신지학협회에는 인도의 민족주의자, 특히 베나레스(Benares, 갠지스강 중류에 위치한 힌두교 성지-역주)의 대부호 왕족으로부터 막대한 원조금을 받을 수 있게 되었다. 이 자금으로 협회 창립자들은 마드라스 부근인 아디알에 토지를 구입해 서구와의 접촉에 의해 이곳을 새롭게 각성한 인도 정신의 중심지로 만들었다.

그러나 블라바츠키 부인은 건강상의 이유와 그리스도교 전도사들의 압력 때문에 인도를 떠날 수밖에 없게 되어, 결국 올콧 대령만 인도에 남겨둔 채 홀로 유럽으로 돌아가 만년엔 오로지 신비학 관련 저술에 빠져 살게 된다. 그러다 런던에서 세상을 떠난다. 그녀의 중요 저서는 『베일 벗은 이시스(Isis Unveiled)』(1877년)와 『비밀 교리

(The Secret Doctrine)』(1888년)인데 드니 솔라의 표현에 의하면 이것이 야말로 "르네상스 이후 온갖 작품들에 대한 데이터를 이용한 일종의 근대 신비학 전서"였다고 할 수 있다.

현재 신지학협회 본부는 인도의 아디알에 위치해 있으며 세계 각국에 지부가 설립되어 있다. 각국 지부는 프리메이슨의 로지처럼 그 하부에 몇 개나 되는 작은 지부를 통괄하고 있다. 멤버 대부분은 공개적인 서클에 속해 있는데 선거에 의해 선출된 특별한 회원만이 엄중하게 비밀이 수호되는 비밀 서클을 형성하고 있다.

슈타이너와 인지학협회

알베르트 슈바이처 박사나 심리학자 융, 화가 몬드리안이나 음악가 브루노 발터(Bruno Walter), 소설가 카프카, 시인 모르겐슈테른(Christian Morgenstern) 등 수많은 지식인들이 찬양하며 우러러보는 루돌프 슈타이너(Rudolf Steiner, 1861~1925년)는 괴테나 니체의 전집 편찬자로서도 유명하며, 20세기 전반의 가장 위대한 신비철학자 중 한 사람이다. 결코 수상쩍은 마술사와 혼동해서는 안 될 존재다.

과거에 존재했던 오스트리아·헝가리 제국의 소도시 크랄예베치(Kraljevec)에서 철도공무원의 아들로 태어난 슈타이너는 빈의 공업대학 재학 당시부터 괴테의 저작물에 친숙했는데 이윽고 광학, 천

<그림 48> 루돌프 슈타이너(Rudolf Steiner)

문학, 식물학을 배우는 가운데 자연과학자로서의 괴테를 발견한다. 괴테의 저작물 중『식물변태론』이나『색채론』이 있다는 사실은 주지하는 바와 같다. 정신을 무시하는 근대 자연과학의 방법이 아니라 자연과 정신을 연결시켜 살아 있는 세계를 탐색하는 방법을 그는 괴테의 작품 속에서 간파했던 것이다. 괴테의 미발표 작품 편찬이나 괴테 연구에 의해 슈타이너는 1897년 문학박사 학위를 받는다.

이후 베를린에서 문예비평가로 활약하거나 몇몇 문예잡지에 협력하거나 노동자 학교 강사로 일하면서 신지학에 흥미를 가지고 독일 신지학협회에 가입해 점차 중요한 지위를 차지하게 된다. 훗날 부인이 된 마리 폰 베르스와 함께 유럽 각지를 돌며 강연하기도 한다. 그러나 너무나 동양적, 인도적인 색채가 농후한 신지학으로부터 그는 서서히 멀어지기 시작하며 그리스도교의 비교적(祕敎的) 경향으로 눈을 돌리게 된다. 특히 그는 애니 베전트 여사가 크리슈나무르티(Krishnamurti)라는 젊은 인도 소년을 장래의 메시아로 교화하는 것에 대해 찬성할 수 없었다. 이리하여 그가 스스로 제창한 인지학(Anthroposophy) 협회라는 것을 설립한 것은 1913년의 일이다.

같은 해 슈타이너는 스위스 바젤 근교의 도르나흐(Dornach)에 인지학운동을 위한 이상적 전당 괴테아눔(Goetheanum)을 건설하겠다고 결심한다. 이것은 모든 건물이 목조로 구석구석에 이르기까지 그가 직접 설계한 것이나 마찬가지였는데, 완성된 것은 1920년이었다. 여기서 그는 연극 공부를 하던 마리 부인의 협력을 얻어 일종의 신비극을 상연하거나 거의 매일같이 새로운 테마로 2시간 남짓 강의하기도 했다. 인간의 감성에 직접 호소하는 인지학에서 예술적 활동은 중대한 요소였다. 괴테아눔 주위에는 열성적인 제자들이 모여들었고 인지학 운동은 유럽 전역으로 확대되어 파리에도 지부가 건설될 정도가 되었다.

최초의 괴테아눔은 1922년의 연말 밤, 슈타이너의 오후 강의가 끝나는 동시에 내부에서 발화된 화재로 소실되었다. 필시 나치 당원이 방화범일 거라는 이야기가 나돌았다. 그래서 이번엔 철근 콘크리트로 첫 번째 괴테아눔과 완전히 동일한 위치에 당장 두 번째 괴테아눔 건설이 계획되었다. 공사는 1925년 착수되었는데 슈타이너는 그 완성을 보지 못한 채 같은 해 64세의 나이로 세상을 떠났

<그림 49> 제1차 괴테아눔. 남쪽 정면

다. 괴테아눔에서의 그의 강의는 제자들에 의해 속기되어 오늘날 약 600권의 전집으로 간행되고 있다.

슈타이너의 방법은 간단히 말해, 표상상(表象像)의 불확실하고 애매한 성격을 극복하고 이것에 강도 높은 존재 양식을 과연 어떻게 부여할 수 있을지, 그 구체적인 내용에 관해서였다. 밀교에서의 '관상(觀想)' 등의 수행 방법과 흡사한, 인간 내면에 있는 신비로운 인지 능력을 일깨우는 이른바 새로운 내적 체험, 초감각적 체험에 대한 탐색이다.

슈타이너는 인지학 이념의 중심적 표현으로 괴테아눔이라는 무대 배후에 놓기 위해 거대한 목조 군상을 직접 새겼다. 목조 군상은 우리의 지적 세계를 지배하는 두 가지 암흑 원리, 루시퍼와 아리만의 중심에 한쪽 손을 치켜 올린 인간의 전형인 그리스도를 배치했다. 신지학과 반대로 인지학은 인식의 중심에 신이 아닌 인간을 배치한다.

아시아의 비밀결사

〈그림 50〉 네팔의 탄트라 회화

티베트의 탄트라파

인도나 티베트, 네팔에는 힌두교나 불교의 분파라고 할 수 있는 수많은 민간신앙의 비밀 예배가 있다. 그것은 보통 탄트라파라고 불린다. 즉신성불을 이상으로 하는 밀교이며 그로테스크한 남녀교합상을 중심으로 온갖 교의나 종례(宗礼) 형상이 보인다. 남녀교합상은 남녀가 서로 부둥켜안고 있는 이른바 환희불이다. 남신의 무릎 위에 여신이 승마 자세로 걸터앉아 있다. 양신 모두 머리 주변에 다수의 두개골을 장식하고 발로 시체를 밟고 있다.

탄트라파는 원래 시바신의 비(妃)인 파르바티를 숭배하는 교파로, 신비(神妃)의 성력(性力)인 샤크티에 관한 성전을 '탄트라'라고 부르는 데서 시작되었다. 성전의 대부분은 고의로 비밀스럽게 표현한 애매한 문장으로 가득해 의식 상태나 형이상학적 계시도 에로틱한 용어로 표현되고 있는 경우가 있다. 7세기 이후 인도 전역으로 퍼져 특히 벵골 지역에서 행해졌다고 한다. 훗날 티베트로 전해져 티베트의 풍속 신앙과 동화되어 라마교가 되었고 만주, 몽골, 네팔 지방으로까지 파급되었다.

우주 전체의 창조를 활기차게 만드는 성력은 여신 샤크티로 인격화되었고, 이런 여성적 우주 원리를 중심으로 예배가 행해진다. 여신은 윰(Yum, 어머니), 남신은 야부(Yab, 아버지), 남녀합체상은 '야부윰'이라고 불린다. 간단히 말해 탄트라파의 설법은 요가의 관법(観法)에 의해 인간적 조건을 초월해 육체 그대로 부체가 되는 것에 있었다. 그 때문에 호흡을 가다듬고 만트라(진언[眞言], 주구[呪句])를 반복해 만다라(세계와 모든 신의 상징을 배치한 회화)에 대해 명상한다. 즉, 그 근저에 형이상학과 신비철학이 깔려 있다 해도, 탄트라파가 설파하는 바는 우선은 하나의 기법이자 실천이었다.

탄트라파에도 분파가 있어서 우도밀교와 좌도밀교로 나뉘어 있었다. 전자는 금욕주의적이었고, 후자는 반대로 번뇌를 긍정하고 극단적인 육욕의 실천에 의해 해탈에 이르고자 하는 교파였다. 즉, 그들은 요가 수행법의 하나인 마이투나(Maithuna, 성교 의식)를 절대시하며 그것에 의해 즉신성불을 완수하고자 했다. 티베트에서는 이 파의 제자가 만다라를 만들고 스승(아사리[阿闍梨])은 이것을 지면에 깔아 많은 신자들 앞에서 아내와 교합해 거기서 흘러나온 정액을 보리심(菩提心)의 씨앗으로 삼아 신자들에게 부여해 마시게 한다고 한다.

말기 탄트라교의 밀교적 일파였던 '사하자승'의 경우, 성애 의식이 더더욱 확대되어 여성 숭배는 극단으로 치닫는다. 초심자는 첫 4개월간 신앙이 독실한 부인의 하인으로 봉사하며 부인의 발 근처에서 자야 한다. 이어지는 4개월간은 부인의 오른쪽에서 잔다. 이후 드디어 두 사람은 서로 껴안은 채 자는 것이 허용된다. 이런 육욕 훈련은 정액의 사출 중지를 가능케 하는 관능의 제어를 목적으로 하고 있다.

일본의 사교, 다치카와류

일본에도 진언밀교 일파와 음양도가 혼합해 태어난 음란한 사교, 다치카와류(立川流)가 있다는 사실을 알고 있을까.

호조씨(北条氏, 가마쿠라 막부의 권력을 장악한 세습 가문-역주)가 집권했던 시대에 야마부시(일본의 산악불교 수행자-역주)들이 모여 있었던 것으로 유명한 교토 후시미(伏見)의 다이고산(醍醐山, 진언종의 명사찰인 다이고지[醍醐寺]가 있다)에 고신(弘真)이라는 학승이 있었다. 계율을 엄격히 지키고 불도의 깨우침을 연 훌륭한 승려였기 때문에 천황의 지지를 얻어 승진을 거듭하여 마침내 도지(東寺, 교토에 있는 진언종의 본산-역주)의 우두머리가 되었다. 도지는 창립 이래 가마쿠라 후기까지 진언종의 중심 사원으로 번영했던 절이다.

그러나 그 무렵부터 고신은 홍법대사(고보대사[弘法大師])의 계승이라고 칭하며 온갖 인신(印信, 비법 전수 증서), 혹은 경문 따위를 거짓으로 만들어 제자들에게 전수하고 자신의 주의를 확장시키고 보급하는 데 힘쓰기 시작했다. 일설에 의하면 종종 궁중에 출입하다가 어느새 타락해 아내를 얻어 육욕을 채우기에 이르렀다고 한다.

태장계 만다라에서 대일여래의 사방에 있는 보현, 문수, 관음, 미륵을 4보살이라고 하는데 고신은 이 네 보살의 이름을 빼고 자신과 아내의 이름으로 바꾸며 스스로 몬칸(文観)이라고 부르며 아내를 후미(普弥)라고 불렀다. 그리하여 만다라 회화를 지면에 깔고 그 위에서 부부가 교합해 자신이 흘린 정액을 반죽해 구슬로 만들어 신자들에게 나눠주었다. 티베트의 탄트라교에서 하는 의식과 완전히 동일하다.

훗날 그는 교토로 추방되어 무사시(武蔵)의 다치카와(立川)에 살며 자신의 유파 보급에 힘썼기 때문에 세상 사람들은 그를 다치카와의 몬칸쇼닌(文観上人)이라고 불렸으며, 그의 유파를 다치카와의 사류(邪流)라고 불렀다. 몬칸이 만든 각종 인신(印信, 비법 전수 증서)이나 경문은 정통파를 자임하는 진언종 승려가 이것을 대부분 없애버렸다고 한다. 한때는 스루가(駿河, 오늘날의 시즈오카현-역주) 지방에 널리 퍼졌는데, 도쿠가와 막부의 탄압에 의해 에도시대가 시작된 직후 다치카와류는 거의 명맥이 끊어진 모양이다.

그러나 『만다라통해(만다라쓰게, 曼荼羅通解)』의 저자인 곤고 라이후(権田雷斧) 대승정 같은 사람은 "몬칸이 다이고산에서 출발한 까닭에 다이고류에서는 지금도 여전히 다치카와류의 흔적이 남아 있는 경우가 없지 않다. 곤고오인류(金剛王院流) 지묘(慈猛) 등이 이러하다. 오노삼류(小野三流, 진언종 오노류[小野流]의 세 유파-역주), 히로사와육류(広沢六流)에서는 결코 이런 부정한 기미가 없다. 따라서 여전히 승방에 사류(邪流)의 서(書)가 남아 있는 것이다"라고 말하고 있다. 똑같은 진언종이라도 다양한 유파가 있는 것으로 보인다.

일본의 산악불교나 민간신앙에는 순수한 밀교 전통만이 아니라 야마부시들에 의해 시작된 슈겐도(修験道), 중국에서 도래한 음양도, 그리고 후지와라 귀족 사이에서 유행했던 도덕적, 신선적 주술사상이 깊이 배어 있는데 여기서는 그 문제에 대해서는 다루지 않겠다.

중국, 혁명운동의 기원

　그토록 광대한 국토에서 북쪽이나 남쪽으로부터의 수많은 이민족 침입에 시달리며 연이은 전란이나 혁명에 위협받아왔던 중국, 이런 중국은 예로부터 수많은 비밀결사가 생겨날 필연성이 있었다고 말할 수 있다. 사회 이면에 거대한 세력을 지녔던 비밀결사에 대한 고찰 없이 중국의 정치, 종교, 혁명에 대해 말할 수 없다.

　중국에서 예로부터 이어져온 정치사상에 의하면 제왕은 하늘의 명령을 받아, 하늘의 대리자로 국토를 다스린다. 따라서 천자라고 일컬어졌는데, 덕이 있고 힘이 강한 자라면 누구라도 그 지위에 오를 수 있었다. 왕가가 바뀌는 것을 혁명이라고 불렸는데, 혁명에는 선양(천자가 황위를 유덕자에게 양보하는 것)과 방벌(放伐, 덕을 잃은 천자를 무찔러 쫓아내는 것)의 구별이 있었다. 어느 쪽이든 하늘의 뜻에 반하는 자는 그 지위를 잃는다고 믿어졌다.

　원나라 말기, 한족 국가였던 송의 왕실을 복원하고자 한산동(韓山童)이라는 자가 창설한 백련회(白蓮會)는 가장 오래된 중국의 종교적, 정치적 비밀결사 중 하나다. 미륵보살을 본존으로 하고 기도와 주술에 의해 병을 치유함으로써 대중 사이에 침투해 그 세력을 크게 확장했다. 이윽고 명에 의해 국가가 통일되고 몽골인의 원나라는 멸망(1368년)해 한족의 지배권이 회복되었다. 그러고 나서 약 300년 후인 1644년, 다시 북방 만주족의 침입에 의해 명나라 황실이 멸망에 봉착하자 백련회의 지류라고도 할 수 있는 다수의 비밀결사가 탄생하게 된다. 요컨대 이민족인 만주인이 세운 청나라 시대에 복청홍명(覆淸興明, 청나라를 멸망시키고 명나라 황실을 재흥한다)라는 내셔널리즘적인 기치를 내걸고 활동한 수많은 비밀결사는 거의 모두 과거 백련회 계통을 계승한 것이었다. 한족에 의해 통일국가를 세우려는 요구는 대중 사이에서 매우 뿌리 깊은 것이었다고 봐야 한다.

　강희제 재위 기간(1662~1721)에 이름을 내걸었던 천지회(天地会, 삼합회[三合会]라고도 불린다)나 건륭(乾隆, 청나라 고종 때의 연호-역주) 시대쯤 성립된 가로회(哥老会, 가제회[哥弟会], 홍문회, 홍방이라고도 불린다) 등은 반청복명을 내건 비밀결사 가운데 가장 핵심적인 것이었다. 결사의 구성원들은 거의 모두 농민, 인부, 떠돌이 예능인 등 하층 민중들로 지식인들은 뒤늦게 참가했다. 이런 결사들은 당시 정부에 의해 탄압받았기 때문에 여러 이름으로 쪼개져 그 지류가 시대적 추이와 함께 지방으로 흘러들어가 더더욱 다양한 결사를 결성하게 되었다. 가경(嘉慶) 연간(1797~1820)에는 산둥반도와 허난(河南)지방에 백우회(白羽會), 삼향회(三香會), 천리교(天理教), 팔괘교(八卦教), 대승교(大乘教), 청문교(淸門教), 백양교(白陽教) 등이 생겨났다. 또한 광서제 23년 그리스도교의 발호에 분개해 교회를 파괴하고 독일인 선교사 두 명을 살해한 대도회(大刀會), 그리고 북청사변(청나라 말기의 외세 배척 운동-역주)을 야기했던 의화단, 쑨원(孫文)이 광둥인과 재외 화교를 회원으로 조직한 홍중회(興中會) 등도 모두 결국은 백련회의 흐름을 이어받은 것으로 볼 수 있다. 청을 멸하고 한족의 부흥을 주장하는 배청홍한(排淸興漢)의 내셔널리즘이, 서구 열강의 아시아 침략과 함께 어느 사이엔가 부청멸양(扶淸滅洋, 청나라를 구해 외국 세력을 물리친다)의 방향으로 변해갔다는 점도 주목된다.

수많은 지류가 청나라 말기에 이르러 쑨원 등 혁명가의 지도 아래 만주정부 전복을 목적으로 하나의 정치결사로 단결했다. 즉 광저우에서 조직된 쑨원의 흥중회, 상하이에서 결성된 차이위안페이(蔡元培)의 광복회(光復會, 훗날 용화회[龍華會]가 된다), 그리고 후난성에서 조직된 황싱(黃興)의 화흥회(華興會)가 대동단결해 단일 혁명당인 중국혁명동맹회(국민당의 전신)가 되었고, 중화민국 혁명의 주도권을 장악하게 되었다.

홍수전과 태평천국

그리스도교 선교사에 의한 전도 활동은 청나라 말기의 민중 사이에서 두 가지 상반되는 기운을 만들어냈다. 하나는 내셔널리즘적 배외사상이었으며, 나머지 하나는 광신적 이상국가 건설에 대한 꿈이다. 태평천국의 난은 그리스도교 평등사상의 세례를 받은 한 청년이 완전히 부패해버린 청나라 정부에 대해 반역을 일으킨, 이른바 종교적 신념에 의한 이상주의 투쟁이었다.

당시의 광둥 지역은 중국 남부의 비밀결사 운동의 일대 중심지라는 양상을 보이고 있었다. 1814년 이 지역에서 태어난 홍수전(洪秀

全)은 학문을 익히고 과거 시험에 임했는데 무려 4회에 걸쳐 번번이 낙방의 고배를 마셨다. 때마침 청나라가 아편전쟁에 패배하는 바람에 세계적으로 망신을 당하는 것을 본 그는 청나라 정부의 관리가 되겠다는 생각을 완전히 접고 전도서를 읽은 후 1845년 그리스도교로 개종했다. 그러나 얼마 지나지 않아 그는 새로운 교회를 창립해 그리스도교와 민간 신앙을 합쳐놓은 독자적인 교의를 만들어 광시성 남동부의 빈농들에게 포교해 교세를 불려나갔다. 이것이 바로 '배상제회'라는 조직이었다.

홍수전은 스스로 '그리스도의 아우'라 칭했다. 태평천국의 옥새에는 "천부상제(天父上帝), 천왕홍일(天王洪日), 천형기독(天兄基督)"이라고 적혀 있다. 아울러 그는 청나라 정부의 변발령에 공공연히 반항해 그 무리들은 모조리 머리카락을 기르고 있었기 때문에 장발적(長髮賊)이라고도 불렸다.

1851년 관헌의 압력에 항거해 홍수전과 그 일당은 마침내 봉기했다. 태평천국이라는 나라를 세워 홍수전을 천왕(天王)으로 삼고 광시성 영안(永安)에 수도를 두었다. 이어 1853년 양쯔강 연안에서 북진해 난징을 점령한 후 천경(天京)이라고 이름을 바꾸고 수도로 삼았다. 태평천국은 그리스도교 신앙에 바탕을 두고 토지 사유를 인정하지 않았기 때문에 토지의 균등 분배라는 슬로건을 내걸고 있었다. 이 덕분에 광범위한 농민층의 지지를 얻을 수 있었고 16개의 성을 공격해 일대 세력으로 성장했다. 청나라 조정은 증국번(曾国藩)을 파견해 남방 의용병('상용[湘勇]'이라고 일컬어졌다)의 지휘를 맡겨 도적의 무리를 평정하려 했지만, 승패는 쉽사리 결판나지 않아 각지는 대혼란에 빠졌다. 이런 내란으로 쌍방 간에 3,000만 명의 희생자가 나왔다고 한다.

태평천국은 1850년부터 1864년까지 그야말로 15년간이나 이어졌다. 결국 정부군의 공격에 굴복했던 것은 태평천국 내부 분열 때문만이 아니라, 영국을 비롯한 서구 열강들이 청나라 조정을 적극적으로 원조했기 때문이다. 패할 때까지 홍수전은 궁중 깊숙이 틀어박혀 종교적 저술에 몰두하고 있었는데, 마침내 전투에서 패했다는 사실을 알게 되자 포위된 천경에서 음독자살했다. 그 시체는 정부군에 의해 능욕당했다.

태평천국의 난은 만주 조정에 대한 한족(漢族)의 독립운동이라는 측면도 가지고 있었다. 결국 실패로 끝나긴 했지만, 청나라 말기의 혁명운동에 심대한 정신적 자극을 부여했다. 청나라 정부의 타락과 약체화가 이 난으로 송두리째 드러났기 때문이었다.

의화단

유럽 열강이 개국을 강요하면서 중국 민중 사이에서는 외국인을 배척하려는 심정이 고조되었고, 청나라 조정에 대한 민중의 증오는 고스란히 유럽인으로 향해지게 되었다. 이런 풍조를 교묘히 이용한 것이 간교한 만주 조정의 실력자, 서태후였다. 1899년 산둥성에 의화단의 난이 발생해 의화단 무리가 톈진, 베이징에 난입하자 정부군은 이들을 도와 의화단 단원들과 함께 베이징 주재 외국 공사관을 에워싸고 공격을 개시했다. 이른바 북청사변이다.

북청사변과 함께 용맹무쌍한 의화군의 이름은 세계적으로 유명해졌다. 의화단은 의화권(義和拳), 권비(拳匪), 복서즈라고도 불렸다. 원래 백련교의 지류인 팔괘교에서 나온 것인데 그 아래로 건자권(乾字拳), 감자권(坎字拳), 이자권(離字拳), 진자권(震字拳) 등의 분파가 있다. 특히 산둥 각지에서 활발했는데 허난(河南), 허베이(河北), 즈리(直隸) 지방에까지 세력을 뻗쳤다. 슬로건은 철저히 '부청멸양(扶淸滅洋)'의 내셔널리즘으로 외국인 선교사를 비롯해 그 고용인, 외국 물품 소지자, 그것을 파는 상점, 철도, 전신 등을 계속 습격했다. 반동적인 청나라 정부가 은밀히 이것을 원조하면서 열강의 힘을 억제했고, 동시에 의화단의 창끝을 '배외'로 향하게 함으로써 정권 유지를 획책했다는 점은 앞서 언급한 바 있다.

물론 의화단은 단순히 배외사상의 정치적 비밀결사가 아니라 신앙을 기반으로 농민 대중과 이어진 종교적 비밀결사였다. 그들은 주문을 외웠고, 부적을 삼켜 포탄을 피할 수 있다고 칭했으며, 권법을 가르치는 것을 교의의 취지로 삼고 있었다. 권법은 호신술을 위한 복싱인 동시에 일종의 신성한 체조이기도 해서 이것을 행하는 자는 무아의 경지에 들어갔다. 이런 종교적 신념에 바탕을 두고 있었기 때문에 전장에서의 그들의 활약상은 실로 눈부실 정도였다.

젊은이나 노인이나 목숨을 아끼지 않는 용맹함을 보였다고 한다.

　영묘한 힘이 있다고 생각되는 문자나 구를 적어놓은 부적을 삼킴으로써 기적적으로 병자가 치유되거나 불로장생의 육체를 획득한다는 신앙, 이것은 원래 도교의 것으로 예로부터 중국 민중 사이에서 빠뜨릴 수 없는 지반을 가지고 있었다. 예를 들어 역사적으로 명성이 자자한 황건적(2세기 말)도 황제(黃帝)나 노자의 가르침을 받들며 부적으로 병을 치유하고 '태평도'라는 일종의 평등사상을 믿으며 반항했던 농민 집단이다. 이 집단의 지도자는 장각(張角)이라는 사람으로 신도들은 모두 황색 두건을 쓰고 있었다(참고로 한산동이 백련회 신자를 이끌고 궐기했을 때, 그들은 항상 붉은 두건을 쓰고 있었기 때문에 홍건적이라고 일컬어졌다).

　어쨌든 권력에 반항하는 농민들은 동서양을 막론하고 거의 반드시 미래 세계의 존재, 고뇌와 비참함으로 가득 찬 현세에서 꿈꿀 수 있는 아름다운 피안 세계의 존재를 믿기 마련이라 종말론과 유토피아의 종교 체계를 무기로 지니고 있다. 유럽 연금술과 흡사한 도교에는 인간계를 초월한 신선의 이상세계가 존재하며, 불교에는 아미타불의 서방 극락정토와 함께 미래불인 미륵보살이 사는 도솔천의 정토가 있다. 그리고 의화단과 기타 내셔널리즘적인 비밀결사에도 예로부터 미륵 신앙이 잔존해 있었다.

청방, 홍방, 재가리

청방(青帮)은 중국인 노동자 계급이 주체가 되어 결성된 가장 강력한 세력을 지닌 비밀결사다. 원래 장쑤(江蘇), 저장(浙江), 기타 양쯔 강 연안에서 북쪽의 베이징 지방으로 보내는 곡물 운반에 종사했던 노동자 사이에서 생겨난 조직으로 일종의 하천운수기관 노동조합이었다. 중국공산당이 정권을 확립할 때까지 상하이나 양쯔강 연안의 하천, 항만 부두에서 일하고 있는 노동자는 거의 모두 청방에 속했기 때문에 청방 세력을 무시하면 정치가 이루어지지 않을 정도라는 평가를 받았다.

청방의 기원에 대해서는 1726년이라고도 하고 건륭제 시절 초기라고도 하는데 확실치 않다. 원래 중국에서는 운하에 의한 곡물 수송이 절대적으로 필요한 상황인데 운하 유역에는 토착민 도적 떼가 횡행하여 종종 운송선을 습격하는 바람에 배를 통한 통행이 매우 위험했다. 이 때문에 도적 떼들과 타협해 배의 안전을 지키기 위해서는 조합에 가까운 결사가 필요했다. 이것에 가로회, 천지회의 흐름이 합류해 청나라 말기에 이르러 대조직으로 세를 불렸을 것이다.

쑨원과 황싱(黃興) 모두 청방 세력을 교묘히 이용했다. 신해혁명(1911년) 이후 이른바 북양군벌(청나라 말기에 위안스카이 등이 건립한 현대식 군사집단-역주)이 남방의 혁명정부(쑨원의 국민당)와 대립해 그럭저럭 10여 년간 장강(長江) 남부를 통치할 수 있었던 것도 역시 청방을 매수했기 때문에 비로소 가능한 일이었다. 당시 상하이에서는 청방의 도당에 의해 편의대(사복 차림으로 적지에 들어가서 몰래 활동하던 게릴라 부대-역주)가 조직되었고, 북벌군(北伐軍)을 대신해 산동군(山東軍)을 공격했다. 또한 장제스의 상하이 쿠데타(1927년)에 공로가 있었던 공진회는 청방의 우두머리 장숙림(張肅林), 이징오(李徵五) 등이 통솔한 결사였으며, 공산당 박멸을 슬로건으로 내세우고 있었다.

1931년 일본의 시게미쓰(重光) 공사(중국 공사로 정전협정 교섭을 맡았으며 상하이 홍커우 공원 천장절 행사 시 윤봉길 의사의 폭탄 투척으로 오른쪽 다리를 잃은 시게미쓰 마모루[重光葵]-역주)와 행정원 부원장 송자문(宋子文)을 상하이역에서 저격했던 것도 청방의 소행이라고 전해진다. 이 무렵의 상하이는 청방 세력의 중심지였으며, 예컨대 프랑스 조계지도 청방에 의해 치안이 유지되고 있다고 말해질 정도였다. 이런 측면에서 보자면 상하이의 청방은 미국의 갱과 비교되는 경우가 있다. 공산당이 계획하는 스트라이크에 대해 청방은 프랑스 조계지 경찰 당국과 통첩해 스트라이크를 무산시키는 데 광분했다. 그리고 소금, 아편의 비밀 거래나 공개 도박장, 기방, 아편굴 등의 경영으로부터 일정한 영업 보험료를 징수했다. 중국 관헌과 프랑스 조계 당국 모두 이를 통해 이익을 얻기 때문에 청방의 영수에게는 도저히 맞설 수 없는 상황이었다.

중국 공산당 정권이 승리할 때까지 청방은 중국 부르주아와 국민당의 무기로 공산당 세력과 날카롭게 대립했다. 봉건적, 반동적인 성격을 노골적으로 드러냈던 비밀결사였다. 마오쩌둥의 봉건적 요소 배제 정책에 의해 약체화되었고, 베이징의 인민재판에서는 매우 엄격한 태도가 취해져 종종 비밀결사에 가입한 자에게 사형이 선고될 정도였다.

홍방은 청방보다 질이 나빠서 토착 도둑 떼 사이에서 결성된 비밀결사다. 강도, 살인 청부, 인신매매, 사기, 유괴, 밀수 등 온갖 나쁜 짓을 저지르는 동시에, 과거엔 증국번(曾国藩)을 도와 장발적 평정 전투에 참가하거나 중화민국 성립 이후에는 위안스카이에 매수되어 혁명당원 암살을 맡거나 정치적으로 이용된 적도 있다. 원래 청방은 운수 노동자 사이에서 조직된 교통노동조합이었던 것에 반해 홍방은 패잔병이나 패망한 유민들이 토착 도둑 떼(토비[土匪])와 연결되어 생겨난 집단이었다. 이 때문에 홍방에 속한 구성원 중에는 그럴듯한 직업을 가진 자가 거의 없었고, 무직의 무뢰배들의 집합이라고 해도 좋을 정도였다. 청방과는 질적으로 완전히 달랐다.

재가리(在家裡)도 가로회의 흐름을 이어받은 하천 노동자 조합으로 청방과 흡사한 역사적 전설을 가지고 있다. 애당초 가로회에서 출발했던 비밀결사 중에는 청방, 홍방, 흑방, 백방, 용화회 등의 분파가 있었으며, 처음엔 확연히 구별되지도 않았는데 시대적 추이에 따라 서서히 각각의 특색이 도드라지게 되었다. 용화회는 만주 정부 전복을 위한 순수한 혁명당이었으며, 흑방은 절도를 업으로 삼는 걸인들의 무리였고, 백방은 순수한 유괴단이다. 가로회의 분파 가운데 정통이라고 칭해지는 것은 청방이지만, 재가리 역시 산동에서 만주에 걸친 지역에서는 청방 이상의 일대 세력을 구축했다. 그러나 청방이나 재가리 모두 조상은 동일해서 개별적인 비밀결사라고는 생각되지 않은 채, 어쩌면 그저 명칭만을 달리했을지도 모른다.

홍창회, 대도회

중국의 지방 농촌에서는 관헌이 폭정을 거듭하고 군대가 약탈을 했을 뿐만 아니라 마적이나 도둑 떼가 종종 무고한 백성을 괴롭혔기 때문에 농민들은 스스로 무기를 들고 자기 방어 수단에 의거할 수밖에 없었다. 경찰이나 보안대는 있으나마나 허울 뿐인 상태였다. 중국 전체를 봤을 때 도적 떼나 전쟁으로 피해가 가장 컸던 지방은 뭐니 뭐니 해도 허난성과 산둥성이다. 따라서 자위 단체가 가장 많이 조직된 것도 이 두 곳이었으며, 홍창회 역시 농민의 무장자위 단체 중 하나였다.

홍창회는 백련교의 흐름을 이어받았다고 일컬어진다. 아울러 백련교의 지류인 팔괘교의 말류라는 설도 존재한다. 어쨌든 1916년경 허난(河南)에서 처음으로 생겨난 것으로 이후엔 대단한 기세를 몰아 산시(山西), 즈리(直隸), 산둥 지역으로 파급되었다. 대도회(大刀會), 소도회(小刀會), 녹창회(綠槍會), 황창회(黃槍會), 구선회(九仙會), 청도회(淸道會), 무극회(無極會), 마의회(麻衣會), 천문회(天門會), 백두회(白頭會) 등도 홍창회를 따라 조직된 비슷한 계열의 농촌 자위단이다.

관병과 토착 도둑 떼 모두 외국제 신식 총기류를 가지고 있기 때문에 농민들은 청룡도나 구식 화승으로 대항해야 했다. 그래서 그들은 탄환도 맞지 않고 칼이나 창에도 안전한 신비롭고 불가사의한 호신 주술법을 억지로 만들어냈다. 홍창회 회원들은 천신에게 제사를 지내고 주문을 외우고 부적을 삼키며 용감히 전투에 임했다. 의화단 등과 마찬가지로 역시 일종의 종교적 비밀결사였다고 말할 수 있다.

홍창회의 규율은 매우 엄격해서 규칙 위반자는 몸에 직접 형벌이 부과된다. 가벼울 경우 태형, 무거운 자는 사형으로 처벌된다. 입회 절차도 매우 엄중해서 입회 희망자는 회원의 소개가 필요하다. 입회식에서는 홍건(紅巾, 빨간 두건-역주) 3척(1척은 약 30cm-역주)을 목에 걸고 우선 천신(天神)과 노사(老師)를 배알한 후 이마를 땅에 두드리는 이른바 '개두(磕頭, 아랫사람이 윗사람에게 무릎을 꿇고 머리를 바닥에 대고 탄원하는 중국의 부복 의식-역주)'의 예를 100회에 걸쳐 시행한 후 노사와 그 자리에 모인 사람들을 향해 선서한다. 노사라는 것은 신도에게 신기한 술법을 부여하고 주문이나 암호를 가르치고 수업 지도를 하는 일종의 교사다. 노사가 신입자에게 훈시를 전하면 이로써 수훈(受訓)의 의례가 끝나고 마침내 신입자는 회원이 될 수 있다.

그러나 회원이 된 후에도 상당히 가혹한 수업을 계속해야 한다. 매일 노사에게 인도되어 신전에 가는데, 아무리 추운 엄동설한이라도 벌거벗은 상태로 향을 피우고 무릎을 꿇고 앉아 묵언 기도를 올린다. 선향의 불이 다 타기를 기다려 주문을 다시 읊조린 후 냉수를 끼얹고 벽돌로 전신을 내리치는 '전박(磚搏)'이라는 고행을 수행한다. 다음으로 노사로부터 신기한 술법을 전수받는데 이는 천신조사(天神祖師) 제단 앞에서 행해진다. 본존은 신불이 합쳐진 온갖 잡다한 형태다. 노자, 공자, 관세음 등을 기리기도 하고 도교의 신, 일월성신(日月星辰) 등을 기리는 경우도 있다. 수업 시간은 점점 연장되어 최초의 49일간 도법(刀法)을 수업하고 그다음 49일간 총 사용법을 배운다.

수업자는 재신(宰神)을 향해 복창하면서 하얀 천으로 만든 원형의 것을 다리 부분에서 몸에 넣어 머리 위로 빼고 세 번 국궁(鞠躬, 몸을 굽혀 존경의 뜻을 표시함-역주)의 예를 갖춘 후 1시간 동안 무릎을 꿇고 앉아 주문을 외운다. 이것을 49일간 반복함으로써 '칼과 창이 몸에 들어오지 않는' 법을 습득한다. 나아가 또다시 49일간 '탄환이 몸을 뚫을 수 없는' 법을 습득하고 이 두 가지 법술(法術)을 습득한 자는 당당한 홍창회 회원으로 호신법 주문이 적힌 부적을 부여받는다.

회원은 매일 아침 부적을 신전에 바치고 향을 태우는 예배를 한다음 부적을 태워 물과 함께 꿀꺽 삼킨다. 그리고 전쟁이 났을 때는 회원 특유의 복장 중 하나인, 빨간 천으로 만든 복대 같은 주머니 안에 태극권(우주만물의 생성·전개를 그림으로 해설한 것)과 부적을 넣어 목에 건다. 막상 전투가 시작되면 부적을 동그랗게 해서 삼킨 후 스스로가 불사신임을 믿으며 용맹하게 적과 마주한다.

물론 탄환에 맞으면 인간은 죽기 마련이지만, 신앙의 힘은 실로 놀라운 것이어서 농민들은 법술(法術)의 위력을 확신하고 있다. 그 진위는 차치하고 실제로 청룡도에 맞아도 거의 상처다운 상처를 입지 않았고, 총탄을 맞아도 그저 보라색 흔적만 피부에 남았다는 불사신 이야기도 전해진다. 국민당원 중 서아무개라는 자는 대략 20걸음 떨어진 지점에서 홍창회 수령에게 6연발 피스톨 여섯 발을 쐈는데 단 한 발도 명중하지 못했고, 탄환은 1척 앞 지점에서 모조리 떨어졌다는 기묘한 이야기도 있다.

대도회에서도 이와 흡사한 불사신 법술 수련이 행해지기 때문에 소개하고자 한다. 신입 회원은 입회 다음 날부터 당장 수업을 시작한다. 우선 목욕재계하고 신들에게 예배한 후 부적을 태워 꿀꺽 삼키고 온몸에 검은색 기름을 바른다. 이때 본인은 죽은 것처럼 잠든다. 기름은 하룻밤 동안 온몸에 스며들어 칼로 베어도 상처가 생기지 않는다. 그런 다음 또 주문을 배워 부적을 삼킨 다음, 겉은 검고 속은 빨간 천에 1,200개의 이름을 쓴 복대(가슴에 대는 갑옷)를 차면 피스톨을 쏴도 결코 탄환이 맞지 않는다고 한다.

홍창회 회원은 각각 8척 길이의 칼자루 상부에 빨간 술이 달린 기다란 창을 들고 있다. 모임의 명칭은 여기에서 나온 것이다. 멀리 송나라 말기에 백련회의 시조인 한산동이 난을 일으켰을 때 신도 일동이 빨간 두건을 뒤집어썼기 때문에 그 말류를 이어받은 홍창회도 빨간색을 자주 사용했다고 한다. 전투에 임할 때 그들은 검은 천으로 두 다리를 감싸고 하얀 속옷, 빨간색 허리띠, 남색 두건 등 화려한 복장으로 몸을 치장한다. 무기는 청룡도에 창이다. 적진을 돌파할 때 밀집부대를 편성해 각각 팔자걸음으로 한 걸음 한 걸음 힘을 주면서 입으로는 주문을 외우면서 전진한다. 그야말로 케케묵은 무사의 고풍스러움을 보여준다.

세계홍만자회

세계홍만자회(世界紅卍字會)는 이른바 비밀결사로서의 색채는 진하지 않다. 도원(道院)이라는 중국 신흥종교의 부설기관으로 오히려 자선단체적인 성격이 강해 일본의 오모토교(大本教)와 비슷한 측면이 있다. 도원은 1920년 산둥의 홍해공(洪解空), 유복록(劉福錄) 등에 의해 지난(済南)에서 창설되었는데 불과 2년 만에 중국 전역으로 보급되었고, 해외로까지 발전해 파리, 베를린 등에도 설치되었으며, 일본에서도 1922년 고베(神戸)에 개설되었다.

도원의 교의는 중국의 토속신앙과 유교, 불교, 도교, 그리스도교, 회교 등 5대 종교를 절충한 것으로 신자에게 정좌와 선행을 권장했으나 그 행동은 오로지 홍만자회에 의한 사회적 자선사업이었다. 따라서 활동 내용에 대해서는 상세히 언급할 필요가 없을 것이다.

5대 종교를 열어준 신, 즉 다섯 성인의 신령이 사람의 몸에 내림으로써 작성된 글을 계시(乩示)라고 하고, 이런 계시를 청하는 장소를 계단(乩壇)이라고 했다. 계시란 이른바 '신이 내린 친필(오모토교 등에서 교조가 신의 계시를 적은 글-역주)' 같은 종류의 것이다. 주요 내용이 매우 흡사했기 때문에 결국 오모토교와 도원은 서로 제휴하기에 이르렀고, 양자의 간부들이 바다를 건너 친밀히 왕래할 정도였다.

홍만자(紅卍字)란 "태양이 세계를 구석구석 비추는 것처럼 은혜가 미치지 않는 곳이 없다"는 의미로 홍은 적성(赤誠, 참된 정성-역주)을 상징하며 만(卍)은 길상운해(吉祥雲海)라고 칭해 불상(仏相)을 상징한다. 만(卍)은 항상 붉은색으로 적혀 이 모임의 상징으로 사용되었다. 같은 자선단체라는 점에서 봐도 적십자사의 마크와 흡사하다. 그러나 적어도 중국에서는 종교적 기반 위에 선 일종의 수양단체인 홍만자회가 적십자보다 훨씬 큰 힘을 가지고 있었다. 물론 제2차 세계대전 이후의 새로운 중국에서는 그 의미가 대부분 상실되었다.

덧붙여두자면 공산혁명 이후의 새로운 중국에서 비밀결사의 존재는 허락되지 않는다. 그토록 중국 역사에서 막중한 역할을 해냈던 수많은 비밀결사는 거의 존재감이 사라져버린 상태다. 그러나 화교나 중국인 이민자가 있는 곳에서 오래된 중국의 망령은 여전히 명맥을 유지하고 있다. 홍콩, 말레이시아, 인도네시아, 그리고 아메리카대륙에조차 과거 비밀결사의 잔재가 남아 있다고 한다. 최대 중심지는 아마도 인구 100만의 80%를 중국인이 차지하고 있는 싱가포르다. 영국 경찰 당국의 발표에 의하면 이 도시에는 정식으로 등록된 1,000개의 결사나 클럽이 있고 수상쩍은 300개의 도당이 있으며, 그중 몇 개인가는 지금도 여전히 입사식을 거행하고 있다고 한다. 물론 그중에는 혁명적인 정치단체도 있을 것으로 추정된다.

이슬람교의 비밀결사

<그림 51> 이슬람교의 고행승

수피파의 신비사상

　세계 3대 종교 중 하나인 이슬람교에도 정통파와 이단파가 있는데, 크게는 수니파가 정통, 시아파가 이단으로 분류된다. 물론 2대 종파 외에도 무수한 분파, 이로부터 갈려져나온 지파(支派), 교단이 있다. 여기서는 이슬람교의 역사나 신학에 대해 상세히 언급하는 것은 피하고, 오로지 비밀결사나 신비적인 의례에 관한 내용에 대해서만 언급할 예정이다.

　우선 이슬람교의 신비주의로 가장 유명한 수피파에 대해 살펴보자. 수피파는『코란』의 교의 일부에 대한 해석에서 정통 수니파 이론과 충돌한 적도 있으며, 922년에 이 분파의 중요한 인물인 알 할라지가 바그다드에서 책형(磔刑, 기둥에 묶어놓고 창으로 찔러 죽이는 형벌-역주)을 당했던 것을 비롯해 상당히 박해를 받았던 시기도 있었다. 그러나 엄밀한 의미에서는 이단파라고 말할 수 없다. 어디까지나 정통파 신학 내의 분파라고 해야 한다. 왜냐하면 이슬람교에서 분파의 원인은 교의상의 의견 차이라기보다는 오히려 정치적 이유 때문인 경우가 대부분이기 때문이다. 종교가 곧 국가인 이슬람 체제에서 세속에서의 최고 권위자가 누구인지는 가장 중요한 사항이었다. 바그다드의 압바스 왕조의 칼리프는 정통 수니파의 대변자였으며 이에 반해 이집트 파티마조의 군주는 이단 시아파의 대변자였다.

　수피파라는 명칭은 초기 고행자들이 하얀 양모로 짠 검소한 옷(수피)을 걸치고 있었기 때문에 생겨났다. 그 기원에 대해서는 여러 설

<그림 52> 수피파의 무도승

이 있는데, 그리스도교, 유대교, 신플라톤파, 나아가 페르시아나 인도 등 다양한 신비사상의 영향을 받았다. 범신론적 일원론으로 자아를 내려놓고 신과 융합할 것을 강조한다. 책형에 처해져 세상을 떠난 수피파의 시인 알 할라지는 다음과 같이 노래하고 있다. "나는 내 사랑하는 자(신, 神)가 되었다. 내 사랑하는 자(신, 神)는 내가 되었다. 우리는 유일한 육체로 융합한 두 개의 정신이다". 이른바 탈아(엑스터시) 상태를 수피파 시인들은 종종 더할 나위 없이 에로틱한 이미지로 표현했다.

12세기 이후 수피파의 고행승들은 아라비아 각지에서 수백에 이르는 비밀결사적 종단을 형성했고, 각각의 종단의 절대권력적 수장(샤이흐, Shaykh)에 의해 정해진 타리카(Tariqa, '길'을 의미)를 엄중히 지키고 있었다. 타리카에는 세세한 규칙이 있었으며, 그런 절차들을 하나하나 밟아 고행승들은 점점 완성으로의 길로 나아간다. 탈아 상태에 도달하기 위해 열광적인 윤무(輪舞, 여럿이 둥글게 돌아가면서 추는 춤-역주) 수단에 의지하는 일파도 있었다. 무도(舞踊) 의식을 수행하는 수도자를 무도승(마우라비)이라고 한다. 13세기의 시인 루미(Rumi, 이 신비주의 시인도 매우 에로틱한 사랑의 시를 읊었다)가 조직했다. 메블레비파(Mevlevilik)의 수행자들을 통해 이런 기묘한 무도 의식이 만들어졌다.

마치 인도의 요가 수행자가 육체적 단련에 의해 무아지경에 도달하는 것처럼 수피파 승려들도 육체적 혹사에 의해 계시를 얻었다. 이집트나 아라비아로 여행을 떠난 수많은 외국인들이 전하고 있는 것처럼 수피파의 무도승들은 의식을 잃고 쓰러질 때까지 몇 시간이든 원을 만들어 계속 춤을 춘다. 특히 열광적인 북아프리카 일파에서는 신이 들린 상태에 빠진 고행승이 철로 된 사슬을 찢어버리거나 불타오르는 숯불을 삼키거나 자신의 뺨에 바늘을 찌르거나 자신의 양쪽 눈에 쇠막대기를 쑤시거나 피가 나올 때까지 자신의 등을 채찍으로 때리는 등 온갖 종류의 무시무시하고 기적에 가까운 아슬아슬한 행위를 보여준다고 한다. 그래도 전혀 고통을 느끼지 않고 상흔도 남지 않는다. 살아 있는 양을 먹어 치우는 수행자도 있다고 하니 그야말로 경악스러운 이야기다.

이단 이스마일파

이슬람교의 이단 시아파의 분파에 이스마일파가 있다. 9세기 시리아에서 페르시아인 마이문의 아들 압달라에 의해 창시되었다. 이 파의 신앙적 특색은 일종의 로맨티시즘이라고도 표현할 수 있는 극적 색채를 보여준다는 점이다. 과격하고 비타협적이며 정통 수니파가 숭앙하는 초대 교도나 이후의 '이맘(이슬람교의 크고 작은 종교 공동체를 지도하는 통솔자-역주)'을 일절 인정하지 않는다. 즉『코란』의 가르침에서 더 나아가 6명의 예언자(아담, 노아, 아브라함, 모세, 그리스도, 마호메트) 이외에는 제7대째의 '이맘' 무하마드 빈 이스마일만을 인정하고 그 이외의 '이맘'은 이맘으로 인정하지 않는다. 그래서 시아파 본류를 '12대파'라고 부르고 이스마일파를 '7대파'라고 부르는 경우가 있다.

이스마일파의 교의는 그노시스파로부터 강한 영향을 받아 비교적(祕敎的) 성질이 농후하다. 정통파 이슬람과는 상당히 양상이 다르다. 명백한 입사식형 종교다. 입사식에는 일곱 가지 단계가 있고, 마지막 단계에 이르러 비로소 비전이 부여된다. 9세기 이후 인도, 중앙아시아에서 북아프리카에 걸쳐 세력을 얻어 역사상 몇 번인가의 파란을 일으켰다. 11세기 후반 바그다드의 칼리프 왕조가 튀르키예의 셀주크족에게 실권을 장악당해 그 영토가 사분오열의 상태에 빠진 다음에도 이스마일파만은 결단코 굴복하지 않은 채 셀주크족의 패권에 끊임없이 도전했다.

오늘날에도 이스마일파는 북아프리카에서 인도까지 상당히 다수의 신도를 확보하고 있으며 그 정신적, 지상적 권력자인 아가칸(Aga Khan, 이스마일파 수장의 세습적 칭호-역주)이 사는 인도에서는 특히 많은 신도들을 확보하고 있다고 한다. 정통파인 수니파에 속하는 민중은 예로부터 이어져온 이 이단에 대해 아직까지도 뿌리 깊은 증오심을 품고 있다고 전해진다.

첨가하자면 이스마일파는 15세기경 인도반도 남부로 흘러들어 왔다. 그들은 인도사상과 혼합된 형태로 이스마일의 교의와 사상을 선전했고, 그런 신도들은 호자(Khoja)라고 칭해졌다. '이맘'은 아가한 이라고 칭했다. 인도에서의 이스마일 교단의 최대 특징은 재산권이 었다. 신자 개개인의 재산을 교단의 공유재산, 혹은 교단의 수장인 아가한의 사유재산이라고 간주한다. 신자들은 수입의 대부분을 매 년 아가한에게 헌납할 의무를 부여받는다. 이리하여 아가한은 인도 에서만이 아니라 세계에서도 가장 유복한 사람이라고 한다. 호화로 운 생활과 할렘 속 미인의 숫자, 심지어 경마용 말의 소유자로 유명 해지고 있다.

암살교단과 '산의 장로'

많은 로맨틱한 소설가나 이야기 작가에 의해 전해 내려왔기 때문 에 현재에는 완전히 전설이 되어버린 암살교단(하산파)은 좀 더 정확하게 표현하자면 '니자리파'라고 부를 수 있는 이슬람교 일파로 시아파 분파인 이스마일파 아래의 하위 지파(支派)다. 다음으로 니자리파에 대해 언급할 예정인데, 이 부분의 기술은 이와무라 시노부(岩村忍) 씨가 저술한 『암살자 교단(暗殺者教団)』(지쿠마쇼보[筑摩書房])을 참고했다는 사실을 밝혀둔다.

니자리파의 개조는 페르시아의 호라산(Khorasan) 지방의 명문가에서 태어난 사람으로 그 유명한 하산 빈 사바흐(Ḥasan Ṣabbāḥ)였다. 그는 니샤푸르(Nishapur, 이란 동부의 도시명-역주) 대학에서, 미래의 신비주의 시인 겸 천문학자이자 그 유명한 『루바이야트』의 작자인 오마르 하이얌(Omar Khayyam)과 동급생이었다. 하산은 이곳에서 수학, 천문학, 마술 따위를 배웠고 처음엔 시아파에 속했지만 어떤 정치적 음모에 실패한 후 이스마일파로 개종했다. 그리고 나서 이집트로 건너가 파티마 왕조의 수도 카이로에서 선교하면서 많은 동지를 얻었다. 이미 이 시기에 하산의 가슴속에서는 장래의 니자리 교단의 근거지 설정에 대한 거대한 꿈이 부풀어 오르고 있었다고 여겨진다.

이윽고 페르시아로 돌아오자 하산은 더더욱 많은 신도들을 모아 1090년 기세를 몰아 카스피해 방면으로 진출했고, 페르시아 북부의 산악지대에 있는 알라무트 소굴을 빼앗았다. 그리고 이곳을 니자리 교단의 요새로 삼아 난공불락의 성채를 재구축했다. 이후 약 150년간에 걸쳐 암살교단의 이름은 근린제국만이 아니라 멀리 유럽, 중국, 몽골에까지 널리 퍼져 이슬람교 권역의 각지 왕족, 귀족들이나 십자군 장병의 공포의 대상이 되었다.

흥미로운 점은 암살교단의 수령 하산('산의 장로'라고 불렸다)이 1090년 알라무트성을 빼앗아 1124년에 죽을 때까지 단 한 발자국도 성 밖으로 나가지 않았다는 사실이다. 바깥 공기를 마셨던 것은 고작 두 번, 그것도 건물 옥상에 올라갔을 때뿐이었다. 그러나 그는 성 안 깊숙이 틀어박힌 채 셀주크 영토의 각지에 잠복하고 있는 충성스러운 니자리 교도에게 지령을 부여하거나 성 안에서 외부로 자객을 보내면서 항상 평지풍파를 일으키고 있었다. 페르시아 산악지대만이 아니라 시리아에서도 다수의 성채를 점령했고, 그 영토는 급속히 팽창되어갔다.

니자리 교단 조직은 절대권력자인 '산의 장로'를 중심으로 똘똘 뭉친 공동체 조직으로 종교적 마키아벨리즘의 가장 극단적 형태를 보여준다. 물론 입사식도 있었고, 본류 이스마일파와 마찬가지로 일곱 위계로 구성되어 있었다. 하산의 사상을 한마디로 표현하자면 원시 이슬람교의 준엄한 절대성을 부활하는 것에 있었다. 그리고 그를 위해서는 수단과 방법을 가리지 않았다. 니자리 교단에 속하지 않는 이슬람교도는 모조리 사교도였기 때문에 많이 죽이면 죽일수록 좋았다. 그러나 그들이 살육하던 대상은 일반 민중이 아니라 다소라도 그들과 적대관계에 있는 칼리프, 술탄, 혹은 정치가나 장군, 부호나 학자 등 유력자였다. 셀주크 왕조의 명재상 니자무르 무스크(그 역시 젊은 시절 니샤푸르대학에서 하산이나 오마르 하이얌과 동문수학했다)의 암살을 비롯해 다수의 이슬람 교도, 십자군 영수가 그들의 공격을 당했다.

초대 '산의 장로' 하산은 90세로 세상을 떠났는데 이후에도 암살 교단의 권력은 여전히 쇠퇴하지 않고 알라무트 산악 성채를 본거지 삼아 '산의 장로'는 8대까지 약 150년간 이어졌다. 1256년 훌라구 칸이 이끄는 몽고 대군에 의해 그토록 군사적 요충지였던 산악 성채는 결국 함락당했고, 제8대 '산의 장로' 피루샤도 참살되었다.

사람들이 쉽사리 접근하기 힘든 니자리 교단의 신비로운 산악 성채에 대한 소문은 '산의 장로'라는 단어가 환기하는 기묘한 이미지와 함께 유럽인들의 로마네스크풍 상상력을 몹시 자극해 후세에 다양한 전설을 낳게 되었다. 확정적인 증거는 없지만 성지를 방어한 템플기사단이 시리아에서 이 암살교단과 장기간 교전하면서 니자리파 신도들과 교섭을 가진 결과 그들로부터 이슬람교의 비전적 교의를 받게 되었다는 설이 있다.

아울러 일설에 의하면 '산의 장로'는 주인 명령에 맹목적으로 복종하는 광신적 신도들에게 에워싸여 있어서 그가 성의 탑 위에서 뛰어내리라고 명령하면 즉시 신도들이 그대로 실행한다고 한다. 도대체 무엇이 신자들로 하여금 그토록 맹목적인 행동을 하도록 부추겼을까.

암살교단과 마약 해시시

알렉상드르 뒤마의 명작 『몬테크리스토 백작』에 '뱃사람 신드바드'라는 장이 있는데, 거기에는 다음과 같은 설명이 있다. 조금 길지만 인용해보자.

"당신은 '산의 장로'에 대해 들어보신 적이 있으신가요? '산의 장로'는 산을 높이 받드는 풍요로운 계곡에서 위세를 떨치고 있었기에 그런 이름을 갖게 되었지요. 그 계곡에는 하사신 빈 사바흐가 만들어놓은 근사한 정원이 있고, 그 정원에는 멋진 성이 있답니다. 그는 자신이 점찍어놓은 젊은이들을 이 성 안으로 불러들입니다. 그리고 마르코 폴로가 남긴 글에 의하면 어떤 종류의 풀을 먹였다더군요. 그러면 젊은이들은 순식간에 아름다운 꽃이 달린 풀이나 나무, 농익은 과일, 영원히 처녀인 채로 남아 있는 미녀가 있는 낙원으로 이끌려갔다고 합니다. 하지만 행복에 도취된 젊은이들이 현실이라고 생각했던 것들은 실은 꿈이었습니다. 단, 그 꿈은 너무나 감미롭고 사람을 혼미하게 만드는 육감적인 꿈이었기에 젊은이들은 이런 꿈을 꾸게 해준 사람에게 몸과 마음 모두를 기꺼이 바칩니다. 그리고 마치 신의 명령에 따르는 것처럼 그 사람의 명령에 따라 자신에게 부과된 희생에 기꺼이 목숨을 바치기 위해 지구 끝까지 달려가곤 했지요. 죽음이라는 것도 결국 현재 자신의 앞에 놓인 신비로운 풀이 맛보게 해주는 환락의 생활로 옮겨가기 위한 하나의 도정에 지나지 않는다고 생각해 아무런 불만 없이 고통을 견디면서 죽어갔다

<그림 53> '산의 장로'

고 합니다."

　인용문 중에 마르코 폴로라는 이름이 나오는데 13세기 말 대여행가가 쓴 이 자료는 아마도 이스마일파 암살교단에 대해 알 수 있는 가장 오래된 자료일 것이다. 소설가 뒤마도 틀림없이 마르코 폴로의 『동방견문록』(제6권)에서 힌트를 얻었을 것이다. 소설 안에서 몽테크리스토 백작이 먹게 한 신비로운 풀은 해시시(인도 대마)라는 마약인데, 전설에 의하면 '산의 장로'는 신도들을 이 마약에 취하게 하여 그들의 용기를 고취시켰다.

　하산파(암살파)라는 명칭은 해시시를 흡입하는 사람(Hachischin)에

<그림 54> 해시시의 환각

서 유래하며, 이 단어는 자객(Assassin)의 어원이 되기도 했다. 보들레르의 인공낙원이란 것은 바로 이 해시시 흡입에 의한 감미로운 환각 세계를 말한다.

그러나 '산의 장로'가 실제로 해시시를 사용해 신도들을 취하게 만들어 그들을 자유자재로 조종했는지는 의문스럽다. 필시 이스마일파에게 적의를 가진 바그다드의 압바스 왕조나 정통 수니파 무리들이 이런 전설을 퍼뜨린 것이지 않을까. 설령 대대로 이어지던 '산의 장로'가 군사적, 정치적으로 권모술수를 행하는 마키아벨리스트 성향의 군주였다고 해도 그들의 종교 활동은 순수하게 신비주의적 비밀종교라는 방향을 향하고 있었기 때문이다.

그런 측면에서 보자면 알라무트 산악 성채의 호사스러운 정원이라는 것도 실은 일종의 우의적, 상징적인 의미였을지도 모른다. 유럽 중세의 기사도 세계에는 이른바 '사랑의 정원'이라는 것이 있어서 연인들이 사랑의 열정의 극한에서 영혼과 육체를 통일시켜 신과 합일한다는 일종의 신비의식이 행해지고 있었는데, 이슬람 세계의 이단 종교에서도 그와 비슷한 그노시스적 관능 찬미가 행해지고 있었을지도 모른다. 속세를 벗어난 산 정상에 그토록 신비로운 성과 정원이 있었으며 일단의 열정적인 신도들이 '산의 장로'를 중심으로 엄격한 입사식과 계율에 의한 왕국을 형성했던 것을 생각하면 우리는 자연스럽게 로맨틱한 상상의 날개를 펼치고 싶어진다.

드루즈파

이스마일파의 또 하나의 분파는 시리아 드루즈 산악지대에 살고 있는 전투적인 드루즈족의 종교다. 시리아 이외에 레바논, 이스라엘, 요르단, 이라크 등의 여러 지방에도 분포하고 있다. 종교 중심지는 시리아 남부 도시 스웨이다(Suweida)다. 언덕의 경사면에 작은 집이 다닥다닥 붙어 있고 오래된 성벽으로 에워싸인 마을이다. 제1차 세계대전과 제2차 세계대전이 벌어지는 동안 시리아 주둔 프랑스군은 자치를 향한 이상에 불타올랐던 드루즈족 민족주의자와 번번이 충돌하며 그 진압에 애를 먹었다. 항상 무기를 손에 들고 있으며 뼛속까지 전투적인 민족이다.

드루즈파의 신비스러운 종교 교의, 입사식, 온갖 의례에 대해서는 거의 다뤄지지 않고 있지만 매우 흥미로운 내용을 담고 있다. 드루즈파의 성전은 이 종파의 개조(開祖)로 간주되는 알 하킴(al-Ḥākim bī Amrih)이 신의 계시에 의해 썼다고 전해지는『예지의 서(書)』이다. 이 성전을 필사한 일부분이 17세기 무렵 시리아의 한 그리스도교 박사에 의해 은밀히 유럽으로 전해져 루이 14세에게 헌상되었다고 한다. 드루즈파의 신앙의 중심을 이루는 것은 점성술적인 숫자의 상징 이론과 신의 부활이나 화신에 관한 이론, 즉 일종의 윤회설이다.

분파의 개조 알 하킴은 원래 이집트 파티마 왕조의 제6대 칼리프였는데, 성격이 잔인하고 특이했다. 여러 명의 재상들을 죽이고 각지의 그리스도 교회당을 파괴하는 바람에 결국 십자군을 유발하는 하나의 요인이 되었다. 그는 그리스도 교도와 유대교 교도를 탄압했으며, 민중에게 검은 옷을 입게 하였고, 당나귀 이외에는 타지 못하게 했다. 스스로 '신의 화신'이라고 선언했는데 그 여동생의 음모로 암살당했다고 한다. 그러나 그는 천문학에 관심을 가져 천체관측소를 세웠으며, 왕궁 옆에 '지혜관'을 세워 책들을 모아놓았고 의사를 양성하는 등 학술 진흥에 마음을 쏟았던 인물이었다. 알 하킴의 복심의 부하로 페르시아인 앗 다라지(Muḥammad ibn Ismāʿīl ad-Darazī)라는 자가 있으며, 새로운 종교의 보급에 매우 노력했기 때문에 이 새로운 종교는 앗 다라지의 이름에 따와 드루즈파라고 불렀다.

드루즈파에는 무사계급과 장로계급이 있었으며, 장로계급만 신비의식에 참가하는 것이 허용되었다. 장로계급이 되기 위해서는 세

가지 끔찍한 시련을 견뎌야 한다. 첫 번째, 장기간에 걸친 단식 이후 음식이 가득 차려진 식탁을 앞에 두고 배고픔에 저항해야 한다. 두 번째, 사막을 3일간 기마 여행을 한 후 신선한 물이 들어간 병을 앞에 두고 갈증에 저항해야 한다. 마지막으로 하룻밤 내내 아름다운 부인을 앞에 두고 앉아 욕정에 무너지지 않도록 해야 한다.

안살리에파, 야지디파

이단 이스마일파의 또 하나의 분파에는 마찬가지로 시리아 안살리에 산악지방에 살고 있는 안살리에족의 종교(누사일파, Nuṣayriyah 라고도 불린다)가 있다. 18세기 이후 이 신비스러운 일파는 몇 번이나 불온한 움직임을 보였다.

안살리에파 역시 일종의 윤회설을 신봉하는 종교다. 신입자가 혹여 종단 내 비밀을 누설하는 날에는 내세에 추한 축생의 모습으로 다시 태어날 거라고 교육을 받는다. 한편 경건한 신자의 영혼은 일정 수의 전생 이후에 빛의 나라에서 별로 변한다. 영원히 존재하는 유일한 신은 일곱 번 몸이 변해 이 세상에 나타난다.

이런 사상을 들여다보면 그리스도교적 그노시스파의 영향이 쉽사리 인정된다. 안살리에파의 의식에는 외부자에게는 엿볼 수 없는 비밀스러운 부분이 다수 존재하는데, 포도주를 사용하는 일종의 미사가 행해지고 있었던 모양이다. 19세기 미국의 신비학자 랜돌프 박사는 안살리에파의 입사식에 참석해 비전을 전수받았다고 전해진다(랜돌프 박사에 대해서는 '악마 예배와 마술 서클' 항목을 참조하길 바란다).

소아시아 동부와 남부의 쿠르디스탄(Kurdistan), 아르메니아 등의 지방에 산재되어 있는 야지디(Yazidi)족의 종교는 역시 이스마일파 이단으로 특히 악마숭배파라고 불린다. 하지만 이 일파는 딱히 악마를 예배하지도, 악의 종교를 설파하지도 않는다. 이 파의 성전은 두 가지로 『계시의 서(書)』와 『흑(黑)의 서』라고 불리는데, 여기서는 주로 타락천사 사탄에 대해 언급되고 있다. 즉 사탄은 천계(天界)에서 내려온 후 신의 계시를 받아 신으로부터 세계의 운행을 관리하는 역할과 사람들의 영혼을 해탈로 이끄는 역할을 부여받았다. 그러므로 타락천사를 숭배한다고 해도 이른바 악마 예배와는 전혀 다른 내용을 지닌 신앙이다.

문고판 후기

비밀결사에 대한 본격적 연구서가 일본에서는 거의 나와 있지 않기 때문에 언제나 그렇듯 만용을 부려 단숨에 써내려간 것이 이 책이다. 벌써 20년이나 이전에 쓴 책이지만 현재에도 여전히 손쉽게 입수할 수 있는 비밀결사 연구서는 서점 선반에서 좀처럼 발견되지 않는다.

종교학, 민속학, 사회학, 사상사, 문화사, 심지어 심리학 영역에서 이토록 흥미롭고 거대한 과제를 제공하는 비밀결사 연구가 어째서 일본의 학문적 세계에서는 등한시되고 있는지 약간 이해가 되지 않는다.

내가 쓴 이 작은 책은 원래 본격적, 전문적 연구라고 부를 만한 것이 아니라 읽을거리 에세이 형식으로 작성된 것에 지나지 않는다. 하지만 비밀결사에 관한 종합적 논저가 거의 발견되지 않는 현재, 이 방면에 흥미를 가지고 계신 독자분들의 갈증을 조금이나마 풀어줄 수 있는 효과가 있지 않을까 싶은 생각도 문득 든다.

미리 양해를 구해두고 싶은 점은 아직 공부가 부족한 탓에 일본에서의 비밀결사에 대해서는 종교적 단체든 정치적 단체든 거의 전혀 다룰 수 없었다는 점이다. 고작해야 진언밀교의 이단, 그 옛날 고다이고 천황도 귀의했다는 다치카와류에 대해 극히 간단히 언급한 것

뿐이다. 이 점에 대해서는 부족함을 통감한다.

이 책은 원래 하야카와쇼보(早川書房)의 추리소설 전문지 《E·Q·M·M》에 연재(1965년 1~11월)한 글에 100장 정도 가필해 '하야카와 라이브러리(ハヤカワライブラリ)' 중 한 권으로 간행(1966년 3월)한 것이다. 훗날 도겐샤(桃源社)의 『시부사와 다쓰히코 집성(澁澤龍彦集成)』 제1권에도 수록(1970년 2월)되었고, 다시 일부 내용을 보강해 같은 출판사에서 단행본으로도 간행(1973년 3월)한 바 있다. 『흑마술 수첩(黑魔術の手帖)』, 『독약 수첩(毒薬の手帖)』과 함께 1960년대에 나온 나의 『수첩』 시리즈 3부작을 형성하고 있는 책이다.

1984년 2월
시부사와 다쓰히코

역자 후기

요즘의 이른바 MZ 세대에게는 어쩌면 생소할지도 모르지만, 내가 대학에 진학했던 1989년 전후에 유행하던 영화에 《인디애나 존스》 시리즈가 있었다. 가공의 인물인 고고학자 인디애나 존스(해리슨 포드 역)의 모험을 다룬 영화로 《미궁의 사원》, 《최후의 성전》, 《크리스털 해골의 왕국》 등등 제목만 봐도 알 수 있듯이 흥미를 추구하는 전형적인 상업영화였다. 주인공 인디애나 존스는 야훼로부터 모세가 받았던 십계명이 새겨진 돌판(성궤)을 찾으러 나치와 대결하거나, 청나라 누루하치의 유골과 보물을 두고 상하이에서 중국인 일당과 협상을 벌이기도 하며, 예수의 성배를 찾기 위해 서아시아의 오지로 갔다가 십자군 할아버지가 수백 년간 지켜온 성배를 결국 찾아내기도 한다. 동서양을 아우르는 온갖 시대의 비밀스러운 이야기가 총출동한다는 점에서 《007》 시리즈와 결이 비슷하면서도 분위기는 사뭇 다른 시리즈로 인기를 모았다.

『비밀결사 수첩』의 역자 후기에 느닷없이 《인디애나 존스》 시리즈를 소환한 까닭은 동서양의 온갖 비밀결사에 대한 이야기로 가득한 이 책을 번역하며 문득 중절모를 쓰고 채찍을 든 인디애나 존스 역의 해리슨 포드가 떠올랐기 때문이다. 정확히 표현하자면 이 책은 인디애나 존스가 모험을 벌이다 발견하곤 했던, 거대한 보물들이 산더미처럼 쌓여 있는 풍경 같았다.

'이단'과 '탐미'와 '반속'의 아이콘인 시부사와 다쓰히코의 작품답게 이 책에서 다루고 있는 이야기는 하나같이 사람들이 흥미롭게 생각할 테마로 넘쳐나고 있다. 언제 어디선가 한 번쯤은 마음을 빼앗긴 채 탐독했던 작은 이야기들, 예컨대 부두교, 할례, 밤의 향연, 해시시, 그노시스, 라스푸틴, 흑미사, 오컬티즘, 장미십자단, 프리메이슨 등등 이루 다 헤아릴 수 없는 흥미로운 테마로 가득 차 있다. 물론 이런 이야기들 중에는 익히 들어보거나 우리가 이미 알고 있는 내용도 존재한다. 그러나 그런 이야기들은 각각 개별적으로 논의되는 와중에 너무나 특이하고 이색적이어서 홀로 별처럼 빛나던 작은 이야기들이었다. 이 책에서는 그런 이야기들을 모조리 한자리에 소환하다 보니, 사방이 번쩍번쩍 눈이 부시고 농밀하기 그지없다. 인디애나 존스의 보물산을 연상하지 않을 수 없었던 이유다. 번역 작업 내내 완전히 몰입된 긴장 상태를 유지하며 매 순간 '탐구' 세포를 만개시킬 수 있었다는 점에서 《인디애나 존스》 시리즈 이상으로 흥미로운 시간을 선사해주었다. 학문적 영역과 아슬아슬하게 공존하며 아무도 말해주지 않지만 다들 알고 싶어서 미칠 것 같은 이야기를 들려주는 작가, 나에게 시부사와란 그런 의미에서 생소하면서도 친근한 이름이다.

최근 출판된 『쾌락주의 철학』에 이어 AK 시부사와 다쓰히코 시리즈의 두 번째 작품인 『비밀결사 수첩』은 근일 발매 예정인 『흑마술 수첩』, 『독약 수첩』과 함께 시부사와 다쓰히코의 이른바 수첩 시리

즈 3부작 중 하나다. AK 시부사와 다쓰히코 시리즈가 '진실 탐구'를
추구하는 많은 교양인들의 마음의 벗이 되길 기도한다.

역자 김수희

비밀결사 수첩

초판 1쇄 인쇄 2022년 12월 10일
초판 1쇄 발행 2022년 12월 15일

저자 : 시부사와 다쓰히코
번역 : 김수희

펴낸이 : 이동섭
편집 : 이민규
디자인 : 조세연
영업·마케팅 : 송정환, 조정훈
e-BOOK : 홍인표, 최정수, 서찬웅, 김은혜, 이홍비, 김영은
관리 : 이윤미

㈜에이케이커뮤니케이션즈
등록 1996년 7월 9일(제302-1996-00026호)
주소 : 04002 서울 마포구 동교로 17안길 28, 2층
TEL : 02-702-7963~5 FAX : 02-702-7988
http://www.amusementkorea.co.kr

ISBN 979-11-274-5777-8 03900

HIMITSUKESSHA NO TECHO by TATSUHIKO SHIBUSAWA
© RYUKO SHIBUSAWA 1984
Originally published in Japan in 1984 by KAWADE SHOBO SHINSHA Ltd. Publishers, TOKYO,
Korean translation rights arranged with KAWADE SHOBO SHINSHA Ltd. Publishers, TOKYO,
through TOHAN CORPORATION, TOKYO.

창작을 위한 아이디어 자료

AK 트리비아 시리즈

-AK TRIVIA BOOK

환상 네이밍 사전
의미 있는 네이밍을 위한 1만3,000개 이상의 단어

중2병 대사전
중2병의 의미와 기원 등, 102개의 항목 해설

크툴루 신화 대사전
대중 문화 속에 자리 잡은 크툴루 신화의 다양한 요소

문양박물관
세계 각지의 아름다운 문양과 장식의 정수

고대 로마군 무기·방어구·전술 대전
위대한 정복자, 고대 로마군의 모든 것

도감 무기 갑옷 투구
무기의 기원과 발전을 파헤친 궁극의 군장도감

중세 유럽의 무술, 속 중세 유럽의 무술
중세 유럽~르네상스 시대에 활약했던 검술과 격투술

최신 군용 총기 사전
세계 각국의 현용 군용 총기를 총망라

초패미컴, 초초패미컴
100여 개의 작품에 대한 리뷰를 담은 영구 소장판

초쿠소게 1,2
망작 게임들의 숨겨진 매력을 재조명

초에로게, 초에로게 하드코어
엄격한 심사(?!)를 통해 선정된 '명작 에로게'

세계의 전투식량을 먹어보다
전투식량에 관련된 궁금증을 한 권으로 해결

세계장식도 1, 2
공예 미술계 불후의 명작을 농축한 한 권

서양 건축의 역사
서양 건축의 다양한 양식들을 알기 쉽게 해설

세계의 건축
세밀한 선화로 표현한 고품격 건축 일러스트 자료집

지중해가 낳은 천재 건축가 -안토니오 가우디
천재 건축가 가우디의 인생, 그리고 작품

민족의상 1,2
시대가 흘렀음에도 화려하고 기품 있는 색감

중세 유럽의 복장
특색과 문화가 담긴 고품격 유럽 민족의상 자료집

그림과 사진으로 풀어보는 이상한 나라의 앨리스
매혹적인 원더랜드의 논리를 완전 해설

그림과 사진으로 풀어보는 알프스 소녀 하이디
하이디를 통해 살펴보는 19세기 유럽사

영국 귀족의 생활
화려함과 고상함의 이면에 자리 잡은 책임과 무게

요리 도감
부모가 자식에게 조곤조곤 알려주는 요리 조언집

사육 재배 도감
동물과 식물을 스스로 키워보기 위한 알찬 조언

식물은 대단하다
우리 주변의 식물들이 지닌 놀라운 힘

그림과 사진으로 풀어보는 마녀의 약초상자
「약초」라는 키워드로 마녀의 비밀을 추적

초콜릿 세계사
신비의 약이 연인 사이의 선물로 자리 잡기까지

초콜릿어 사전
사랑스러운 일러스트로 보는 초콜릿의 매력

판타지세계 용어사전
세계 각국의 신화, 전설, 역사 속의 용어들을 해설